A DISPUTA DO POSITIVISMO NA SOCIOLOGIA ALEMÃ

CIP-BRASIL. CATALOGAÇÃO NA PUBLICAÇÃO
SINDICATO NACIONAL DOS EDITORES DE LIVROS, RJ

D641

A disputa do positivismo na sociologia alemã / Theodor W. Adorno ; organização, coordenação e prefácio à edição brasileira Márcio Pugliesi ; tradução Ana Laura ... [et al.]. - 1. ed. - São Paulo : Ícone, 2014.
    304 p. ; 23 cm.   (Fundamentos do Direito)

    Tradução de: La disputa del positivismo em la sociologia alemana
    Inclui índice
    ISBN 978-85-274-1252-0

    1. Ética. 2. Filosofia alemã. 3. Positivismo. 4. Sociologia. I. Adorno, Theodor W., 1903-1969. II. Pugliesi, Márcio. III. Título. IV. Série.

13-07698   CDD: 146.4
                                        CDU: 165.731

Theodor W. Adorno Karl R. Ropper
Ralf Dahrendorf Jürgten Habermas
Hans Albert Harald Pilot

A Disputa do Positivismo na Sociologia Alemã

Coleção Fundamentos do Direito

1ª edição
Brasil – 2014

© Copyright da tradução – 2014.
Ícone Editora Ltda.

Coleção Fundamentos do Direito

Conselho editorial
Cláudio Gastão Junqueira de Castro; Diamantino Fernandes
Trindade; Dorival Bonora Jr.; José Luiz Del Roio; Márcio
Pugliesi; Marcos Del Roio; Neusa Dal Ri; Tereza Isenburg;
Ursulino dos Santos Isidoro; Vinícius Cavalari

Título original
La disputa del positivismo em la sociologia alemana

Tradução
Ana Laura; Leandro Piccolo; Maria Luiza Godoy; Simone
Castro; Wilson de Azevedo Marques; Nuria López; Fernando
Rister; Luciano del Monaco; Fabio Garcia; Melissa Egito;
Melila Braga

Coordenação e organização
Márcio Pugliesi

Revisão
Nathalia Ferrarezi
Fabrícia Carpinelli Romaniv

Projeto gráfico, capa e diagramação
Richard Veiga

Proibida a reprodução total ou parcial desta obra, de qualquer forma
ou meio eletrônico, mecânico, inclusive por meio de processos
xerográficos, sem permissão expressa do editor. (Lei nº 9.610/98)
Todos os direitos de tradução reservados à:

ÍCONE EDITORA LTDA.
Rua Anhanguera, 56 – Barra Funda
CEP: 01135-000 – São Paulo/SP
Fone/Fax.: (11) 3392-7771
www.iconeeditora.com.br
iconevendas@iconeeditora.com.br

Coleção Fundamentos do Direito

A Disputa do Positivismo na Sociologia Alemã

Tradução de
La disputa del positivismo em la sociologia alemana,
de Th. W. Adorno *et al*.

Tradução do espanhol a partir da edição de 1973 de Ediciones Grijalbo S. A. (Barcelona – México, D. F.). Título original: *Der Positivismusstreit in der Deutschen Soziologie*, 1ª edição, Neuwied – Berlin (Alemanha): Hermann Luchterhand Verlag, 1969.

{ Sumário }

PREFÁCIO, 9
MÁRCIO PUGLIESI

I. **SOCIOLOGIA E INVESTIGAÇÃO EMPÍRICA, 59**
THEODOR W. ADORNO
Tradução por Ana Laura

II. **LÓGICA DAS CIÊNCIAS SOCIAIS, 81**
KARL R. POPPER
Tradução de Leandro Piccolo

III. **SOBRE A LÓGICA DAS CIÊNCIAS SOCIAIS, 103**
THEODOR W. ADORNO
Tradução de Maria Luiza Godoy

IV. **ANOTAÇÕES À DISCUSSÃO DAS PROPOSTAS DE KARL R. POPPER E T. W. ADORNO, 123**
RALF DAHRENDORF
Tradução de Simone Castro e Wilson de Azevedo Marques

V. **Teoria Analítica da Ciência e Dialética, 133**
Jürgen Habermas
Tradução de Nuria López

VI. **O Mito da Razão Total, 171**
Hans Albert
Tradução de Fernando Rister

VII. **Contra um Racionalismo Minguado de um Modo Positivista, 201**
Jürgen Habermas
Tradução de Nuria López

VIII. **Às Costas do Positivismo?, 233**
Hans Albert
Tradução de Luciano del Monaco

IX. **A Filosofia da História Empiricamente Falsável de Jürgen Habermas, 271**
Harald Pilot
Tradução de Fabio Garcia e Melissa Egito

X. **Breve e admirado epílogo a uma grande introdução, 299**
Hans Albert
Tradução de Melila Braga

{ Prefácio }

Márcio Pugliesi

A busca do fundamento nas Ciências Humanas

Para o estabelecimento de um conhecimento possível, por mais se o saiba construído e sócio-historicamente desenvolvido, ainda assim, implicitamente se fazem necessárias escolhas e abstração. Isso estabelece para o pesquisador um vínculo autoimposto com essas escolhas e com o processo de abstração, que implica abandonar – muitas vezes – aspectos relevantes para se nutrir apenas do ponto de vista escolhido e a partir dele elaborar um saber particular que é referido ou se autorrefere como ciência.

Dessa sorte, como indica Müller[1], nenhuma ciência enquanto saber particular pode dispensar um método visto como vínculo a uma visão *a priori*, a uma pré-determinação a ser seguida com rigor em decorrência dessas prévias seleções e abstrações. Acresce-se que, como tais, para aumento de seu poder de convencimento, carecem de, a partir desse ponto de partida, uma fundamentação.

Entende-se, segundo a tradição filosófica, pelo termo "fundar" duas distintas operações: 1) uma ação progressiva tendente a instalar um novo conhecimento ou a verdade; 2) uma ação regressiva (retrodutiva, no dizer de Hanson[2]) que, a partir do novo conhecimento ou a verdade, busca explicitar as bases sobre as quais tal conhecer se assenta e justificá-lo. A rigor, através da segunda, quer a Gnosiologia obter a primeira, mas é a justificação do conhecimento seu principal objeto. A Epistemologia, analogamente, tem o mesmo objetivo relativamente às ciências particulares. Esses dois ramos do fazer/saber filosófico serviram-se, basicamente, de quatro estratégias: a essencialista, a fenomenalista, a fenomenológica e a historicista, a fim de resolver o problema. Conforme se verá, nenhuma das quatro logrou alcançar seu intento, embora se esteja diante de progressos indiscutíveis para clarear o problema.

A ESTRATÉGIA ESSENCIALISTA

COMO CASO exemplar dessa estratégia, apresenta-se o projeto platônico presente, como instância, no **Ménon**[3], em que se discute o aprender: ninguém pode aprender o que já sabe nem pode pretender saber o que não sabe. Em face dessa aparente paralisia, Platão apresenta a anamnese: pesquisar e aprender nada mais são que recordar [é preciso ressaltar que, em grego, a palavra "verdade" conecta-se, além da metáfora, à visão, à negativa de esquecer-se ($\alpha\lambda\eta\theta\epsilon\iota\alpha$)]. Mas, recordar-se de quê? A alma é imortal e já viu (novamente a visão como parâmetro do verdadeiro – a verdade

---

[1] MÜLLER, Max. *Philosophische Anthropologie* (herausgegeben von W. Vossenkuhl mit einem Beitrag *Zur gegenwärtigen Anthropologie*), Freiburg/München: Karl Albert, 1974, p. 12 e ss.

[2] HANSON, Norwood Russell. *Patterns of discovery: an inquiry into the conceptual foundations of science*. 1ª ed., 4ª reimp., Cambridge: Cambridge, 1977.

[3] PLATON. *Oeuvres complètes*. 2 vol., trad. Léo Robin, Paris: Gallimard, 1969. *Ménon*, vol. I, p. 513-557 e *Fédon*, vol. I, p. 765-856.

como desvelamento) todas as coisas, tanto no mundo quanto no Hades e, assim, para aprender basta lembrar o que se sabia. A doutrina da anamnese é apresentada como hipótese útil para o procedimento dialético. O curso natural para o envolver dessa postura seria indagar: qual seria o papel do conhecimento sensível nesse recordar-se? Seria demonstrável a imortalidade da alma? Qual seria o objeto do aprender? Tais problemas são examinados no **Fédon**, que estabelece conclusões fundamentais para a estratégia platônica: a) as ideias são os objetos específicos do conhecimento racional; b) as ideias são critérios ou princípios de julgamento das coisas sensíveis; e c) as ideias são causas das coisas sensíveis. Está estabelecida a artimanha idealista: transita-se da realidade imediata e ambígua para as esferas inatingíveis do ideal, o mundo das essências que funda o mundo do manifestado, das aparências. Para se definir o ser e as diferentes regiões do ser, necessita-se partir do manifestado e, assim, salvando as aparências, o espírito (ou o que lhe equivalha) desvela a essência, que se oferece através do aparente.

O fundamento do conhecer é, então, aperfeiçoado mediante a análise: a recondução do fenômeno, aquilo que aparece e não existe em si e por si, à sua essência, que é em si e por si. A articulação desse programa com o discurso deve se dar pela conciliação de duas exigências: a) a verdade do pensamento, isto é, a consistência interna do pensar (vinculada à lógica tradicional); e b) a verdade da coisa, a relação do em-si da coisa com o fenômeno (vinculada à ontologia).

Tais exigências defluem da estrutura da própria língua, como disse Flusser[4], conforme se pode notar: a) a função referencial, que exige o reenvio da palavra à própria coisa, ou seja, a designação do significado mediante significantes; e b) a função predicativa realizada pela forma canônica "S é P".

Esse modelo, que se propõe implicitamente como lógica e ontologia, embora não alcance, por limitações de cunho histórico, a função performativa da linguagem, servirá como diretriz para os demais campos do saber por mais de 2000 anos e organizará a estruturação dos grandes sistemas metafísicos do século XVII incorporando duas alterações fundamentais: a) a ontologia dos princípios estruturada com a metafísica da subjetividade por Descartes; e b) o geometrismo introduzido por esse mesmo filósofo e levado a consequências mais drásticas por Spinoza. A rigor, há um reajuste

---

4 FLUSSER, Vilem. *Língua e realidade*. São Paulo: Herder, s.d., p. 98 et passsim.

do método: a ideia objetivamente subsistente passa a ser "a essência pensada" em Descartes e alcança, com Spinoza, o *status* de um conhecimento axiomatizado com predicação universal absolutamente legítima; o pensamento transita de verdade a verdade e, ao mesmo tempo, se constitui em árbitro da veracidade.

Há uma dificuldade inafastável, em qualquer das suas versões, inclusive na kantiana, nessa estratégia: o mundo essencial permanece inatingível e nele há qualquer coisa pensável ou imaginável[5]. E não é difícil notar que qualquer pretensão à certeza e consistência malogrará para sempre, caso se exija a prova ontológica da existência dessa "realidade" ulterior e fundamento de todo conhecimento. O recurso ao olho do espírito (segundo Spinoza), ou seja, à intuição (*intueri* = observar, ver com atenção), não resolve a questão, apenas a torna mais discutível. Como será possível pensar-se na essência, que se não dá de imediato, como substrato da prova de que o ser revelado é o ser verdadeiro? A intuição (se pode apresentar de uma só feita o ser-em-si, despido de qualquer conceito) põe, de fato, diante do inefável e sua evidência faz construir uma prova distinta do que foi, pela intuição, revelado.

Assim, como fiéis seguidores de Ockham, não será possível utilizar essa estratégia, a fim de fundar o conhecimento e, certamente, não se poderá endossar o juízo de Hegel: "Quanto aos fatos, danem-se os fatos". Não há como sacrificar a função referencial da linguagem à predicativa, nem como superpovoar o mundo com entidades sujeitas apenas a regras formais.

A ESTRATÉGIA FENOMENALISTA

Essa postura defluiu do atendimento a duas exigências: a) apreensão do real empírico, a partir da observação e da experiência, no discurso; b) tradução do apreendido para linguagem matemática (sempre que cabível). E, naturalmente, a questão dos fundamentos passa a ser abordada a partir do fenômeno e das sensações, por meio da experiência. O modo de

---

5 QUINE, Willard van Orman. *From a Logical Point of View*. 2ª ed. rev., New York: Harper & Row, 1961 traz interessantes aportes e discussão. Com imodéstia indica-se *Filosofia Geral e do Direito*, em sua parte Geral, como instância para mais completa análise dessa questão.

conduzir tal processo variará das tentativas de Hume àquelas de Stuart Mill, ambas, diga-se, pouco frutíferas.

Hume, em seu *Treatise*, nos diz:

> *Experience is a principle, which instructs me in the several conjunctions of objects of the past. Habit is another principle, which determines me to expect the same for the future; and both of them conspiring to operate upon the imagination, make me form certain ideas in a more intense and lively manner, than others, which are not attended with the same advantages. Without this quality, by which the mind enlivens some ideas beyond others (which seemingly is so trivial, and so little founded on reason) we could never assent to any argument, nor carry our view beyond those few objects, which are present to our senses. Nay, even to these objects we could never attribute any existence, but was dependent on the senses; and must comprehend them entirely in that succession of perceptions, which constitutes our self or person. Nay farther, even with relation to that succession, we could admit of those perceptions, which are immediately present to our consciousness, nor could those lively images, with which the memory presents us, be ever received as true pictures of past perceptions. The memory, senses, and understanding are, therefore, all of them founded on the imagination, or the vivacity of our ideas[6].*

---

[6] HUME, David. *A Treatise of human nature.* 2ª ed., Oxford: Clarendon, 1978, em tradução livre: Experiência é um princípio que me instrui sobre várias com junções de objetos do passado. Hábito é outro princípio que me determina a esperar o mesmo no futuro; e ambos conspiram para agir sobre a imaginação, fazer-me formar certas ideias de uma maneira mais intensa e vívida, enquanto outras não são atendidas pelas mesmas vantagens. Sem essa qualidade, pelas quais a mente vivifica certas ideias entre outras (o que parece tão trivial e tão pouco fundado na razão) não podemos assentir a qualquer argumento, nem conduzir nossa visão além desses poucos objetos presentes a nossos sentidos, Sequer a esses objetos podemos jamais atribuir qualquer existência, posto dependerem dos sentidos e precisamos compreendê-los, totalmente, nessa sucessão de percepções que constitui nosso eu ou pessoa. Ademais, mesmo relativamente a essa sucessão, não podemos admitir que essas percepções sejam imediatamente presentes à nossa consciência, nem possam essas vivas imagens apresentadas a nós pela memória, jamais serem recebidas como verdadeiras imagens (*pictures*) das percepções passadas. Memória, sentidos e entendimento são, portanto, todos fundados na imaginação ou na vividez (intensidade) de nossas ideias (p. 265 e ss.).

Se as percepções são dadas de imediato, não se necessita de nenhuma substância para fixá-las e, como não possuem recíproca conexão, não há relação a coligá-las. Abandonam-se de uma só feita: a intuição, posto existir a percepção sensível; a dedução, em face da inexistência de relação necessária entre as percepções e a indução, vez que é impossível[7] estabelecer-se uma indução completa em estilo aristotélico. Resta a crença como fundamento último do conhecimento, aliada ao princípio de uniformidade da natureza dela decorrente. Ambos, convenha-se, bastante frágeis para fundar um saber, vez que a constituição da crença dependerá de vivências do sujeito. É fácil ver que esse relativismo só poderá ser controlado pela intersubjetividade, critério muito posterior na História da Filosofia e, por si mesmo, discutível. Além disso, se a experiência é a única fonte de conhecimento, de que deflui o caráter de inamovível certeza que Hume atribui ao conhecimento matemático? Se nada existe no entendimento sem antes passar pelos sentidos, como se chega às noções de causa, de ligação necessária, de necessidade? É preciso lembrar que causalidade implica conexão e Hume expressamente elimina a conexão entre ocorrências, embora admita a conjunção. Seria, então, pelo hábito de observar a conjunção de ocorrências que terminaríamos por associá-las como se fossem conexas. Ora, o exemplo mais acabado de conjunção é aquele que aproxima dia/noite; contudo, não se sabe de quem quer que estabeleça conexão entre dia e noite, isto é, que seja capaz de asseverar que a noite é a causa do dia e reciprocamente.

Já a tentativa esboçada por Stuart Mill de obter uma teoria da prova a partir da lógica indutiva estava, por princípio, votada ao fracasso. Tendo definido a indução como "o procedimento mediante o qual concluímos que o verdadeiro para certos indivíduos de uma classe é verdadeiro para a classe inteira, ou que aquilo que é verdadeiro em determinadas instâncias será sempre verdadeiro",[8] pretendia que a lógica indutiva pudesse indicar quais seriam as induções certas e universais. Para que isso pudesse acontecer, seria necessário que a conclusão de uma inferência indutiva fosse dedutível das premissas e, segundo Mill, seguindo a forma silogística. Bastaria, então, estabelecer a premissa maior para que as conclusões induzidas

---

[7] Problema analisado por SKYRMS, Brian. *Escolha e acaso: uma introdução à lógica indutiva.* trad, Leônidas Hegenberg e Octanny Silveira da Mota, São Paulo: Cultrix/EdUSP, 1971, de maneira clara e consistente.

[8] STUART MILL, John. *Système de logique déductive et inductive.* trad. Louis Peisse, Paris: Gauthier-Villars, 1866/1867, I, 3, cap. 4, par. 3, p. 365.

obtivessem certeza. Para esse autor, o princípio fundamental, o axioma geral da indução, é dado pela uniformidade do curso da natureza e toda a crítica dirigida aos métodos que propôs tem explorado a inconsistência das provas apresentadas para suportar aquele princípio.

O objeto do *Sistema* é restrito: justificar inferências indutivas de um tipo particular, a determinação das causas de um fenômeno observável. Por causa entende "la somme des conditions positives ou négatives prises ensemble, le total des contingences de toute nature qui, étant réalisées, le conséquent suit invariablement"[9]. Destarte, a causa de um fenômeno é o conjunto de fenômenos que constitui condição suficiente para sua produção. Em termos de causação, exige-se, apenas, que o efeito não preceda a causa, ou seja, nada impede que a causa seja contemporânea do efeito (uniformidades de coexistência).

Mas, indo diretamente ao ponto e tratando, para dar a Mill a melhor oportunidade de resistir a críticas quanto a seu método, de restringir ao mínimo o que se lhe exigir. Sejam A e B predicados monádicos de observação e que se deva provar a seguinte protolei observacional: todo objeto que possui o predicado B possui o predicado A ou, formalmente:

$$(x)\ (B(x) \supset A(x))$$

Está-se diante da mais simples lei universal, e se os métodos de Mill devem ser capazes de funcionar em situações mais complexas, devem, *a fortiori*, funcionar neste caso. Compulsando os métodos de Mill, nota-se que o método das variações concomitantes, ao exigir a presença de, pelo menos, predicados comparativos exprimindo relações de ordem nas leis, não pode ser aplicado a esse caso. Os demais métodos podem ser reduzidos ao seguinte modelo:

Suponha-se que numa família finita de predicados observacionais monádicos B i ($i \in I$), haja pelo menos uma condição suficiente para A, isto é, uma das leis $(x)\ (Bi(x) \supset A(x))$ é verdadeira. Pode se, por elimina ção, excluir as demais, salvo essa instância que obterá foro de certeza. De fato, seja α um objeto, se $(x)\ (Bi(x) \supset A(x))$ é verdadeiro, pode-se ter,

---

[9] Op. cit., I,3, cap. 5, par. 3, p. 375, em tradução livre: A totalidade das condições positivas ou negativas tomadas em conjunto, o total das contingências de toda natureza que, sendo realizadas, o consequente segue invariavelmente.

simultaneamente, Bi (α) e $\daleth A$ (α). Se a experimentação nos "prova" a verdade dessas duas proposições singulares, conclui-se pela falsidade da lei. O acaso ou, por outro lado, uma experimentação bem conduzida, podem autorizar a declarar a veracidade de uma lei, se todas as demais tiverem sido eliminadas. É fácil ver que o aumento das instâncias de predicados observacionais monádicos manterá o problema. Nada impede, ainda, que se tenha conjunções ou disjunções de famílias Bi como antecedentes da implicação acima, isto é:

$$(x) \, [(Bi \, (x) \wedge Bj \, (x) \wedge ... \wedge Bn \, (x)) \supset A(x) \,],$$
$$ou \, ainda,$$

$$(x) \, [(Bi \, (x) \vee Bj \, (x) \vee ... \vee Bn \, (x)) \supset A(x)],$$
$$ou \, outras \, variações \, admissíveis.$$

As limitações são derivadas do método e, por exemplo, se há uma pluralidade de causas a explorar, certamente, como o próprio Mill o demonstra, não pode ser empregado o método da concordância, mas, sim, o da diferença. Um modo interessante de ultrapassar as limitações da tentativa de Mill foi desenvolvido por Von Wright[10], mas sem, apesar do tratamento matemático (álgebra de Boole) mais elegante, suplantar a questão da indução, posto que a passagem do singular ao universal faz com que o conteúdo da conclusão exceda o das premissas, implicando, por conseguinte, algo mais do que nelas se encontrava, o que é inadmissível do ponto de vista da Lógica[11].

---

[10] WRIGHT, Georg Henrik von. *A treatise on induction and probability.* Amsterdan: Reidel, 1951, p. 63-128 e *The Logical problem of induction.* 2ª ed., Oxford: Oxford, 1957, p. 54-84 ainda, como um todo: *Norm and action: a logical enquiry.* London: Routledge, 1963.

[11] Entre muitas referências possíveis, REICHENBACH, Hans. *The theory of probability: an inquiry into the logical and mathematical foundations of the calculus of probability.* Los Angeles: California, 1948 e *Experience and prediction: an analysis of the foundations and the structure of knowledge.* Chicago: Chicago, 1938. para uma exposição e análise do problema sob um ponto de vista frequencial. Para uma abordagem clara e introdutória: SKYRMS, Brian. *Escolha e acaso: uma introdução à lógica indutiva.* Tradução Leônidas Hegenberg e Octanny Silveira da Mota, São Paulo: Cultrix/EdUSP, 1971 e, ainda, COSTA, Newton da. *Lógica Indutiva e Probabilidade.* 2 ed., São Paulo: HUCITEC/edUSP, 1993.

As tentativas mais recentes ligadas à filosofia analítica também se revelaram infrutíferas a ponto de autores, como Rorty[12], questionarem a possibilidade de toda e qualquer epistemologia e, em particular, aquelas de cunho empirista. Contudo, sempre é conveniente lembrar as ponderações de Skyrms[13]: não haveria sentido em se buscar justificação racional para a lógica indutiva, porque aceitá-la faz parte da própria racionalidade; há um sentido de justificação racional que autoriza a assumir a lógica indutiva justificada por constituir parte essencial do mecanismo do pensamento racional, mas, mesmo assim, não haveria razão para se não procurar uma justificação mais forte para a lógica indutiva, posto que, se possível, seria valioso elemento de convencimento da adequação dos métodos e, ademais, até o momento, ninguém logrou demonstrar a impossibilidade de se obter um tipo mais forte de justificação para os métodos indutivos.

Sob a presente abordagem, o problema implícito é a concepção cognitiva subjacente à questão: espera-se, desde Hume, o formulador do problema clássico da indução, que se apresente uma estrutura dedutiva, com princípios e axiomas, que sirvam de base para a elaboração de métodos destinados a obter da repetição de séries estatísticas, regras tidas por válidas para elementos pertinentes a essa e outras sequências análogas. O problema permanece insolúvel por alguns motivos, entre os quais se destaca: caso se inclua a generalidade pretendida nos postulados ou axiomas destinados a fundar os métodos, deve-se supor, entre os mesmos, princípios discutíveis como o da uniformidade da natureza (lembra-se aqui o paradoxo de Goodman que permite inferir a dificuldade em se realizar projeções, pela interveniência da própria linguagem para efeito da predição); extensão da chamada indução completa para números naturais para sequências naturais de eventos etc. Não se pode deixar de ressaltar, entretanto, que a

---

12 RORTY, Richard. *Philosophy and the mirror of the nature.* Princeton/New Jersey: Princeton, 1979. Em que intenta uma contundente crítica à teoria do conhecimento divergindo da tradição ideal-racionalista de Descartes e Kant (a filosofia analítica é uma de suas derivações mais recentes) e a propondo uma filosofia construtiva de caráter hermenêutico, a partir das indicações de Nietzsche, Dewey, Wittgenstein, Heidegger e Gadamer, embora apresente, também, suas diferenças em relação aos mesmos.

13 SKYRMS, Brian. *Escolha e acaso: uma introdução à lógica indutiva.* Tradução, Leônidas Hegenberg e Octanny Silveira da Mota, São Paulo: Cultrix/EdUSP, 1971, p.75.

resposta de Popper[14], se não se mostra adequada para efeito de confirmação ou verificação de séries empíricas, apresenta, no entanto, um limite para o suporte de crenças ou conjecturas obtidas a partir de séries de eventos: a refutação elimina uma dada série das compossíveis séries de consequências de uma teoria.

Entretanto, o problema poderá ser reduzido à sua efetiva dimensão, caso se o compreenda na globalidade que compõe o conhecimento humano, conforme se verá. Há algo inegável: de uma ou de outra maneira, mesmo os adversários do método, todos se servem de seu balizamento, ainda que de forma inconsciente, para a tomada de decisões e, em particular, para agir.

A ESTRATÉGIA FENOMENOLÓGICA

EM SEUS *Manuscritos de 1913*[15], Husserl assim se expressou:

> *Esta (a fenomenologia) não estuda os objetivos que o especialista das outras ciências considera, mas o sistema total dos atos possíveis da consciência, das possíveis aparições, das significações que se relacionam precisamente com esses objetos. Toda investigação dogmática referindo-se a objetos exige sua transmutação numa investigação transcendental.*

---

14 Em *Filosofia geral e do direito*, procurou-se estabelecer uma teoria de propensões que, negando o critério de utilidade, buscando mostrar que, em situações conflitivas, os atores tentam eliminar os resultados que serão inúteis a todos os contendores e, em particular para si mesmos. Isto é, trabalhar com o conceito de utilidade como o fizeram, por exemplo, Pareto e Rawls, implica empregar um número excessivamente vasto de compossíveis úteis e, em situações em que estratégias dominantes não se apresentem representará, frequentemente, o alcance de uma aporia. Situações, como o problema do *free-rider*, mostram a limitação do enfoque utilitarista estrito: dois atores precisam fugir de um oponente de força, em princípio irresistível ou, pelo menos, desmesurada. Caso se unam poderão, eventualmente, vencer ou perder; se um foge e o outro arrisca a possibilidade de lutar e vencer, restará ainda a possibilidade de esse primeiro perder e sobrar ao segundo, que fugiu, a necessidade de fazer frente ao mesmo adversário (talvez mais cansado e sob as sequelas do primeiro confronto) que continuará sendo formidável. Não há nessa situação, sob o ângulo da utilidade, qualquer estratégia dominante. Sob o ponto de vista da inutilidade, entretanto, uma solução se delineia: a divisão de forças sempre será inútil nessa situação. A fuga comportará sempre, se não tiver êxito o retorno à situação inicial, resultado inútil para ambos atores. A rigor, situações de impasse, como essa, só ocorrem em função de imprevidência e desconhecimento dos efetivos fatores atuantes.

15 HUSSERL, Edmund. *Études Philosophiques*. janvier/mars 1949, p. 3.

E essa afirmativa vincula-se a outra de que

> *o idealismo fenomenológico-transcendental não é uma tese filosófica particular ou uma teoria entre as outras; a fenomenologia transcendental, enquanto ciência concreta (...) é em si mesma idealismo universal realizado como ciência.*

Entretanto, supor, apressadamente, que se possa objetar à fenomenologia com os mesmos argumentos com que se alcançam os idealismos seria sério equívoco.

A trama urdida pela aplicada atividade de Husserl é muito mais refinada: o método fenomenológico passa por uma consciência de impossibilidade, isto é, a análise mental que conduz à essência alcança essa essência como aquilo que é impossível à consciência pensar de outro modo, ou seja, a constatação de que a essência é o que se não pode suprimir sem destruir o próprio objeto e este invariante é descoberto através de diferenças que apresentam a essência dos objetos dessa espécie. Esse processo denominado *variação eidética* representa o principal método para identificar a essência de dada espécie.

Supõe, assim, não invocar a experiência e crê, não seja grave, servir-se de exemplos sobre os quais a imaginação exercerá suas variações.

Ora, os exemplos poderiam até ser coletados a partir dos fenômenos, contudo, a sua filiação a uma espécie exige, como mostra Ribeiro de Moura e admite o próprio Husserl, não apenas a experiência, mas o que não admite expressamente, uma teoria que permita assimilar, até mesmo apenas pela imaginação, aquilo que aparece: a uma espécie que o contenha. Sempre se poderá argumentar invocando a existência de espécies unitárias, quer dizer, espécies às quais pertença um único fenômeno, que essa observação – ora feita – seja indevida. Não se poderá negar, entretanto, que mesmo a simples atividade de identificar o indivíduo com uma espécie unitária implica em empregar-se a experiência de não encontrar outro não pertinente a essa espécie[16]. Não por acaso, aliás, Merleau-Ponty[17] perguntou se não haveria

---

[16] O que se liga às questões de Cantor sobre a cardinalidade do conjunto de todos os conjuntos que possuam um único elemento e à da autorreferência e os paradoxos de Russel.

[17] MERLEAU-PONTY, Maurice. *Les sciences de l'homme et la phénoménologie*. Paris: CDU/Sorbonne, s.d., p. 29 ss.

convergência maior que a pensada por Husserl entre a indução praticada pelos cientistas e a visão das essências.

Os *gendanken Experiment* idealizados por Einstein nascem de uma hipostasiação teórica e parecem incorporar parte do método fenomenológico ao deslocar para a intuição e a dedução o desenvolvimento do experimento mental, via de regra em condições inacessíveis à experiência. Há, contudo, mais propriamente o transbordamento do subjetivo para o intersubjetivo. A expectativa é de que o interlocutor seja capaz de acompanhar a proposição e o desenrolar do experimento a partir de informações sensoriais e sua expansão mercê da teoria proposta. Há, assim, a possibilidade de se entender a interferência na curvatura do espaço pela presença de um grave; das alterações em referenciais galileanos por interferência da velocidade etc. Tudo, certamente, a partir de uma boa compreensão da teoria subjacente e compartilhada pelos interlocutores.

Mas, finalmente, qual poderia ser o sentido dessa ciência absolutamente subjetiva e que se não aproxima da realidade efetiva e busca ser uma teoria do conhecimento, recusando-se, contudo, a falar do conhecimento do próprio mundo aos quais se voltam as ciências? A redução fenomenológica não regressa à realidade, permanece na esfera de um mundo fenomenal sem alcançar as coisas mesmas. Fato que, aliás, só seria realizável se, de fato, a fenomenologia pudesse pairar, como pretende, entre a mente e o corpo. A resposta dada pelo próprio Husserl[18] de que o mundo não ultrapassa a subjetividade, e que a atitude transcendental representa o fim da cisão entre mundo e representação, pois se não haveria sentido perguntar-se, isto desde *Ideias I*, se ao percebido corresponderia algo, leva, necessariamente, a concluir que não há sentido em se reclamar o retorno a uma realidade efetiva. Tal idealismo transcendental acarreta um *desposicionamento* do campo transcendental, no sentido de que o eu puro torna-se um nada posicional mediante o qual todas as posições mundanas se instauram e se ordenam com sentido. Desde a perspectiva heideggeriana, tal procedimento de redução mostra-se insustentável, pois com ele se perde justamente o que se visa: o mundo.

Na perspectiva husserliana há uma identidade entre o objeto apreendido pela fenomenologia e o objeto presente na atitude natural. Entretanto,

---

[18] HUSSERL, Edmund. *Erste Philosophie*. Zeiter Teil, Den Haag: Martinus Nijhoff, Husserliana, band VIII, 1959, p. 479-481.

o objeto tem propriedades reais e o fenomenológico não as tem. O livro presente sob seus olhos tem qualidades organolépticas que o livro presente em sua percepção não terá. O objeto da fenomenologia distingue-se radical e completamente daquele da ontologia e de todas as abordagens positivas: tanto que o livro, objeto dessas últimas, queimará se exposto ao fogo e aquele da fenomenologia, não. Essa última não avança qualquer opinião sobre o mundo puro e simples, mantém-se adstrita ao estreito círculo das verdades fenomenológicas[19], não expenderá opiniões sobre o mundo, nem decidirá se o objeto puro e simples é *res extensa* ou mental.

Aparece uma contradição implícita: textos em que o autor afirma uma identidade entre o objeto "modificado" e o objeto da aspecção natural[20] e outros textos em que se mostra a diferença radical entre um e outro. Segundo Husserl, ambas proposições são verdadeiras, pois o objeto intencional, no âmbito fenomenológico, é o mesmo que aquele puro e simples, vez que não há reenvio de um a outro, como reflexo e original refletido, entretanto, são distintos, vez que um é puro e simples, não subjetivo, e o outro é uma unidade defluente de uma multiplicidade noemática. A atitude transcendental não vem suprimir a natural e a *epoché* não é instrumento do físico, mas permanece sendo aquela, a que permite desvelar o modo segundo o qual os objetos se constituem em objetos para uma consciência.

---

[19] CRITELLI, Dulce Mára. *Analítica do sentido: uma aproximação e interpretação do real de orientação fenomenológica*. São Paulo: Educ/Brasiliense, 1996, assim se expressou: [...] A fenomenologia é, assim, uma percepção do limite de um certo modo de pensar e, portanto, de existir, cuja necessidade sentida e à qual responde é a de uma superação deste mesmo limite. Assim, enquanto caminho epistemológico, a fenomenologia não é nem mesmo uma oposição à metafísica; ela é apenas a busca de tornar acessível ao pensar aquilo que através da metafísica se manteve em ocultamento para o pensar, se manteve no esquecimento. Merleau-Ponty fala no pensar o impensado. Husserl chama o pensar para que se *volte à coisa mesma*. Heidegger indica a *superação da representação* e aponta para a apropriação do ser. (p. 31)

[20] RIBEIRO DE MOURA, Carlos Alberto. *Racionalidade e crise: estudos de história da filosofia moderna e contemporânea*. São Paulo: Discurso/EdUFPR, 2001 esclareceu: A natureza sempre será apresentada por Husserl como o domínio da pura exterioridade, quer dizer, o reino das coisas que nunca se referem a outras coisas. E será exatamente por essa ideia que ele vai definir, profundamente, a 'atitude naturalista': o mundo como totalidade das realidades na forma da recíproca exterioridade (p. 180). Acrescenta-se que a atitude natural (*natürliche Einstellung*) é aquela em que se vive e pela qual se está dirigido para a realidade exterior, ao mundo em que se habita circundados pelas pessoas e pelas coisas e no qual – espontaneamente – se acredita, pelo menos pela quantidade de experiências convergentes que se tem sobre ele – sendo o único fundamento de dúvida sobre esse mundo, o decorrente da possibilidade de sua não existência como um todo. De toda sorte, mesmo que seja uma ficção aquilo que se apresenta, a consciência que finge, sob o ponto de vista husserliano, não pode ser fictícia. A fenomenologia, ciência fundamental por excelência, pode começar, destarte, sem nada pressupor, exceto essa consciência.

E, assim, esse "último" racionalista acreditará ter oferecido fundamentos para a constituição de uma filosofia rigorosa apta a investigar, subjetivamente, os objetos na interioridade da consciência. Por esse meio, Husserl localiza na consciência do "presente vivo", um fluxo pré-temporal constitutivo da consciência do tempo, o campo da decisão fenomenológica. O fato originário (*Urtatsache*) que se localiza no centro da consciência absoluta é a consciência da mudança permanente da impressão em retenção, pois cada nova impressão leva a anterior ao passado e a conserva como um recém-sido. Essa passagem da impressão à retenção torna-se distinta do presente e é retomada no novo presente e apresenta os dois movimentos fundamentais da fenomenologia: o velar dos objetos enquanto fenômenos e o desvelar ao reunificar tais fenômenos como manifestação de objetos. Instaura-se, assim, uma *sapientia universalis* capaz de prover as ciências com a "unidade da razão da qual, todas, definitivamente, devem proceder"337.

Esse projeto paralisa-se, aparentemente, na subjetividade e as relações intersubjetivas estacionam em subjetividades que retêm o apreensível da outra subjetividade e o transformam em pura subjetividade. A evolução da ciência passaria por esse, por assim dizer, reprocessamento e por novas elaborações a partir dos sujeitos em relação.

Como proposta esbarra na inacessibilidade do subjetivo e delineia uma aproximação de distinta espécie de idealidade e para sanear suas deficiências, enquanto estratégia, outros pensadores de primeira plana como Heidegger, Merleau-Ponty, Sartre buscaram soluções diversas para permitir mais efetiva abordagem dos problemas da filosofia e da ciência.

Ressalte-se, por questões de temporalidade, a inexistência da possibilidade de se abordar o problema da intersubjetividade e da comunicação, ao tempo em que viveu Husserl. Mas, o mais grave, como de resto para todas as ontologias transcendentes, mesmo que esfujam a esse nome, o sujeito reconhece suas habilidades cognitivas como tais e abstrai a raiz biológica de si mesmo. Atua como um *deus ex machina* e aceita, implicitamente, que a realidade existe independentemente do que ele, enquanto sujeito, possa fazer. Em outras palavras, a participação do sujeito ao realizar as variações fenomenológicas, em geral, não afeta o fenômeno e, mais, não produz sobre o objeto qualquer efeito. Essa via leva o sujeito a requerer um único domínio de validade (no caso presente, a subjetividade), isto é, um referente transcendente, para servir de fonte definitiva para validar e explicar todos os aspectos de suas ações. Isto é, o acesso a essa subjetividade permite, exclusivamente, ao sujeito, o acesso a uma forma privilegiada de conhecer. As relações intersubjetivas decorrentes, em caso de qualquer discordância, encaminham para um tipo de conflito conhecido como de negação recíproca. E, o mais grave, os sujeitos em desacordo não podem, nem mesmo, assumir a responsabilidade por suas posições, pois a mútua negação deflui de argumentos cuja validade depende do interno referencial dos contendores. Destarte, ao se afirmar o conhecimento, nesta estratégia, implicitamente exige-se do interlocutor – para não usar meias palavras – a obediência.

A ESTRATÉGIA HISTORICISTA

ESSA TENTATIVA busca tornar coerentes duas exigências fundamentais: a) o discurso deve referir-se ao em-si da coisa e apreender os princípios estático e dinâmico subjacentes ao seu ser e seu devir; e b) a verdade do discurso deve defluir exclusivamente do jogo dos conceitos[21], constituindo, assim, a verdade do pensamento.

A busca da união do ser e do devir no discurso será intentada, segundo diferentes vertentes, por Marx[22], Nietzsche[23], Dilthey[24] e Heidegger[25], mediante a constituição de uma Metafísica que teve como fulcro a práxis (Marx); a vontade de potência (Nietzsche); a vida e o ser (Dilthey); e

---

[21] Conceito é termo polissêmico que advém do latim *conseptus*, do verbo *concipere*, significando formar dentro de si e, ainda, segundo outras correntes conter completamente, e em Filosofia representa aquilo que a mente concebe ou entende: uma ideia ou noção, representação geral não reduzida a termo. A rigor, neste texto, uma unidade semântica relacionada a outras unidades semânticas e delas cobrando significado.

[22] Um resumo pode ser visto em MANDEL, Ernst. *Introdução ao Marxismo.* 2 ed. Tradução A. Castro, Lisboa: Antídoto, 1978, em particular seu capítulo XVII.

[23] NIETZSCHE, Friedrich W. *Além do Bem e do Mal: prelúdio a uma Filosofia do Futuro.* Tradução Márcio Pugliesi. São Paulo: Hemus, 1976, constitui interessante introdução à formulação do autor.

[24] Em seus primórdios, a obra de Dilthey intentava desenvolver um projeto crítico que fornecesse fundamentos às ciências humanas, nos mesmos moldes que acreditava ter Kant fornecido às ciências da natureza. Esperava que as ciências humanas pudessem ser descritas com o concurso de leis similarmente àquelas naturais.

[25] HEIDEGGER, Martin. *El ser y el tiempo.* trad. José Gaos, México: Fondo de Cultura Económica, 1951. Nesse texto o autor busca superar os problemas decorrentes da relação sujeito e objeto, oriundos da tradição e, em particular, de Husserl, por via da desconstrução sistemática da metafísica ocidental em busca de um novo acesso ao ser, pela autoria do significado.

seu complemento, já no domínio lógico, por meio da dialética (Marx); da intuição simpática do vivido e da hermenêutica (Dilthey); da metáfora e da genealogia (Nietzsche), a busca de um caminho para a palavra, *logos* (Heidgger). Foram, em alguns casos, vastas cogitações com conclusões imperfeitas e, em outros, fragmentos esparsos mais aptos a destruir que a conduzir a um edifício ordenado do pensar. Há, nesses autores, onipresente, o desejo de libertação da substância (ουσια) com suas entidades e essências fixas; a necessidade sentida de superar o quadro da metafísica tradicional.

Hegel afasta a metafísica tradicional das essências fixas ao recusar aquela da substância de Spinoza e mesmo aquela das entidades[26]. Mas a metafísica se introduz, sub-reptícia ou declaradamente, com a ontopraxiologia marxiana, com a filosofia da vida de Dilthey ou com a filosofia da vontade à Nietzsche. De fato, tem-se a introdução da História em uma versão temporal alheia ao esquema teleológico de origem/fim, do antes/depois, ou da espera e da atenção agostinianas, mas aquela do ser em devir, do acontecimento, pois, em qualquer desses autores, o recorte analítico no real empírico, as reduções metodológicas, a aceitação de proposições como verdadeiras para efeito de fazer evoluir um dado raciocínio, indicam o abandono dessa regressão ao fundamento e a recusa da "certeza" proporcionada pela Metafísica clássica. A fixação do fundamento comprometeria o acontecimento, filho do devir; se, ao contrário, estabelecer-se a sucessão dos acontecimentos, perder-se-á o fundamento.

Nota-se, em Marx, a distância entre a práxis vivida e a práxis pensada; em Nietzsche, a perda da singularidade do acontecimento pela intromissão da metáfora e em Dilthey, o comprometimento de sua intuição, enquanto método, com o surgir do inefável que é o vivido. Todo o projeto historicista costuma ser acoimado de relativismo e, de fato, o fracasso do projeto de fundação do conhecimento e a constatação da impossibilidade do saber absoluto consoante os moldes da Metafísica da substância e das entidades, levam para um rumo menos rutilante, mas, sem dúvida, mais funcional. Está-se num tempo que diz adeus ao desvelamento (αληθεια); à revelação (*revelatio*) e ao testemunhar (*veritas*) e a todas demais metáforas do olhar (*intueri, videri,* θεορια etc.), para conferir prioridade intensiva à

---

26 Por falta de espaço deixa-se de tratar desses temas. Sugere-se KOJÈVE, Alexandre. *Introdução à leitura de Hegel*. Tradução Estela dos Santos Abreu. Rio de Janeiro: Contraponto/Eduerj, 2002, em particular o *A guisa de Introdução* e os cursos dos anos letivos 1933/1934 e 1938/1939.

ação e seu controle, ao reconhecimento da alteridade e da diferença como elementos fundamentais do conhecer e do agir; ao tratamento adequado de uma ordem simbólica coexistente com os atos do conhecer e, enfim, à aceitação do fato de que o consenso é um estado transitório de um conflito permanente de esferas de poder, entendido o poder, principalmente, como a capacidade de monopolização de recursos e criação de dependência, a partir da prestação de "benefícios" ou facilitação de meios para a obtenção de determinados resultados considerados desejáveis[27]. Naturalmente, das considerações anteriores, deve-se extrair uma conjectura diversa (pois, no mundo tal qual parece ser, opera-se quase sempre em situações que visam objetivos diferentes e simultâneos (ou, pelo menos, com fases interferentes), isto é, visam-se condições de permanente e iterada subotimização, para clareza: a busca do ótimo em cada subobjetivo ou, a eliminação da maior parcela de inutilidade em cada subobjetivo)342, embora oriunda de todas, e que constituirá a sequência deste trabalho.

---

[27] Além do, por exemplo, conteúdo programático de disciplinas insertas em determinada grade curricular para efeito da contraprestação que os governos se tornam devedores aos capitalistas que investem em seus territórios (o que desmistifica a pretensa generosidade do ensino gratuito), pode-se pensar: dada a inserção social do sujeito, com todas as mazelas que esse conceito comporta (o sujeito é tão construído quanto o objeto) – a composição de seu mundo da vida não se restringe mais ao que pensam os últimos representantes da escola de Frankfurt e da ética do discurso: a informação depende de veículos informativos em geral e os livros, jornais e revistas (e quantas dessas desaparecem em curto prazo) são editados se mostrarem interesse para uma determinada prática e determinado momento sociais e, o contato com a realidade circunstante, além do meio imediatamente acessível aos sentidos, depende de meios de comunicação, desde as notícias veiculadas pelo simples contato social, até as produzidas pelos meios de comunicação patrocinados. OLIVEIRA SZPACENKOPF, Maria Izabel N. O olhar do poder: a montagem branca e a violência no espetáculo telejornal. Rio de Janeiro: Civilização Brasileira, 2003 disse: A notícia é fabricada. Seja escrita, falada, televisionada, ela é fruto de montagem que inclui a escolha do fato, do assunto, do que dele vai ser aproveitado, da oportunidade exata para sua divulgação, atendendo, portanto a determinados parâmetros, como localização, tempo e modo. No processo de escolha e montagem, estão envolvidos dispositivos e estratégias que dão ao fato o poder de tornar-se um acontecimento" (p. 15). E o pior é que há uma genérica tentação de dizer: se virou notícia, então é porque aconteceu, o que nem sempre corresponde à ordem dos fatos. Essa construção social da realidade sempre será um problema para qualquer teorização pois, de um lado, o objeto de análise é um construto e, de outro, o próprio sujeito/autor se constrói e, no andamento do projeto, se transforma ao produzi-lo. Tal "sisífica" situação induz a outra posição mítica: a cama de Procusto. Em função do projeto manietam-se os dados e, ou se alongam as conclusões além do suporte que lhes dão os dados ou, se amputa parte do sentido desses mesmos dados, a fim de se "comprovar" os resultados. Ademais, para responder as possíveis objeções, a tradição do *Lernfreiheit* (liberdade de estudar) da Alemanha, embora não sujeite às estratégias do currículo fixo – conduz ao exame de suficiência, que termina por controlar o que se julga necessário para o exercício de determinada profissão.

Por uma nova estratégia: hermenêutica

Em Direito, assim como nas ciências em geral, diz-se, é preciso provar. Há a aparência, segundo parece, da verdade, a verossimilhança e acima e contra ela a 'verdade real', a verdade em si mesma. A certificação da verdade, conforme os clássicos, no entanto, revelou-se ilusória. Concepções alternativas de verdade e conhecimento foram propostas: foram vistos como produtos de discursos relativamente coerentes, relativamente estáveis e relativamente confiáveis de práticas sociais, discursivas, institucionais e coletivas, tornadas mais aceitáveis pela exibição de um método.

Ora, a busca de um método compreende expectativas prévias do que sejam cientificidade, mundo, experiência e, em particular, ação. Essa assertiva padece de outro pressuposto: a verdade, aparentemente, só pode ser lobrigada pela pragmática de um dado sujeito, em particular, se suas ações forem focadas a partir de um ponto de vista jurídico.

Por cientificidade entende-se, aqui, a possibilidade de estabelecer conjectura, sempre refutável, em que se explicitem, no interior de um idioleto (jargão específico de uma dada profissão), os termos teóricos empregados e se estabeleça com o interlocutor/leitor uma interconexão semântico-pragmática que lhe faculte compreender o alcance dessa conjectura a partir de seu horizonte.

Essa atividade de teorizar, outra metáfora do olhar, pressupõe a pertença a uma comunidade científica que estabelece, por assim dizer, uma atmosfera semântico-pragmática geral diversa daquela de senso comum e que tem como característica fundamental, além da comunidade de idioleto, um compartilhamento de informações básicas relativas ao setor do conhecimento privilegiado pelos seus comparticipes.

O mundo[28], nesse contexto, compreende a totalidade de informação disponível a cada tempo ou mesmo como pretende Schuartz: Mundo, nesse contexto, não é uma totalidade de coisas ou de estado de coisas, mas sim o horizonte de possibilidades coatualizado em cada operação atual sob forma de unidade de potencialidades que permanece, não obstante, acessível às, isto é, atualizáveis pelas, operações seguintes.

---

[28] SCHUARTZ, Luiz Fernando. *Norma, Contingência e Racionalidade – Estudos Preparatórios para uma Teoria da Decisão Jurídica.* Rio de Janeiro: Renovar, 2005, p. 95-96.

Experiência no sentido corrente contemporâneo se refere às práticas de investigação pautadas por protocolos de controle que registram os pressupostos e os métodos empregados para por a teoria à prova. Por sua vez testar uma teoria compreende a tarefa de, criticamente, investigar seus pontos mais frágeis e desenvolver testes que busquem falsear suas assertivas mais significativas, pois experimentar é tarefa complexa que envolve uma compreensão intensa dos principais supostos teóricos para efeito de modelar um experimento.

Nas ciências sociais, incluso naquela aplicadas, e.g.: o Direito, os experimentos/fatos são irrepetíveis e as técnicas da pesquisa qualitativa, embora aperfeiçoem e balizem a coleta de informações, não conseguem resolver o fundamental problema da amostragem: uma vez aplicado o questionário, não mais será possível repeti-lo para a mesma amostra, sem introduzir vieses relevantes[29].

Embora as suposições de que a Língua é espaço, gestado sócio-historicamente, em que os pesquisadores se movem sem introduzir relevantes contributos, deve-se perceber que a construção de idioletos, ou seja, repertórios de língua específicos para cada ramo do saber humano, implica, também, agir humano, em possível produção de novidade e, em particular, sua inclusão no sistema de produção de conhecimento. O que nega a possibilidade de se pensar um espaço comunicacional fechado composto exclusivamente por comunicações sem que haja outra ação humana. A comunicação intersubjetiva e articulada, bem como a produção de símbolos, compõem grande parte da particularidade de ser humano[30].

Agir é processo defluente e posterior à decisão: a escolha entre compossíveis é resultado de processo racional com vistas a fins, embora esses últimos possam ser irracionais. Por exemplo, no filme *O pagador de promessas*, dirigido por Anselmo Duarte, as ações encetadas pela personagem central são todas racionais com vistas ao fim irracional, sem que se recuse o ato de fé, de cumprir uma promessa a qualquer custo.

---

29 Importantes nesse aspecto os artigos constantes no presente livro e, ainda, BARBER, Bernard. & HIRSCH, Walter. (Orgs.) *The Sociology of Science*. New York/London: The Free Press/ Collier-Macmilan, 1968, bem assim, DOMINGUES, Ivan (Org.) *Conhecimento e transdisciplinaridade II – aspectos metodológicos*. Belo Horizonte: edUFMG, 2005.

30 BAUDRILLARD, Jean. *Para uma economia política do signo*. Tradução Anibal Alves, Lisboa/ São Paulo: 70/ Martins Fontes, 1972. Apresenta relevantes ponderações antecipatórias (embora a inevitável relação com a condição tecnológica disponível à época) e contrárias às construções posteriores no âmbito do estrutural-funcionalismo.

Numa teoria da ação, supor-se-á que a ação decorre de processos de escolha com a limitação das condições de sociedade e de natureza, ou seja, a ação é precedida por um processo decisório e é vinculada a condições de fronteira nascidas das relações sociais (incluso normas postas) e do vínculo da limitação da natureza (o tempo permanece nos processos naturais e distingue-se do tempo interno do sujeito): toda ação se dá em sua situação, entendida desde logo como um mecanismo de redução de complexidade sistêmica para viabilizar o agir.

O fato de que entre a ação e a inação (que difere da omissão, pois só há omissão quando uma ação é exigida) repousa uma decisão é aspecto importante de análise e a decisão implica uma ruptura de um processo, de uma sucessão de atos conjugados que, por sua vez, exigiram outras decisões: ação humana decorre de escolhas entre compossíveis atos. Agir é finalizar um processo pragmático-cognitivo, mesmo quando parece, tão só, efeito de um reflexo.

A teoria da ação interessa-se pela organização das orientações daquele que age, do ator, relativamente a uma situação e, no caso de uma coletividade como unidade atuante, refere-se às ações resultantes que os indivíduos componentes executam na qualidade de membros. O conceito motivação se aplica em sentido estrito somente aos atores individuais. Precisa-se observar que há o requisito (kantiano) implícito de uma identidade originária intertemporal na consciência da consciência para efeito da tomada e manutenção da decisão e que seria basilar para toda a experiência conceitual e sustenta (Kant) que as operações sintéticas, i.e., decorrentes da experiência só seriam possíveis com esse núcleo de identidade, que interliga as representações. Prefere-se, contudo, escapar desse escorregadio conceito (representação) e conceber o fluxo de consciência como ínsito a uma atmosfera semântico-pragmática organizadora, de forma fuzzy, desse fluxo de 'consciência', de resto só perceptível pela ação desencadeada.

Como bem aponta a reflexão contemporânea, a linguagem, contraponto inevitável da consciência, tem sido vista como um cálculo (como parecem fazê-lo Frege, Russel, Wittgenstein e Husserl) ou como meio universal[31] (Heidegger e Gadamer). Sendo certo que a primeira postura conduz à necessidade de metalinguagens e a segunda à necessária percepção de que

---

31 Proposição exposta e exposada por HINTIKKA, Merril B. e HINTIKKA, Jaako. *Investigating Wittgenstein*. Oxford: Basil Blackwell, 1986.

a semântica sofre de problemas de inefabilidade, isto é, não parece possível falar sobre a própria linguagem (questões semânticas) usando a linguagem, o que Quine buscou resolver pela ostensão como fundamento da aprendizagem do significado ou, em circunstâncias da existência da linguagem, por hipóstase. No primeiro caso se aponta para a coisa e se diz seu nome e no segundo se busca uma definição (do significado) da palavra por meio de palavras previamente definidas. A existência de enciclopédias (que trazem a circularidade em seu próprio nome) ou de dicionários (em que a circularidade permanece, embora não no nome) leva a compreender, com a negativa da existência de sinônimos em sentido próprio, que a concepção de língua presente na escola analítica e, ainda, na hermenêutico-fenomenológica – deixa muito a desejar.

A língua deflui de um processo histórico, e disso todos aqueles filósofos sabem muito bem, mas disso só se utilizam com as prevenções de acadêmicos. Sem escapar desse problema, encaminham-se, desde logo, as hipóteses de Vygotsky[32] com os temperos de Moscovici[33] e Jodelet[34] para efeito de entender que o processo de aquisição da linguagem (subconjunto próprio e personalíssimo da Língua (resultado das interações de todos os falantes de dada sociedade em sua história e desenvolvimento) é longo e comporta a esfera de atividade (con junto de ações) de cada atmosfera semântico-pragmática. Tal concepção de sujeito tenta evidenciar que se supera dialeticamente a consciência e a linguagem. Ambas se interpenetram para formar um espaço semântico-pragmático que é o próprio tecido da vida de cada sujeito, o conjunto de seus cenários que, por sua vez, tem como subconjuntos as situações em que tal sujeito age. A compreensão do mundo antecede e sucede o agir, visto que compreender já é agir.

Conhecer/fazer, desde Vico (com seu *Scire est facere*), passando por Hegel, Marx, Weber, Parsons, entre outros, mostram-se conectados de forma indissolúvel. A ação tem uma orientação quando é guiada pelo significado

---

[32] Em particular. VYGOTSKY, Lev Semionovich et allii. *Linguagem, desenvolvimento e aprendizagem*. São Paulo: Ícone, 1988; _____. *Pensamento e Linguagem*. trad. Jefferson Luiz Camargo, São Paulo: Martins Fontes, 1996; _____. *A construção do pensamento e da linguagem*. 2ª ed., trad. Jefferson Luiz Camargo, São Paulo: Martins Fontes, 2003 e COLLE, Michael et allii. *A formação social da mente: o desenvolvimento dos processos psicológicos superiores*. Tradução José Cipolla Neto, Luís Silveira Menna Barreto e Solange Castro Afeche, São Paulo: Martins Fontes, 1998.

[33] MOSCOVICI, Serge. *Representações Sociais: Investigações em Psicologia Social*. 6 ed., tradução Pedrinho A. Guareschi, Petrópolis/RJ: Vozes, 2009.

[34] JODELET, Denise. *Les representations sociales*. Paris: PUF, 1991.

que o indivíduo lhe confere em relação a suas metas e interesses. E a orientação da ação implica, por sua vez, um conjunto de objetos de orientação que são importantes na situação porque proporcionam possibilidades alternativas e impõem limitações nos modos de gratificação das necessidades e na obtenção das metas do ator ou dos atores. Uma dada situação proporciona duas classes principais de objetos para as quais o ator – que é o ponto de referência – pode orientar-se:

1. Objetos não sociais, isto é, objetos físicos ou recursos civilizacionais acumulados;
2. Objetos sociais, ou seja, atores individuais e coletividades.

Um sistema de ação é constituído pela pluralidade organizada das orientações de ação, i.e., uma combinação específica de seleções, que se relaciona com tais objetos (os presentes em 2), e se efetua entre as possibilidades de seleção, aproximando o agradável e afastando o desagradável[35], que são acessíveis em uma situação específica.

A ação é a atividade que, de alguma maneira, está relacionada com coisas fora do organismo (ambiente), através de princípios de relações (ou caso se prefira, de inter-relações). A situação se refere à relação existente entre o organismo e o ambiente, excluindo, entretanto, a ação que tenha ocorrido, exceto como referência para ações futuras. Ambos os termos, ambiente e situação, implicam abstração, mas de tipos diferentes. Ao descrever o ambiente deve-se abstrair, pois não é possível descrever tudo, e ao descrever a situação também se deve abstrair, pois os princípios de relações implicados selecionam as características do ambiente e do organismo sob exame. Tal abstração se realiza segundo a teoria que conceitua os princípios das relações. No estudo das situações abstraem-se as características do ambiente, os objetos; do organismo abstrai-se o ator. Embora a situação abarque tanto a objetos quanto a atores, é conveniente falar dos atores e das situações como se fossem conceitos independentes até certo ponto: por isso fala-se de atores em situações. São os atores nas situações aqueles que atuam (ação manifesta): os organismos estão em atividade nos ambientes. O que impressiona os sentidos e o que registram os instrumentos de medida são as atividades dos organismos nos ambientes; aquilo com que se lida, em nível científico, são as ações dos

---

35 O que dependerá da construção sócio-histórica e da percepção individual do sujeito – em cada caso.

atores nas situações e essas, por sua vez, constituem abstrações realizadas segundo princípios de relações.

O agir humano dá-se em situação e, nada mais natural, pois o próprio étimo 'situação' deriva da composição de '*situ*' (lugar) e '*actione*' (ação), sendo, portanto o lugar em que acontece a ação. Lugar, de passagem, nem sempre em sentido estrito – ao se considerar a ação performativa, que envolve um *topos* ou *topoi* (logo no interior de dada linguagem) – ou o fluxo de pensamento, mas sempre redutor da complexidade sistêmica.

Ao ser apropriada pela teoria, a ação deixa de ser a concretude disposta na situação efetivamente ocorrente, mas compõe parte do relato a se transformar em fato. As teorias não se referem a coisas, mas a descrições de coisas, em outras palavras, à imediaticidade de conexão realidade/teoria contrapõe-se uma compreensão indispensável para efeito de teorizar. Reduzir ocorrências (os dados brutos do empirismo: que são, em verdade, construtos) a fatos implica cuidadosa elaboração teórica com uma interpretação inicial que transforma em palavras as percepções do teórico. A constatação desse passo preliminar da elaboração afasta a possibilidade de se pensar em sentenças protocolares do positivismo do Círculo de Viena, nem nas interessantes postulações de um operacionalismo a Percy W. Bridgman, sempre inquinado de uma série de convenções bastante arbitrárias e referidas a dimensões humanas (o problema da construção de unidades de medida). Mesmo assim, isto não significa perder completamente a referência e soçobrar num relativismo sem esperança.

Parece-se pensar a ação como o produto de ator dotado de recursos que estabelece escolhas finalizadas e para tanto se serve de meios materiais e simbólicos, isto é, a ação social é produto de opções individuais significativas (para o ator). Contudo, nao há tanta simplicidade, as opções se ligam a conjunto global de valores comuns e são pautadas por uma rede de normas constitutiva da estrutura da sociedade, isto é, por elementos coercitivos da ação individual. E, em resumo, a ação supõe a existência de (a) um ator; (b) de uma finalidade (deve estar voltada para um estado futuro de coisas); (c) deve ter lugar em um cenário distinto daquele para o qual a ação pretende conduzi-lo em dependência dos meios para a execução e de um conjunto de condições (as condições da ação) sobre as quais não exerce controle e, finalmente (d) de inter-relação entre os elementos anteriores. Estudar a estrutura da ação social significa evidenciar relações e modalidades de troca estáveis entre atores. O funcionamento eficaz do sistema de ação e sua perseverança no tempo depende de quatro categorias funcionais:

a) A adaptação (organismo de comportamento);

b) A busca de objetivos (teleologia sistêmica: sistema da personalidade);

c) A estabilização ou integração sistêmica (modelos culturais institucionalizados) e

d) A manutenção de padrões de controle, isto é, a manutenção e reprodução coerente de um conjunto de valores comuns que fornecem as motivações necessárias à ação individual.

A ação, em síntese, representa uma alteração na situação por força de qualquer modificação observável nessa situação (logo, outra), esclarecendo-se que observável, significa, apenas, perceptível (o que já implica teorias), i.e, sensações redutíveis a termo, a fato (visto como descrição linguística de ocorrências). É importante notar: o ato de comparar, pela sua complexidade implícita, já transforma a situação em outra, mesmo que tudo possa parecer o mesmo. A introdução de equipamentos que estendam a capacidade de apreensão do real em nada muda a definição, apenas a amplia, pois, de fato, o mundo se faz perceber, i.e., os dados sensórios se apresentam e configuram as primeiras sensações que, com o concurso do senso comum (primeira base teórica), acabam por representar uma intuição do mundo. Assim, excluindo-se todas as mudanças decorrentes de processamentos do próprio sistema da natureza, os demais processamentos encontrarão atores (racionais ou irracionais) que produzam tais transformações. Como se procura estabelecer o sentido de ação vinculada a uma sociedade pode-se dizer que a ação significa alterar condições de uma situação e que a situação engloba condições espaço-temporais.

Nasce-se imerso em uma situação, de saída, redutora da complexidade (pois sempre se simplifica – excluindo muitos elementos da percepção construída a cada tempo), que evolui (positiva ou negativamente) e que pode ser desmembrada, mediante relatos, em subsituações componentes. O relato é forma de ação humana e, sempre, altera uma situação, pois a interpreta. Destarte, interpretar o mundo é exercer sobre ele uma ação interpretativa e, por conseguinte, mesmo que esse permaneça tal e qual (o que - de fato - jamais acontece), alterá-lo. O mundo – palco da práxis e da pragma – engloba o tempo e é constituído, é um construto compartilhado, conforme a capacidade e interesse de cada ator, pela sociedade que se atém, de fato, num primeiro momento, nas representações sociais como fenômenos, ou seja, formas de saber defluentes da, também construída, realidade social e que surgem cotidianamente nas comunicações interpessoais e na busca de controle do ambiente sócio-físico sob alcance do ator (situação presente) ou, quando possível, buscar configurações que satisfaçam aspirações presentes no campo da cultura, algo como: a composição da obra; o buscar sentido[36] para a existência; tornar-se autor de seus próprios atos etc.

A busca de controle acarreta, implicitamente, a questão do poder e esse, numa abordagem decorrente de Giddens, em sentido amplo, é equivalente à capacidade transformadora da ação humana – a capacidade dos seres humanos de intervirem em uma série de Acontecimentos de modo a alterar seu curso. Nesse sentido, o poder está intimamente ligado à noção de práxis, porquanto se relaciona com condições historicamente constituídas e historicamente mutáveis da existência material.

A produção e reprodução da interação envolvem o poder visto como capacidade de transformação, mas na interação pode-se distinguir um sentido mais estrito, um sentido 'relacional' de poder, já que a ação realizada com a intenção de assegurar resultados particulares envolve, por consequência, respostas ou comportamento potencial de outros (incluindo sua resistência ao curso da ação que uma parte quer produzir). Poder, aqui, é dominação, mas seria um grande equívoco supor, tal como as teorias do poder de soma zero, até mesmo no seu sentido mais restrito, que a existência do poder implique logicamente a existência do conflito, se tal termo for tomado na acepção de interesse ou luta real entre dois ou mais combatentes de qualquer espécie. É precisamente o conceito de interesse que se vincula mais imediatamente aos conceitos de conflito e de solidariedade. O uso do poder é frequentemente acompanhado de luta; isso não acontece por causa de uma relação lógica entre os dois, mas por falta de coincidência dos interesses dos atores nas circunstâncias em que o poder é aplicado (ao se fazer essa afirmação não se pretende propor a tese de que as pessoas sempre sabem quais são os seus interesses, ainda que a identificação de interesses por parte do teórico envolva a imputação de desejos a

---

[36] Embora pareça referir-se a operação da razão, tem-se, de fato, ao buscar sentido – relação mais próxima a sentimento. O mesmo fenômeno se dá na sentença judicial – quem sentencia expressa mais que razão, sentimento.

essas pessoas. Tampouco se pretende afirmar que a divisão de interesses sempre conduz a conflito aberto, ou ao contrário, que a existência desse conflito pressuponha, por isso, a divisão de interesses).

O conceito de interesse tem que ser entendido como um conceito meta-teórico. Ou seja, ele tem que ser libertado de qualquer associação com as necessidades humanas no estado de natureza, ou da questão que o coloca em uma única conexão com as divisões de classe da sociedade. A primeira conduz a uma situação na qual o interesse é concebido exclusivamente com referência aos interesses do 'indivíduo' em oposição aos da 'sociedade' (ou do Estado). A segunda, tal como expressa em algumas leituras de Marx, leva à implicação de que, com a transcendência das classes, as divisões de interesse na sociedade desapareceriam. As oposições entre os interesses particulares podem sempre ser transcendidas pela transformação social e isso é inteiramente distinto da pressuposição de que as divisões de interesse na sociedade possam ser superadas em conjunto.

O mesmo se aplica à dominação. As formas específicas de dominação, tal como localizadas historicamente nos sistemas de poder, estão em todas as instâncias abertas à transformação potencial. Se o poder é visto como intrínseco a toda interação, a questão de sua transcendência em uma sociedade empírica qualquer não se pode colocar. Seria possível desenvolver um modelo de emancipação baseado na igualdade de poder na interação. Mas, isoladamente, nada seria menos apropriado porque assim não se lidaria com o poder no seu aspecto de capacidade transformadora, como o meio de realização dos interesses humanos coletivos. Sob esse aspecto, a liberdade em relação à dominação nos sistemas de interação aparece como um problema de construção de formas racionalmente defensáveis de autoridade.

A ação se dá em decorrência de situações e frente às mais frequentes, que são, aqui, descritas como negociais: aquelas em que o agente ou operador está envolvido com relações racionais com vistas a fins, desempenhará esse ator ações intencionais e reflexivas por via das quais esperará obter determinados resultados[37] em cooperação ou conflito com outros

---

[37] Observe-se que o resultado (êxito/sucesso – apenas em sentido terminativo) pode ser o desejado pelo ator. Não precisa ser aquele da racionalidade mediana – apenas deve satisfazer ao esperado no jogo. A ação, via de regra, será guiada por princípios racionais – o resultado almejado pode ser irracional. Exemplos podem ser os vistos na compra de mais um par de sapatos por quem já possui centenas e, num âmbito mais extenso, como a investigação de DELEUZE, Gilles. *Sade/Masoch*. Tradução José Martins Garcia, Lisboa: Assírio & Alvim, 1978, aponta – há resultados indesejáveis

atores. A natureza topológica da palavra "situação" remete à existência da possibilidade de se examinar o problema da negociação, envolvendo interesses, por intermédio de pontos de acumulação que, conjugados, estabeleçem um caminho crítico realizável para a decisão da lide. Lembrando que para fixar os pontos de acumulação será preciso investigar os cursos de ação possíveis e que investigar é obter vestígios em situação. A investigação produz via de acesso compondo o anunciado pelos vestígios. Este é o *odos*, o caminho. Aqui se fala do caminho resultante da escolha, aquele que conduziria, em princípio, ao âmago da questão. O caminho indica seu objetivo, ao mesmo tempo em que por ele selecionado e assim se constitui o método, isto é, o conjunto de decisões sobre as situações a escolher, os recursos e meios possíveis para se empregar, o grau e o como fazer, como algo além do caminho, mas dele dependente.

Excluindo o tratamento formal, dir-se-ia que as decisões orbitam, salvo em casos patológicos, em zonas de probabilidade estreitas face às condições de contorno (estados de conhecimento) disponíveis para os atores e, em particular, naquelas do âmbito jurídico, ainda mais próximas e estritas face ao vínculo legal das decisões e ao devido processo legal para se as alcançar.

Ressalte-se, a ação é uma categoria situacional e não tem significado absoluto – apenas ao contemplar a totalidade dos jogos em que participa o ator pode-se compreender, como alteridade, a racionalidade ou irracionalidade de seus atos. A ação só pode ser interpretada situacionalmente, e sempre sem esquecer que o ator é e tem sua própria atmosfera semântico-pragmática que limita sua capacidade de apreender a 'realidade': em suma, a ação é suscetível de diferentes interpretações situacionais pelos diferentes atores que dela participarem, a qualquer título e, ainda, que dela participarem – tão só pelo conhecimento. Por vezes, a condição de ser estranho à situação pode ensejar o vislumbre de soluções outras que as percebidas pelos atores em conflito com as dificuldades adicionais de que, se arvorado em experimentador social, dificilmente poderá fazer variar as condições sociais à sua vontade e de que, em geral, as questões sociais são irrepetíveis, posto que: situadas no espaço público dependem das ações humanas. Estabelecer a ação como critério de informação sobre a veracidade

---

para todos, mas desejados pelo jogador – precisamente por compor parte de subjogo integrado a jogo completo, em geral, sabido (quando o é) apenas por esse. Destarte, há práticas autodestrutivas que contribuem para resultados tais como a manutenção do sujeito na área de conforto etc.

dos interesses do ator resolve o pseudoproblema posto por Popper[38] de que ao se tomar em consideração os interesses deixar-se-ia de indagar sobre a verdade e se passaria a indagar sobre a motivação desse ator.

O ator produz, mesmo no interior de seu espaço doméstico, ação social que pode ser interativa ou não interativa: interativa quando o objeto da ação for capaz de eliciar resposta ao ato e não interativa quando a ação se voltar a simples objeto, entendido como produtor de comportamento esperado, mesmo que envolva atores. Sendo interativa poderá ser estratégica cooperativa ou conflitiva ou estratégica comunicativa (quando ocorrerem atos de fala). Quando não forem abertamente estratégicas serão ocultamente estratégicas (estratagemas, ardis, logros, trapaças ou, no limite, inconsistentes ou equívocos inconscientes). Permanecerá, entretanto, como medida anterior a qualquer ação, a etapa crítica, correspondente à tomada de decisão, em que são ponderadas as escolhas entre as situações compossíveis de partida e de chegada. Estabelecida uma situação conflitiva qualquer: essa pode ser tomada como situação inicial de uma política a ser desempenhada (muito embora todos nasçam imersos em situações), pois a economia e a sociedade são redes de relações ambíguas e ambivalentes entre atores e grupos de atores. Isso quer dizer: são conflitivas e a eliminação da componente conflitual, como muitos pretendem, causará uma deformação radical e perda de inteligibilidade essencial desse conturbado ciclo de produção e acumulação, em particular financeiras, representado pelo capitalismo tardio. O alcance de situações de equilíbrio só será possível mediante a interferência de grupos de pressão ou operadores socioculturais para incluir no modelo os indivíduos postos em situação de interferir na organização geral das coisas, tais como tecnoburocratas ou empresários de empresas estratégicas (transporte em geral, por exemplo) ou de grande porte.

De resto, é preciso notar, as grandes corporações têm seu processo de crescimento ligado a centros de decisão variados, tanto públicos como

---

[38] Ver POPPER, Karl (1981:62-63) e observe-se o que diz em seu *Conhecimento Objetivo* (1975): *"(5) Dentre muitos outros argumentos de peso, embora inconclusivos, desejo mencionar somente um. É este. Se o realismo é verdadeiro – mais especialmente, algo que se aproxime do realismo científico – então é óbvia a razão da impossibilidade de prová-lo. A razão é que nosso conhecimento subjetivo, mesmo o conhecimento perceptivo, consiste de disposições para agir* (grifou-se)*, e é assim uma espécie de adaptação experimental à realidade; somos, no máximo, investigadores e de qualquer modo falíveis. Não há garantia contra o erro. Ao mesmo tempo, toda a questão da verdade e da falsidade de nossas opiniões e teorias torna-se claramente sem sentido se não houver realidade, mas apenas sonhos ou ilusões".*

privados e esse crescimento é consequência de operadores que agem no limite da informação disponível e de seus meios. Ainda, o processo de concentração da produção distingue-se daquele da concentração financeira e daquele da concentração das atividades de decisão. Isto é, a concentração decorre de uma combinação de estruturas evolutivas (sistemas) e representa o sucesso ou fracasso de operadores socioculturais. Tal processo emana de um meio social e o remodela envolvendo condições tanto civilizacionais, como culturais: é um fenômeno organizacional e alcança os níveis públicos e privados.

O poder (no campo da cultura) busca por intermédio do Governo (no campo da civilidade) dividir, desencorajar coalizões e dissociá-las sempre que formadas, operando por concessões, autorizações e benefícios assemelhados que, antes de socializar o poder, favorecem a sua concentração. Nota-se que a economia privada recebe dos poderes públicos as condições prévias para seu crescimento, por exemplo: a formação básica da mão de obra; a confiança na ordem econômica e social; o monopólio da violência e da administração de justiça; a cultura[39] e, em particular, a organização civilizacional. E, mais diretamente, nas economias contemporâneas mais de metade dos recursos postos em circulação, como investimento, advém do Governo.

Em qualquer sistema econômico contemporâneo, a minoria persiste decidindo o que fará a maioria, para tanto, basta lembrar que a linha mais influente de pensamento econômico, o neoliberalismo, surgido por volta da década de trinta do século passado e ressurgido, como fênix, na década de setenta (em decorrência da crise do petróleo), que prega as teses de Adam Smith com roupagens contemporâneas acredita que: a busca do interesse individual resulta em benefícios à sociedade e que o estado-empresário é concorrente desleal e mal a ser descartado, principalmente como regulamentador do mercado, para que este, o mercado, possa ser o distribuidor de recursos.

---

39 Parte própria da cultura é também a Ética (*ethike*) derivada de *'ethos'* – o que é habitual. Destarte, a ética, despida de sanção localiza-se na Cultura e, sua contrapartida, a Moral, desenvolve-se na Civilização, em que as sanções, de ordem moral, são praticadas no conviver. Um critério para se separar o que pertence ao campo da Cultura e o que pertence àquele da Civilização consiste em observar: o campo da Cultura acumula o que é de longo prazo e ainda não concretizado (o *pro-jectum*), enquanto aquele da Civilização encerra o que se tornou, o que se apresentou, o construído (o *ob-jectum*). Assim os textos legais, por exemplo, permanecem no campo da Cultura e as normas concretizadas – naquele da Civilização. O projeto da escultura, sua concepção, pertence ao da Cultura e sua concretização, segundo a habilidade do escultor e a possibilidade de seus meios, àquele da Civilização.

De fato, cada vez mais a escolha do que produzir – graças aos meios de comunicação de massa e a capacidade de produzir novas necessidades – repousa nas mãos de uma minoria. Os operadores lutam e concorrem para mudar as estruturas dos organismos e das regras da sociedade em que operam. Tais cooperações e conflitos seriam conflitos de organização. A Economia necessita redescobrir os conflitos de organização, pois as empresas transnacionais insinuam sua organização ao poder público mercê de negociações em que a quantidade de investimento e de postos de trabalho não desempenha o menor papel. Alianças intermitentes ou coalizões duráveis desses gigantes de mercado se estabelecem e áreas de atuação são demarcadas muito além do alcance dos órgãos de defesa econômica: na fria arena dos interesses de mercado e por operadores competentes. Fusões e cisões ocorrem em paraísos fiscais e permanecem à margem do controle interno da concorrência. Em uma sociedade dividida pela concentração de recursos apenas os grupos organizados podem exercitar essa estratégia de desestruturação e reestruturação característica do capitalismo tardio. A consequência direta desta constatação é que a teoria econômica necessitará integrar em seus métodos de análise as ações, as atividades, a transformação do meio pelos operadores socioculturais, a fim de ajustar sua teoria do equilíbrio de interdependência geral pelas forças anônimas do livre mercado. Não há o indivíduo livre para agir no mercado, mas operadores que condicionam a atuação no mercado ao segmento previamente tornado disponível. A atomização de linha neoclássica retorna com o agravante do controle onipresente: os números de identificação e dos diferentes cartões vedam ou permitem o acesso aos prêmios civilizacionais – o indivíduo livre para expressar suas preferências torna-se satélite de sua inserção no segmento de mercado.

Em decorrência dessa postura, as estruturas sociais (alguns preferem: instituições) necessitam ser entendidas como totalidades (consequentemente: arbitrários recortes do todo social) regidas por leis de composição não redutíveis a sucessões de eventos ou a uma gênese. A estrutura é um conjunto de transformações obedecendo a uma lei da totalidade considerada ou, ainda, sob o ponto de vista material, conjunto organizado de partes conexas. As situações são compossíveis e sua estruturação numa política não é diretamente observável – mesmo porque acontece no tempo e depende de decisões intermediárias. É fato que todas as teorias do equilíbrio necessitam simplificar, mas qualquer teoria simplifica.

A homeostase sistêmica é conceito dependente da escolha de fatores atuantes, objetivos a perseguir e operadores interessados. A autorregulação sistêmica representa uma série de desequilíbrios tornados suportáveis por alterações políticas, isto é, por reconsideração, no período crítico, das decisões possíveis na instauração de novas situações. Sempre cumpre lembrar que o sistema social é um conjunto cujas partes interagem e se transformam em mais que a simples somação das partes. Por mais que os operadores se arroguem o apanágio de decidir, sempre será possível, mediante mobilização, introduzir um novo operador no cenário, ou fazer variar os fatores atuantes e, no limite, mudar os objetivos a atingir. Esse efetivamente o grande momento histórico, pois a Civilização estruturou-se de tal modo que o domínio das tecnologias associado ao correto associativismo poderá produzir mobilização em tempo muito reduzido e, se a crença no poder da minoria não for por demais arraigada e estabelecida pelos meios de comunicação de massa, será possível participar do espaço público como nunca anteriormente: como operadores dessa sociedade.

Claro, não se está acreditando na formação de uma camada baseada no mérito, pois a ideologia oficial meritocrática não pode convencer, vez que o capital político, como diria Bourdieu, só pode ser conseguido, além daquele cultural e escolar, por mobilização consciente e centrada na abertura ao Outro: tanto por intermédio de partidos, quanto de sindicatos, quanto de grupos de pressão bem estruturados e com projeto conjunto. Projeto, que se não identifica com plano, tem um pressuposto que seria, sob o ponto de vista de uma teoria de representações sociais, o da apreensão de uma 'realidade social' e de sua relação com a representação predominante visando alterá-la. Isso leva a ter contato com uma teoria capaz de correlacionar ideologia (crenças, estereótipos, pré-conceitos etc.) e comunicação e da articulação/conflito do sujeito com a sociedade. No sentido contemporâneo pode-se dizer que a representação social é uma modalidade específica do conhecimento, que tem por função a elaboração dos comportamentos e da comunicação entre os indivíduos, constituindo um *corpus* organizado de conhecimentos e atividade psíquica pelas quais se torna inteligível a realidade social e física, permitindo a inclusão em um grupo ou relações cotidianas e a transformação do mundo social, passível de estranhamento, num mundo cotidiano, familiar e 'amistoso'. As representações sociais, destarte, são subsistemas que concretizam a imaterial ideologia e a incorporam à atmosfera semântico-pragmática dos atores sociais.

Denise JODELET[40], por intermédio dos conceitos de objetivação e ancoragem, buscou esclarecer a gênese social e a manutenção das representações sociais. Pela objetivação procede-se a transformação de um determinado aspecto do social em representação e pela ancoragem tal representação se fixa no social transformando-se na forma de viver e ver a realidade social. A representação[41] social torna-se a realidade social ao possibilitar as relações cotidianas: garante que o conjunto interseção das atmosferas semânticas individuais não seja o conjunto vazio. Mas representar vincula-se à 'presentação' de um ausente, ou seja, para ter algum sentido a representação precisa de algum referente ou, pelo menos, de alguma ausência, o momento em que se apresentou o objeto social. Têm-se, então, duas possibilidades:

a) A representação substituiria algo que se apresentou e seria ou uma cópia do fenômeno ou, ainda pior,
b) Seria uma deformação desse fenômeno.

Ademais, o fenômeno representado pode tanto ser uma realidade social ou, um construto sem fundamentação fática, logo descritiva, uma realidade consensual obtida por intermédio de determinados processos de recorte individual transferido ao grupo ou reciprocamente. Cabe indagar, quase aporeticamente, então: o caráter social das representações seria dado por uma realidade social que o antecede, ou, mais propriamente, a realidade social está configurada como ponto de convergência de representações cognitivas?

As representações sociais são teorias do senso comum, são mais que opiniões ou atitudes e sobre elas se elabora (a partir de sua estruturação e sistematicidade determinada) as teorias sobre os fatos ou situações. Nota-se, assim, que as representações sociais constituem uma etapa intermédia entre o saber científico e a opinião. É a ponte que permite transitar da *doxa* à *epistêmê*: trata-se de sentido comum sistematizado que descobre, organiza e torna possível a comunicação social ao permear atmosferas

---

[40] JODELET, Denise. *Les répresentations sociales*. Paris: PUF, 1991.

[41] LEFEBVRE, Henri. *Le Langage et la societé*. Paris: Gallimard,1966 - em linha diversa, sugere que a obra (o agir com finalidade) resolva o problema da representação, visto que a atravessa, a utiliza e a supera. Por sua vez, a representação esclarece a obra porque é necessária, mas insuficiente – é superficial, permanece na superfície e remete à prática, à produção, à criação. (p.30)

semânticas – aos sujeitos sob o ponto de vista epistêmico. No presente modelo dir-se-ia que o conjunto formado pela doxa, representações sociais e epistêmê constitui a atmosfera semântico-pragmática individual que, ao se postar diante de outra estabelece comunicação mercê, se possível, de intersecção não-vazia entre as distintas atmosferas. Insiste-se na presença de um determinado grau de poluição semântica vez que, tanto individual, quanto coletivamente, não há como evitar certo grau de ideologia e de variáveis próprias do indivíduo e do grupo [o que sempre se poderá fazer – será explicitar (quanto possível) as premissas assumidas].

Ainda, como se trata de uma relação imaginária com relações reais de existência converge sobre práticas, instituições e, em particular, interesses reais. Como influência externa que se internaliza e passa a compor o quadro de referência da atmosfera semântica só obterá êxito nessa incorporação se permitir que essa opere sob os parâmetros de sua formação social, muito embora, também, auxilie a formar tais parâme-tros, porém sem a elasticidade necessária para atuar em todo momento e campo. Essa poluição, embora residual, opera na formação das condições potenciais para a existência e manutenção da atmosfera e a seleção de seus interesses na vida real.

Quando as atmosferas semântico-pragmáticas individuais comparti-lham das condições gerais postas pela cultura e civilização estabelece-se a maioria que se organizará para a manutenção da estrutura civilizatória existente e sua reprodução numa homeóstase sistêmica. Mais, quando as representações sociais predominantes preencherem as atmosferas semân-ticas, os indivíduos nessa condição terão entendimento mais próximo e comum e, apesar de si mesmos, comporão a base de sustentação e pacificação dessa civilização de consumo, parte própria da sociedade pós-industrial e alijada das condições de ocupar um estrato superior na hierarquia social da adveniente sociedade do conhecimento.

Antes de tudo, se o método passa pelo que se disse, resulta: hermenêu-tica não é método. Seria, então, como se pretende, um ato de interpretar? É preciso deter-se um pouco mais no significado de interpretação nesta conjuctura: é fato consabido que a interpretação, vinculada historicamente à hermenêutica, no sentido de análise de textos sagrados, sempre foi um estudo dos problemas associados ao significado, à intenção do autor, à fuga dos anacronismos e, ademais, à possibilidade de se encerrar (mesmo sendo ele infinito), em algum momento, o próprio processo interpretativo[42].

Dilthey[43], na esteira de Schlegel e Schleiermacher (com sua Hermenêutica Universal) e indo além desses, concebeu a hermenêutica como um elemento basilar do método filosófico a suportar a consciência histórica e a própria historicidade do Homem, uma perspectiva de natureza filosófica sob a consciência histórica e a historicidade do Homem. O projeto heideggeriano, sucessor, por outras vias, daquele de Dilthey, tomou a hermenêutica ou o "compreender" como uma estrutura constitutiva da existência (*Dasein*), como dimensão intrínseca do Homem, que se reelabora a cada nova experiência que nasce sobre o conjunto de experiências precedentes e as reinterpreta:

> *O círculo (hermenêutico) não deve degradar-se à condição de círculo vicioso e, tampouco, deve ser considerado um inconveniente insuperável. Nele se oculta uma possibilidade positiva do conhecer mais originário, possibilidade que só se realiza de modo genuíno se a interpretação compreende que sua tarefa primeira, permanente e última consiste em não deixar que se imponham, nunca, previsões, preconceitos ou pré-disponibilidades por parte do acaso ou das opiniões comuns, mas em fazer com que exsurjam das próprias coisas, garantindo destarte a cientificidade do tema específico.*[44]

Aqui se pode notar um importante contributo de Heidegger, ou seja, o reconhecimento de que o círculo hermenêutico possui um significado

---

[42] Apenas para referir, essa leitura aqui apresentada encontra muitas outras divergentes como, por exemplo, a de GRAU, Eros Roberto. *O direito posto e o direito pressuposto*. São Paulo: Malheiros, 1996, que asseverou: [...] a interpretação do direito consiste em *concretar a lei* em cada caso, isto é, na sua *aplicação* (Gadamer 1991/401), o intérprete, ao interpretar a lei, desde um caso concreto, a *aplica. Interpretação* e *aplicação* não se realizam autonomamente. O intérprete discerne o sentido do texto a partir e em virtude de um determinado caso dado (Gadamer 1991/397). Sim existe uma equação entre interpretação e aplicação: não estamos aqui, diante de dois momentos distintos, porém frente a uma só operação (Marí 1991/236). *Interpretação* e *aplicação* se superpõem. (p. 153)

[43] DILTHEY, Wilhelm (1931).

[44] HEIDEGGER, Martin (1951), p. 155.

ontológico positivo. Gadamer[45], discípulo de Heidegger, embora dele se diferencie teoricamente, servirá de guia na sequência. Toda interpretação correta deve fugir à arbitrariedade e das limitações decorrentes de hábitos mentais inconscientes, aproximando-se das coisas e submetendo-se a elas, como sua tarefa permanente. Quem interpreta um texto, atualiza um projeto e, a partir do significado mais imediato do texto, lido com determinadas expectativas particulares, esboça, preliminarmente, um significado do todo. A compreensão do que deve ser compreendido consiste na elaboração desse projeto preliminar que se recoloca continuamente em decorrência de uma ulterior penetração do texto ou da coisa.

Há textos dotados de sentido que falam de coisas. O intérprete se aproxima dos textos com uma pré-compreensão (*Vorverständnis*), com seus preconceitos (*Vorurteile*), suas pressuposições e suas expectativas. Dados o texto e a pré-compreensão do intérprete, estabelece-se um esboço desse texto, revisto continuamente por efeito de uma ulterior penetração do mesmo tecido, que, entretanto, torna-se, a cada vez, outro.

> *O processo descrito por Heidegger é o de que toda revisão do esboço é capaz de transformar-se em nova projeção de significado e de que projetos rivais podem levar a uma compreensão mais clara da unidade de significado: a interpretação começa com preconceitos que são substituídos por outros mais adequados. Esse processo constante de projetar constitui o movimento do compreender e do interpretar. Quem busca compreender expõe-se aos erros derivados das pressuposições não decorrentes das próprias coisas. A tarefa permanente da compreensão é a elaboração e a articulação das projeçoes apropriadas, antecipatórias por natureza, a serem confirmadas pelas próprias 'coisas'. Aqui a única 'objetividade' consiste na confirmação que um pressuposto pode receber da elaboração. Que caracteriza as pressuposições inadequadas senão transformarem-se em nada ao serem trabalhadas? O compreender apenas realiza todo seu potencial se não parte de pressuposições arbitrárias. Destarte, há um sentido positivo dizer que o intérprete não*

---

[45] GADAMER, Hans-Georg (1994), p. 265 et passim.

defronta o texto limitando-se a permanecer no marco das pressuposições presentes em si, mas que, frente ao texto, explicitamente, ponha à prova a legitimidade de tais pressuposições, isto é, sua origem e validade.

Esse requisito básico pode ser visto com a radicalização de um procedimento que exercemos, de fato, sempre que compreendemos alguma coisa. (...) A compreensão metodologicamente consciente não buscará meramente ideias antecipatórias, mas torná-las conscientes, submetê-las a experiência e, então, adquirir a correta compreensão das coisas.[46]

A interpretação se constitui numa tarefa possível e infinita. Possível porque – segundo a época histórica em que vive o intérprete ou de acordo com o que ele, intérprete individual, sabe – não se pode excluir o surgimento de interpretações melhores ou mais adequadas que as demais existentes, relativamente àquela época e o que nela se sabe. Infinita porque uma interpretação aparentemente adequada pode mostrar-se incorreta e porque, sempre, se pode encontrar interpretações novas e melhores. Além disso, uma consciência hermeneuticamente adequada deve mostrar-se, preliminarmente, sensível à alteridade do texto. Deve ser consciente de suas próprias prevenções, para que o texto apareça em sua alteridade e para que possa, de fato, fazer valer seu conteúdo de verdade diante dos pressupostos do intérprete.[47]

Acrescente-se a essas ponderações aquelas de Umberto Eco:

É claro que estou tentando manter um elo dialético entre a intentio operis e a intentio lectoris. O problema é que, embora talvez se saiba qual deve ser a 'intenção do leitor', parece mais difícil definir abstratamente a 'intenção do texto'. A intenção do texto não é revelada pela superfície textual. Ou, se for revelada, ela o é apenas no sentido da letra sonegada. É preciso querer 've-la'. Assim é possível falar da intenção do texto apenas em

---

[46] op. cit., p. 267-269.

[47] Aqui cobra sentido a estatuição de Lévinas: "Não matarás", isto é, não se dará ao texto um significado imposto pelo ouvinte/leitor, mas buscar-se-á compreender o texto em sua alteridade.

decorrência de uma leitura por parte do leitor. A iniciativa do leitor consiste basicamente em fazer uma conjetura sobre a intenção do texto.

Um texto é um dispositivo concebido para produzir seu leitor-modelo. Repito que esse leitor não é o que faz a 'única' conjetura 'certa'. Um texto pode prever um leitor-modelo com o direito de fazer infinitas conjeturas. O leitor empírico é apenas um agente que faz conjeturas sobre o tipo de leitor-modelo postulado pelo texto. Como a intenção do texto é basicamente a de produzir um leitor-modelo capaz de fazer conjeturas sobre ele, a iniciativa do leitor-modelo consiste em imaginar um autor-modelo que não é o empírico e que, no fim, coincide com a intenção do texto. Desse modo, mais do que um parâmetro a ser utilizado com a finalidade de validar a interpretação, o texto é um objeto que a interpretação constrói no decorrer do esforço circular de validar-se com base no que acaba sendo o seu resultado. Não tenho vergonha de admitir que estou definindo assim o antigo e ainda válido 'círculo hermenêutico'.

Reconhecer a intentio operis é reconhecer uma estratégia semiótica. Às vezes a estratégia semiótica é detectável com base em convicções estilísticas estabelecidas. (...)

Como provar uma conjetura sobre a intentio operis? A única forma é checá-la com o texto enquanto um todo coerente. Essa ideia também é antiga e vem de Agostinho (De doctrina christiana): qualquer interpretação feita de uma certa parte de um texto poderá ser aceita se for confirmada por outra parte do mesmo texto, e deverá ser rejeitada se o contradisser. Neste sentido, a coerência interna do texto domina os impulsos do leitor, de outro modo incontroláveis. (...) Entendo que, nessa dialética entre a intenção do leitor e a intenção do texto, a intenção do autor empírico foi totalmente desconsiderada. (...) Minha ideia de interpretação textual como a descoberta da estratégia com intenção de produzir um leitor-modelo, concebido como a contrapartida ideal de um autor-modelo (que aparece apenas

> *como uma estratégia textual), torna a ideia da intenção do autor empírico radicalmente inútil. Temos de respeitar o texto, não o autor enquanto pessoa assim-e-assim.*[48]

De fato, caso se pretenda manter uma plausibilidade nas interações comunicativas, é necessário que essas assertivas sejam estendidas para o texto entendido, também, como uma parcela da realidade pragmática – de outra parte, também um tecido – a única efetivamente disponível para cada sujeito. Na leitura, a predisposição interpretativa faz "ver" mais do que no texto se encontra, o jurista ao ler o texto (citado) de Eco acabará encontrando, certamente, uma referência à distância entre *"voluntas legis"* e *"voluntas legislatoris"* por mais que se pretenda manter distanciado e leitor-modelo diante daquele texto. E, assim, essa polissemia textual permite a extensão das possibilidades de leitura até um certo limite que se admite, em geral, ser o da coerência interna ou aquele do tempo lógico do texto.

Se a hermenêutica mais não fosse senão a descoberta da existência de distintas perspectivas sobre o mundo confirmaria a concepção da verdade como um espelhamento objetivo do estado de coisas, o quê, em verdade, rejeita. Uma teoria da interpretação deve ousar mais e, ao mesmo tempo, menos.

Mediante o termo "interpretar" faz-se referência não apenas ao texto escrito, mas, e até principalmente, a um subconjunto semântico específico dos sujeitos em relação. Conforme diz Searle[49]:

> *Todos temos uma certa imagem do que constitui o mundo e, consequentemente, do que constitui o conhecimento do mundo. Essa imagem é fácil de identificar mas difícil de descrever. É uma imagem do mundo que consiste em fatos brutos, e uma imagem do conhecimento como, de fato, um conhecimento de fatos brutos. O que queremos dizer com isto, entre outras coisas é que há certos paradigmas de conhecimento, e que*

---

[48] ECO, Umberto. *Interpretação e superinterpretação*. Tradução MF, São Paulo: Martins Fontes, 1993: p. (74 – 76).

[49] SEARLE, John R. *O actos de fala: um ensaio de filosofia da linguagem.*Tradução Carlos Vogt et allii, Coimbra: Almedina, 1981, p. 68.

esses paradigmas são tomados para formar o modelo de todo conhecimento. Os paradigmas variam enormemente (...) mas partilham de certos traços comuns.

A comunicação[50] entre sujeitos torna-se possível e é limitada pelas interseções cognitivas, os traços comuns de Searle, que possuam. Quando a interseção for vazia, o que, em princípio, é altamente improvável (talvez apenas nos casos de autistas), ocorre um estado de comunicação minimal, vez que a nulidade comunicativa é, pela teoria da comunicação aceita, impossível (não comunicar é, em princípio, comunicar que não se deseja comunicar). A comunicação será maximal quando houver identidade entre os conjuntos de informação disponíveis pelos sujeitos em relação sobre o assunto/objeto comunicativo. Com isso quer-se garantir, para a presente conjectura, a possibilidade de que os sujeitos em relação possam, quando menos, obter um nível mínimo de entendimento no primeiro contato, tal que lhes favoreça um prosseguir comunicativo apto a aumentar a interseção de suas atmosferas semânticas, permitindo-lhes, tantos quantos forem, responder aos estímulos comunicativos propostos.

Na conjectura formulada, o significado[51] de uma frase, logo na esfera da compreensão, para um determinado receptor, será dado pela resposta ativa, isto é, na esfera do agir, inclusive comunicativo, que puder fornecer a ela. Diante de uma relação qualquer, o emitente poderá articular sua estratégia comunicativa para eliciar a resposta desejada pelo receptor, que, por sua vez, buscará articular sua resposta, de molde a reorientar a relação comunicativa.

De certo modo, as questões de verdade e falsidade, inclusive para enunciados eminentemente teóricos (no sentido supra), podem ser compreendidas

---

[50] É preciso que se ressalte a precedência da comunicação ao estado conflitivo. Inexistindo a tensão resultante da inter-relação comunicativa, o que, por si só, já implica num estado conflitivo preliminar (os estados de conhecimento em relação não são idênticos), qualquer conflito torna-se impossível. Aliás, essa tensão cognitiva não se limita a indivíduos em comunicação. O indivíduo ao relacionar-se consigo mesmo termina por desencadear conflitos e, disso, a literatura psicanalítica é pródiga de exemplos.

[51] O sentido da frase depende da situação (contexto). A questão posta por Frege de que o referente seja o objeto aos quais as expressões se referem; de que o sentido seja a significância cognitiva ou modo de apresentação do referente conduz à conclusão de que expressões linguísticas com o mesmo referente possam ter sentidos diferentes. A exposição feita nesta conjectura supõe que as situações (em seu conjunto cenário) oferecem balizamento para ação decorrente das expressões linguísticas. Isto é: o significado e o sentido só se obtêm mediante sua inserção na situação de decisão.

pelas ações desenvolvidas pelos sujeitos presentes na relação, isto é, o critério de veracidade decorre, principalmente, da análise das ações, antes que da representação fática das mesmas, ou seja, da sua expressão por palavras. E isto implica em buscar mais uma alteração do estado de conhecimento tendente a constituir uma aceitação das informações oferecidas mediante um voto de confiança, portanto numa esfera pragmática, que, de fato, um estado de conhecimento em que se verifique aquela situação descrita por Parmênides como "É o saber, o ser".[52]

Rorty[53] diz:

> *Nós pensamos que há muitas maneiras de falar sobre o que está acontecendo, e que nenhuma delas está mais próxima do jeito como as coisas são em si mesmas que qualquer outra. Chegar mais perto da realidade soa para nós como uma metáfora desgastada. Não temos a menor ideia do que 'o em si mesma' quer dizer na frase 'a realidade tal como é em si mesma'. Assim sugerimos que a distinção aparência/realidade seja abandonada em benefício de uma distinção entre formas mais úteis e menos úteis de se falar[54]. Uma vez que a maioria das pessoas pensa que 'verdadeiro' significa 'correspondendo ao modo como a realidade realmente é', elas assumem que estamos negando a existência da verdade.*
>
> *Nossos críticos – os filósofos que concordam com esse signifi-cado de verdade – não creem que a distinção entre mais útil e menos útil possa substituir a velha distinção entre aparência e realidade. Eles insistem que formas menos úteis de falar são descrições do que apenas parece estar acontecendo, ao passo que as mais úteis são descrições do que realmente está ocorrendo. (...) Nossos críticos necessitam da distinção entre aparência*

---

[52] *Fragmento 3 do Poema - "tó gàr autó estín te kaí eínaí"*, cuja tradução, segundo José Cavalcante de Souza, é: *"...pois o mesmo é pensar e portanto ser"*. Confr. *Os Pré-Socráticos* - (1978:142).

[53] RORTY, Richard. *Pragmatismo, Filosofia Analítica e Ciência*, in PINTO, Paulo Roberto Margutti et allii (Org.), *Pragmatismo, Filosofia Analítica e Ciência*, Humanitas, UFMG, Belo Horizonte (1998:. 15 a 29).

[54] A proposta que aqui se faria seria a seguinte: "formas menos inúteis de se pensar", apenas para efeito de se reduzir a variedade.

> *e realidade para evitar que a noção de 'correspondência com a realidade' seja trivializada. (...) Assim, aqueles que querem preservar a noção de 'correspondência' têm de levar a sério a ideia de natureza intrínseca.*

Desse modo, um cientista social que pretenda conhecer quais instâncias de Direito efetivamente vinculam em uma dada comunidade ou segmento social (favela, por exemplo) servir-se-á dos instrumentos disponíveis nas teorias sociológicas e naquelas de trabalho de campo e, segundo seu estado de conhecimento ou da comunidade científica a que pertença e, tendo claras as variáveis que pretenda mensurar, elaborará questionários, fará entrevistas, observará hábitos capazes de lhe apresentarem um determinado resultado.

Tal conduta racional com respeito a fins, no dizer de Weber, ensejará a possibilidade de se estabelecer uma nova conduta e buscar novas variáveis que proporcionem um "conhecimento" ulterior e a formulação de novas condutas possíveis e aptas para controle, mobilização, cooptação, explicação etc., sociais daquela comunidade em exame. O resultado de tais pesquisas reduzidas a artigos científicos, obras didáticas ou comunicados será recebido, pela comunidade de cientistas, com o voto de confiança proporcional à credibilidade de seu proponente, credibilidade essa que decorre da conduta anteriormente conhecida e da respeitabilidade da Instituição a que pertence.

Assim, uma vez escolhido o objeto de estudo (o projeto), há novos conflitos a resolver, em particular os relativos ao ângulo de abordagem do problema. Nesse estágio, o estado de conhecimento do sujeito delimita, de modo quase automático, as suas possibilidades de agir e introduz novas facetas de conflito.

Em verdade, ao se falar em conflito, fala-se, além da constituição de novos referenciais cognitivos, de poder. Há sempre a busca de sobreposição de um aspecto a outro, de uma determinada cosmovisão a outra, de maior possibilidade de escolha via monopolização de recursos e, fundamentalmente, um problema de comunicação abscondido sob a questão do problema funcional da linguagem[55].

---

[55] Cf. WARAT, Luiz Alberto. *El derecho y su lenguaje: elementos para una teoría de la comunicación jurídica*. Buenos Aires: Cooperadora de Derecho y Ciencias Sociales, 1976, p. 95.

Um sujeito, entendido como uma atmosfera semântico-pragmática acompanhada de sua poluição, tem na relação consigo mesmo o conflito de alterar-se para permanecer sendo o mesmo na relação com os estados de coisas com os quais interage. A permanência de uma cosmovisão por um largo período significa, consoante este modelo, uma dessas possibilidades: ou o sujeito está em coma ou morreu cognoscitivamente ou foi mantido em estado de privação sensorial.

Esse ser permanentemente em processo interpreta o estado de coisas disponível num intervalo de tempo e o reelabora para, novamente, reelaborá-lo a cada nova interação com o texto, aqui entendido, não apenas no sentido literal, mas como o tecido de todas as informações apresentadas e subsistentes em sua atmosfera semântica. A consequência do trabalho sobre o texto pode ser defluída da conduta do sujeito que o processou.

Sob este ponto de vista, a alteração do agir, que pode ser mediata, significa, além da aprendizagem, a obtenção do efetivo sentido das frases trocadas entre sujeitos em relação; a possibilidade de se obter a decisão ou o agravamento dos conflitos e, é claro, simultaneamente, a fixação de uma hierarquia de poder naquela circunstância comunicativa.

O Direito pode ser visto como o lugar em que, convenientemente, se estabelecem as regras desse jogo de poder, a fim de que os conflitos sejam reduzidos de fenômenos, por vezes, coletivos, a situações individualizadas e que, no entanto, mantém conexão com outras análogas e tornadas iguais. Enquanto uma estrutura de dominação serve e servirá à manutenção do estado geral de coisas, pois se aplica o direito posto e não aquele implícito na conduta da sociedade. Se for verdade, por um lado, como afirma Boulanger[56], que não é possível ocorrer uma revolução sem que sejam apresentados novos princípios gerais de direito, entendidos como a totalidade de proposições descritivas, mas de caráter deôntico, de um determinado ordenamento, condicionando a interpretação e afastamento de regras,[57] nem por isso é menos verdadeiro que os juristas aplicarão tais princípios se e somente se a revolução obtiver êxito, caso contrário, esses tais permanecerão no domínio do possível.

---

[56] BOULANGER, Jean. *Principes généraux du droit positif et droit positif.* in *Le Droit Privé Français au milieu du XXe siècle (Etudes offertes a Georges Ripert).* Paris: LGDJ, 1950, p. 69 e ss.

[57] GRAU, Eros Roberto. Em aula de *Direito Constitucional Econômico* a 22 de outubro de 1991.

A rigor, no contexto de uma situação real, os controles e sanções são constituídos e manipulados por grupos de pressão, que detém os mecanismos efetivos de produção das normas e de controle de sua aplicação, conforme, explicitamente, diz Faria:

> *No plano da ordem político-jurídica, os diferentes controles e suas respectivas sanções são forjados e manipulados a partir de posições-chave tanto ao nível dos próprios grupos e classes sociais quanto ao nível dos 'anéis' burocráticos do aparelho estatal. Entre outras razões porque, subjacente à impossibilidade de eliminação total dos conflitos e tensões por uma ordem legal supostamente homogênea, unívoca e sintética, conforme a pretensão 'idealizante' do contratualismo liberal, encontram-se pactos e coalizões temporários de interesses prevalecentes que a própria práxis política vai reformulando segundo as necessidades de interdependência dos grupos e classes dominantes.*[58]

Contudo, esses aspectos serão, segundo esta perspectiva, que se permita a metáfora, fagocitados pelo estado de conhecimento do sujeito de molde a compor elemento de sua estratégia. Pois as condições gerais do mundo: ciência, técnica, sistemas explícitos (ou implícitos) de dominação, de comunicação etc., são tornadas conscientes mercê de um esquema de apropriação dessas informações e esse esquema, receba o nome que receber, inclusive o de Filosofia, engendrará a formação de expectativas e conjecturas aptas a transformar essas próprias condições prévias de existência. Na avaliação implícita, ou explícita, caso aflore à consciência, dessa inter-relação vai o sujeito compondo a teia de suas decisões. Destarte, os fatos que se apresentam são interpretados e a partir dessa representação da mundividência[59] constroem-se as decisões dos problemas surgidos e

---

[58] FARIA, José Eduardo (Org.). *A crise do direito numa sociedade em mudança*. Brasília: edUnB, 1988, p. 128.

[59] Cite-se ALTHUSSER, Louis. *Filosofia e Filosofia Espontânea dos Cientistas*. Tradução Elisa Amado Bacelar. Lisboa: Presença, São Paulo: Martins Fontes, 1976: *Lembrem-se do que dissemos sobre a diferença que distingue uma filosofia de uma concepção do mundo. Numa concepção do mundo pode tratar-se da ciência, mas uma concepção do mundo nunca é centrada sobre a ciência como o é a filosofia. Não mantém com as ciências as relações que a filosofia mantém com a ciência. Uma concepção do mundo é centrada sobre algo diferente das ciências: sobre o que nós chamamos os*

mediante a formulação de estratégias (conjuntos de decisões) chega-se a constituir uma política (conjunto de estratégias) e a alterar-se o mundo, num processo contínuo, em que problemas serão decididos e surgirão na própria trama do mundo da vida[60].

É verdade que, antes mesmo de decidir, pode-se explicar – a si mesmo ou aos outros – a estruturação para decidir[61] que se tomará em consideração como, por exemplo, esta:

a) Enunciados constatativos representantes das informações disponíveis aptas a circunscrever a situação;

b) Enunciados, mesmo conjecturais, que enunciem as estratégias possíveis e disponíveis para o caso. Tais enunciados são passíveis de

---

valores das ideologias práticas. Uma concepção do mundo exprime as tendências que atravessam as ideologias práticas (religiosa, jurídica, política etc.). Uma c.d.m. tem sempre directa ou indirectamente pontos de contacto com questões que pertencem a estes domínios: problemas da religião, da moral, da política e, duma maneira mais lata, problema do sentido da história, da salvação da história humana. Toda a c.d.m. exprime finalmente uma certa tendência de carácter ou matiz político (p. 189), e conclui-se: infelizmente, para Althusser e para todos, nem mesmo a ciência e a filosofia podem, num gesto de higiene, depurar-se, mesmo por profundo e intenso trabalho metodológico, dessa impura instância da realidade. A formulação teórica é afetada por todas essas poluições semânticas e constrói-se no interior dessa poluída e única disponível, para cada teórico, atmosfera semântico-pragmática. O mundo constitui a consciência (entendida como atmosfera semântica) e essa ao apropriá-lo começa a empreender a transformação da própria realidade. Não há domínio do pensamento que possa eximir-se do contágio das ideologias práticas e das demais pulsões do teórico.

60 Essa é uma expressão ambígua e, por exemplo, em Habermas, o corifeu do consenso, apresenta sua polissemia. Segundo esse autor, a realidade social reproduz-se no sistema e no mundo da vida. O sistema possibilita a reprodução material da sociedade e o mundo da vida, a reprodução simbólica da mesma, posto que é, essencialmente, comunicativo. Assim, para esse autor, o ponto de partida para a construção do mundo da vida (*Lebenswelt*) é a situação biográfica: dos indivíduos, das sociedades, dos conceitos e vincula, dessarte, esse conceito aos questionamentos de GADAMER (1999) ao incorporar a historicidade de uma hermenêutica genealógica e comparativa à atividade conceitual. A História é a dimensão que apreende tanto o intérprete quanto o seu objeto enquanto momentos de u'a mesma interdependência. É conveniente lembrar que Gadamer propôs-se, inclusive, a pensar historicamente o historicismo (*"Einwirklich historisches Denken muss die eigene Geschichtlichkeit mitdenken"*) ao reconhecer uma visão de mundo (*Weltansicht*) na visão linguística (*Sprachansicht*), questão central de qualquer Hermenêutica, mostrando que a linguagem não consiste apenas num sistema de formas simbólicas, mas na existência de estreita conexão entre a forma linguística e o conteúdo transmitido. De fato, esse é um conceito empregado por Habermas para sustentar o seu conceito de ação comunicativa, mas que possui, na origem, raízes husserlianas e, volta-se a cobrir, da perspectiva habermasiana, as deficiências de concepção linguístico-comunicativas da noção de consciência coletiva em Durkheim face ao uso que delas, Habermas, deseja fazer. Ver a respeito WHITE, Stephen (1995: 91-122) e AIDAR PRADO (1996:36-38) e HUSSERL (2001:104-163).

61 Empregar-se-á, aqui, largamente, a elaboração feita por LADRIÈRE, Jean. *A articulação do sentido*. Tradução e pref. Selma Tannus Muchail, São Paulo: EPU/EDUSP,1977, p. 143-145), sem, contudo, coincidir com seu tratamento da questão.

detalhamento e se conformam a um senso de realidade intersubjetivo a fim de conferir credibilidade à atuação e às ações anunciadas;

c) Enunciados – quase sempre conjecturais – exprimindo os efeitos das ações empreendidas em conformidade com as estratégias e decorrentes de a) e b) mercê de conexões de caráter lógico ou probabilístico;

d) Enunciados avaliativos defluentes de um critério geral de êxito e aplicado aos enunciados presentes em c).

e) Proposições normativas que permitem formar os enunciados de c);

f) Proposição de preferência entre os enunciados expressos em d);

g) Proposição normativa enunciando a norma segundo a qual f) pode ser formulada;

h) Proposição geral que estabeleça a base de decisão e que se reveste, via de regra, da seguinte forma: "A estratégia escolhida garantirá o alcance da condição exposta por aquela norma preferencial[62]". Esclarece-se, assim, a necessidade de escolha e essa refletirá, para que a decisão faça sentido, a utilidade, em sentido técnico, da parte optante. Nesse sentido será, sempre, um enunciado performativo, vez que constrangerá o agir.

i) Enunciado que expresse o resultado da dedução estabelecida a partir de h) e dos precedentes e que estabelece o vínculo da decisão a um processo de execução;

j) A proposição final, da responsabilidade pelo vínculo à estratégia (ou estratégias), em que, explícita ou implicitamente, se assumem as consequências dessa estratégia adotada. Esta última proposição pode estar ausente, em particular quando se transige a responsabilidade. Um exemplo esclarecedor consiste em apreciar a posição do consultor que sugere estratégias ("soluções") para quem o contrata. Sua opinião é, muitas vezes, causa de sucesso, mas o mérito (a responsabilidade) será atribuído a quem a faz executar por assim haver decidido (numa quase metadecisão).

Mas, apesar disso, notando que ação decorrente de um processo decisório comportará imersa em si a compreensão que se transforma em ato. A pragmática resolve-se por via de preliminar ou contemporâneo hermenêutico: significar repousa sobre complexas interações e para afastar

---

[62] Em geral, proposição do tipo: "Opto por ter o menor prejuízo possível nessa conjuntura situacional".

qualquer confusão entre o espaço da descoberta e aquele da justificação aplica-se uma regra metódica: descobrir é processo que decorre de outro anterior no tempo – a detida consideração das evidências [linguísticas (lembrando que a linguagem possui uma dimensão de sem sentido e de anomalias conducentes a invenções de novos sentidos) e não 'naturais'] e teorias disponíveis e do ato que se deseja praticar. Ou seja, apenas uma metódica sistêmica permitirá desenvolver compreensão adequada das ações (falar é agir) e, por consequência, afastar a possibilidade de se pensar a verdade/verossimilhança como prática experimental: apenas os homens falam e, embora depois de programados por alguma linguagem implicitamente adiram a certas crenças, não há nada que lhes possa propor uma linguagem – o sistema da comunicação só pode ser alterado por ação humana.

Estabelecida esta conjectura, doravante abordar-se-á alguns dos aspectos do livro que se apresenta. O texto acima representa uma tentativa de responder a algumas das questões postas, mesmo sabendo que mais de setenta anos se passaram desde aquele evento. a ousadia é temperada pelo fato de que se sabe que todos os problemas filosóficos admitem muitas respostas[63].

Na sua introdução ao livro, Adorno[64] compendia os eventos do Seminpario de Tübingen em 1961 que, entre outras metas, discutiu em profundidade poucas vezes retomada o problema do fundamento nas ciências humanas (as *Geistenwissenschaften* de Dilthey) com foco em uma das principais controvérsias da sociologia[65]: a explicação/(esclarecimento) por causas (*erklären*) e da compreensão de significados ou entendimento (*Verstehen*) da ação praticada sob o ponto de vista do ator e que advém de sua dupla fundação pelo viés positivista-naturalista de Comte e pela tradição historicista das *Kulturwissenschaften* (ciências da cultura

---

[63] Veja-se a respeito PUGLIESI, Márcio. *Filosofia Geral e do Direito*. Prelo, em que o tema é bem mais desenvolvido e exposto, além de parte do *Teoria Geral do Direito*. São Paulo: Saraiva, 2009 – em que larga parte desse problema também é explorada.

[64] Optou-se por transformar essa Introdução, em livro à parte: ADORNO, Theodor W. *Questão de Método: a construção do objeto nas ciências humanas e sociais*. Tradução Gabriela Gomes Coelho Ferreira, São Paulo: Ícone, prelo. Tendo em vista sua importância e para tornar o texto mais acessível aos possíveis interessados.

[65] VANDENBERGHE, Frédéric. *Une histoire critique de la sociologie allemande: aliénation et réification. Horkheimer, Adorno, Marcuse, Habermas*. Paris: La Découverte, 1998, p. 46.

de Rickert) ou do espírito (*Geisteswissenschaften*), conforme desenvolvidas, em particular, por Dilthey a partir dos trabalhos seminais de Droysen[66]. Essa dissociação entre explicação (tendente a aparelhar a sociologia pela metódica das ciências naturais) e compreensão (como o fará a *verstehende Soziologie* de Max Weber) habitará o debate metodológico desde esse período com adesões ao compatibilismo/complementarismo entre ambas e à postura que nega qualquer possibilidade de diálogo consequente entre ambas.

A criação do *Institut für Forschungen über die Geschichte des Sozialismus und der Arbeiterbewegung, über Wirtschaftsgeschichte und Geschichte und Kritik der politischen Ökonomie* em 22 de junho de 1924 e que ficou mais conhecida pelo seu nome abreviado de *Institut für Forschungen* – reuniu pesquisadores preponderantemente interessados em Economia e seus métodos e, terminou por se tornar a sede dos desenvolvimentos da chamada Teoria Crítica. Essa postura metodológica, apresentada nos artigos de Adorno e Habermas, pode ser compendiada como persistente tentativa de superar dialeticamente o dualismo entre a filosofia social e a sociologia buscando esclarecer empiricamente a questão da vida econômica da sociedade, o desenvolvimento psicológico dos indivíduos e as transformações da cultura.

Para tanto, elaborou-se uma proposta de método constante de três pontos principais: 1) compilação e análise das estatísticas, relações e documentos das instituições sobre a questão em exame; 2) análise da literatura sociopsicológica sobre o problema em estudo; 3) aplicação de questionários elaborados a partir de 1) e 2) a uma determinada amostra julgada significativa para o caso em pesquisa. Sob o ponto de vista epistemológico, esse método conduz a uma sistematização do problema particular a partir de um ponto de vista teórico global; a transposição, por outra parte, de uma questão genérica da filosofia social para uma sociológica específica e, finalmente, a constituição de uma metodologia de tratamento específica.

Essa arriscada síntese entre posturas do positivismo francês, do estrutural-funcionalismo parsoniano e outras influências hauridas durante o período da diáspora da Escola e que vai além da dominação nazista acarretou

---

[66] DROYSEN, Johann Gustav. *Grundriss der Historik*. Leipzig: von Veit, 1868.

muitas críticas[67] e mesmo Honneth[68], membro da última geração (3ª) dessa escola, depois de afirmar:

> *Existe uma atmosfera do obsoleto e do antiquado, do irremediavelmente perdido, que cerca as principais ideias histórico-filosóficas da Teoria Crítica, ideias para as quais já não parece existir qualquer espécie de ressonância no interior da acelerada atualidade.*

acaba por encerrar o artigo em plena crítica interna aos objetivos da Escola:

> *[...] Todas essas reflexões apresentam respostas para a questão de experiências, práticas ou necessidades permitem que um interesse pela completa realização racional continue a existir nos seres humanos, apesar da deformação ou da unilateralização da racionalidade social. Somente quando a teoria puder contar com tal impulso racional como constituinte de seus fundamentos, ela será capaz de se relacionar reflexivamente com uma práxis potencial em que a explicação fornecida seja implementada com o propósito da libertação em relação ao sofrimento. A Teoria Crítica somente será capaz de continuar na forma em que se desenvolveu, de Horkheimer a Habermas, se não renunciar à evidência de interesses desse tipo. Sem um conceito realista de 'interesse emancipatório', que coloque em seu centro a ideia de um núcleo indestrutível de responsividade racional por parte dos sujeitos, esse projeto teórico não pode ter futuro. [...] Enquanto não abandonarmos o objetivo de entender a Teoria Crítica como uma forma de reflexão pertencente a uma razão historicamente efetiva, não será fácil abandonar a ideia normativa de um universal racional,*

---

67 Veja-se, por exemplo, GEUSS, Raymond. *The Idea of a Critical Theory*. Cambridge: Cambridge, 1981.

68 HONNETH, Axel. *Uma patologia social da razão: sobre o legado inteletual da Teoria Crítica.* in RUSH, Fred. (org.) *Teoria Crítica.* trad. Beatriz Katinsky e Regina Andrés Rebollo, Aparecida/SP: Ideias & Letras, 2008.

a ideia de uma psicologia social da razão e o conceito de interesse emancipatório. Contudo, parece também que nenhum desses três elementos de pensamento pode ainda ser mantido atualmente na forma teórica desenvolvida inicialmente pelos membros da Escola de Frankfurt. Todos eles necessitam de uma reformulação conceitual e da mediação do estado presente de nosso conhecimento, se for para que cumpram ainda a função para a qual foram destinados. Com isso o campo de tarefas está esboçado – tarefas que são deixadas para os herdeiros da Teoria Crítica no século XXI.

Resulta, no mínimo, curioso, compulsar essa ponderações frente àquelas de Horkheimer[69]:

Em meu ensaio "Teoria Tradicional e Teoria Crítica" apontei a diferença entre dois métodos gnosiológicos. Um foi fundamentado no Discours de la Méthode [Discurso sobre o Método], *cujo jubileu de publicação se comemorou neste ano, e o outro, na crítica da economia política. A teoria em sentido tradicional, cartesiano, como a que se encontra em vigor em todas as ciências especializadas, organiza a experiência à base da formulação de questões que surgem em conexão com a reprodução da vida dentro da sociedade atual. Os sistemas das disciplinas contém os conhecimentos de tal forma que, sob circunstâncias dadas, são aplicáveis ao maior número possível de ocasiões. A gênese social dos problemas, as situações reais nas quais a ciência é empregada e os fins perseguidos em sua aplicação, são por ela mesma consideradas exteriores. – A teoria crítica da sociedade, ao contrário, tcm como objeto os homens como produtores de todas as suas formas históricas de vida. As situações efetivas, nas quais a ciência se baseia, não são para ela uma coisa dada, cujo único problema estaria na mera constatação e previsão segundo as leis da probabilidade. O que é dado não depende*

---

[69] HORKHEIMER, Max. *Filosofia e Teoria Crítica*. in *Textos Escolhidos*, Coleção Os Pensadores, 1968, p. 163.

apenas da natureza, mas também do poder do homem sobre ele. Os objetos e a espécie de percepção, a formulação de questões e o sentido da resposta dão provas da atividade humana e do grau de seu poder.

Essa tensão entre as posições da primeira e da terceira geração da Escola indicam sua permanente reconstrução e busca de explicação/compreensão dos processos sociais e do poder.

O livro que se apresenta goza dessas diferenças de enfoque, bastando se comparar os textos de Adorno com aqueles de Habermas para se perceber quanto divergem e, ainda, para se mensurar a influência do positivismo francês em suas elaborações. Nada mais se precisa dizer para ressaltar a importância e vitalidade dos textos aqui compendiados como resultado daquele seminário de Tübingen em 1961.

Márcio Pugliesi[70]

---

[70] Doutor e Livre Docente em Direito pela Universidade de São Paulo; Doutor em Filosofia pela PUC-SP; Doutor em Educação pela PUC – SP e professor da Faculdade de Direito da Pontifícia Universidade Católica de São Paulo – PUC-SP em seus programas de mestrado e doutorado, Coordenador do GEDAIS – Grupo de Estudos de Direito, Análise, Informação e Sistemas da PUC – SP e do CNPq.

{ I }

Sociologia e Investigação Empírica

Theodor W. Adorno

Tradução por Ana Laura[71]

---
[71] Mestre em Direito pela PUC-SP, membro do GEDAIS.

1.

Os PROCEDIMENTOS acolhidos pelo rótulo de sociologia como disciplina acadêmica estavam unicamente relacionados entre si num sentido amplo abstrato: é dizer, por ocupar-se todos eles, de algum modo, do social. Mas nem seu objeto é unitário nem o é tampouco seu método. Alguns se ocupam da totalidade social e das leis de seu movimento; outros, pelo contrário, dedicam-se a fenômenos sociais singulares, proscrevendo como especulativa toda referência a um conceito de sociedade. Os métodos variam paralelamente. No primeiro caso, de condições estruturais básicas, como a da relação de troca, deve-se seguir o entendimento da trama social; no segundo (mesmo que tampouco se pretenda, de algum modo, justificar o fático a partir de um espírito despótico), semelhante empenho é eliminado como simples atraso filosófico na evolução da ciência, pelo que deve ceder à simples comprovação do que é o caso, do que acontece. Ambas as concepções subjazem modelos historicamente divergentes. A teoria da sociedade surge a partir da filosofia, se bem dá lugar, ao mesmo tempo, a um funcionamento totalmente diferente dos problemas por estarem apresentados, na medida em que determina a sociedade como esse substrato o qual a filosofia tradicional qualificava de entidades eternas ou de espírito. De igual maneira como a filosofia desconfiava do engano das aparências, buscando sempre sua interpretação, a teoria desconfia tanto mais basicamente da fachada da sociedade quanto mais nítida se ofereça. A teoria intenta nomear aquilo que soterradamente torna possível a coesão da engrenagem. O anseio do pensamento, que em outros tempos apenas podia suportar a falta de sentido do que simplesmente é, tem se secularizado em um decidido afã de desencantamento. Queria levantar a pedra abaixo da qual se incuba o abuso: apenas em seu conhecimento é creditado um sentido. A investigação sociológica de fatos se esforça por combater esta ânsia. O desencantamento, tal e como Max Weber sequer poderia anuir a ele, não é senão um caso especial do encantamento; a reflexão sobre o que impera oculto e que deveria ser transformado não passa de uma simples perda de tempo na via de transformação do evidente. Desde o positivismo comtiano as ciências da natureza constituem o modelo que mais ou menos abertamente adota o que hoje recebe o nome de investigação social empírica. Ambas as tendências refogem a qualquer denominador comum. Os pensamentos teoréticos sobre a sociedade em seu conjunto não podem ser fatos efetivos sem grande perda por meio de achados empíricos: querem se evadir deste como os *spirits* do método experimental parapsicológico. Qualquer visão da sociedade como um todo transcende necessariamente seus fatos dispersos. A construção da totalidade tem como primeira condição um conceito no qual se organizem os dados separados. Um conceito ao qual se deve aproximar uma e outra vez ao material, transformando-o novamente ao contato com este, a partir da experiência viva, não de uma experiência previamente organizada de acordo com os mecanismos de controle social instalados, a partir da recordação do já pensado em outras ocasiões, a partir, enfim, da rigorosa consequência da própria reflexão. Se a teoria não quer, de qualquer forma, cair neste dogmatismo cujo descobrimento chega sempre de júbilo ao ceticismo, um ceticismo que se considera em suficiente grau de progresso como para proibir o pensamento, deverá procurar não se dar por satisfeito com ele. Deve converter os conceitos que trazia de fora em conceitos que a coisa tenha de si mesma, no que a coisa quisesse ser por si, confrontando-o com o que a coisa é. Tem que dissolver a rigidez do objeto fixado agora e aqui em um campo de tensão entre o possível e o real: cada um deles remete ao outro simplesmente para poder ser. Com outras palavras, a teoria é implacavelmente crítica. Daí as hipóteses derivadas dela e as previsões do que normalmente cabe esperar, não lhe fossem totalmente adequadas. O que meramente cabe esperar não é senão uma parte do tráfico social, incomensurável com aquilo o que a crítica é dirigida. A satisfação barata motivada pelo fato de que realmente ocorra como ela não havia conjeturado não deve fazer perder de vista a teoria que assim como se apresenta à maneira de hipóteses, varia sua própria composição interior. A comprovação particular mediante a que é verificada não deixa de pertencer por sua vez ao contexto ofuscador sobre o que se desejaria alçar-se. Deve pagar a concretização e obrigatoriedade conseguidas, perdendo força de penetração; o que concerne ao princípio fica pavimentado no fenômeno que é posto à prova. Se se ascende, ao contrário, desde investigações singulares à totalidade da sociedade, de acordo com o costume científico geral, se consegue, no melhor dos casos, conceitos classificatórios de ordem superior, mas jamais conceitos que expressem a vida mesma da sociedade. A categoria de "sociedade de divisão geral do trabalho" é mais elevada, mais ampla que a "sociedade capitalista", mas não mais essencial; é, pelo contrário, menos essencial, disse menos sobre a vida dos homens e o que os ameaça, sem que, contudo, uma categoria logicamente inferior, como a de "urbanismo", revele mais acerca disso. Nem por cima, nem por baixo correspondem os níveis de abstração sociológicos sem mais para o valor do conhecimento social. Por isso que seja, o que caiba esperar de sua significação sistemática mediante um modelo como o "funcional" de Parsons. Mas ainda menos do que as promessas feitas uma e outra vez desde os mais remotos tempos da sociologia, e uma e outra vez adiadas, de uma síntese de teoria e empiria, promessas que equiparam falsamente a teoria com a unidade formal e pretendem ignorar que uma teoria da sociedade purificada dos conteúdos descompõe todos os acentos. Recorde-se a esse respeito o indiferente que resulta o recurso ao "grupo" frente a ela na sociedade industrial. A formação de teorias sociológicas de acordo com o modelo dos sistemas classificatórios substitui a mais exígua escória conceitual por aquilo que impõe sua lei à sociedade: empiria e teoria não podem ser integradas em um contínuo. Frente ao postulado da penetração na essência da sociedade moderna, os aportes empíricos semeiam gotas sobre a pedra ardente; as demonstrações empíricas das leis estruturais básicas seguem sendo em todo momento, não obstante, impugnáveis de acordo com as regras empíricas do jogo. Não se trata de limar e harmonizar semelhantes divergências; tal coisa só poderia ser levada a cabo a partir de uma visão harmoniosa da sociedade. O que importa não é senão distribuir frutiferamente as tensões.

2.

ATUALMENTE, DOMINA, depois da decepção produzida tanto pela sociologia concebida à maneira de uma ciência do espírito quanto pela sociologia formal, à tendência para reconhecer o primado da sociologia empírica. Sua imediata aplicabilidade prática e sua afinidade com todo tipo de administração colabora, sem dúvida, com isso. A reação, não obstante as arbitrárias ou vazias asserções sobre a sociedade efetuadas a partir de cima, não deixa ser legítima. De todo modo, não confere nenhuma preeminência especial aos métodos científicos. Não se trata somente de que haja outros além destes, senão de que a mera existência de disciplinas e formas de pensar não os justifica. É a coisa mesma a que lhes assinala seus limites. Os métodos empíricos, cujo atrativo procede de suas pretensões de objetividade, conferem a preferência, como explica sua própria origem na prospecção de mercados, ao subjetivo, é dizer as opiniões, atitudes e, no máximo, as formas de comportamento dos sujeitos, sem contar os dados estatísticos censitários, como o sexo, idade, situação pessoal, renda, formação e similares. Em todo caso, até o momento, só nesta esfera se credenciou o que é específico: como inventário dos chamados fatos e situações objetivas, apenas caberia diferenciá-los, na realidade, da soma de informação pré-científica com fins administrativos. A objetividade da investigação social empírica não é, geralmente, senão a objetividade dos métodos, não do investigado. A partir de informes sobre um número maior ou menor de pessoas individuais, e mediante uma elaboração estatística destes, inferem-se enunciados generalizáveis de acordo com as leis do cálculo de probabilidades e que são, ao mesmo tempo, independentes das flutuações individuais. Mas os valores médios assim obtidos seguem sendo, por mais objetiva que seja sua validade, enunciados objetivos sobre sujeitos; é mais, sobre como se veem a si mesmos os sujeitos e como veem a realidade. Os métodos empíricos, quer dizer, questionários, entrevistas e logo que resulte possível por combinação e complementação de tudo isso, têm ignorado a objetividade social, a soma de todas as relações, instituições e forças em cujo seio atua os homens, ou, em todo caso, não tem passado de considerá-las como meros acidentes. Disso não são unicamente culpáveis os clientes eu encarregam tais trabalhos e que consciente ou inconscientemente impedem a desvalação dessas relações e que na América, inclusive na adjudicação mesma de projetos de investigação sobre os meios de comunicação de massas, por exemplo, vigiam para que só sejam analisadas as reações que tenham lugar no interior do *commercial system* vigente, e de modo algum a estrutura nem as implicações do próprio sistema. Pelo contrário, ocorre que os que obedecem objetivamente a este desenvolvimento das coisas são òs próprios meios empíricos, as pesquisas mais ou menos justificadas a numerosas pessoas individuais e seu tratamento estatístico, que tendem a reconhecer os pontos de vista previamente difundidos – e, em consequência, pré-formados – como fontes de direito para o juízo sobre a coisa mesma. A esses pontos de vista se refletem também, certamente, as objetividades, mas, sem dúvida, não de maneira íntegra e, em todo caso, multiplamente desfiguradas. Não obstante, e como mostra a mais rápida olhada no funcionamento dos trabalhadores em suas profissões, o peso das opiniões subjetivas, atitudes e maneiras de se conduzir é secundário comparado com as ditas objetividades. Por mais positivistas que pareçam esses procedimentos, subjazem-lhes implicitamente a ideia, surgida algo assim como obedecendo ao modelo das regras do jogo da eleição democrática e generalizada não sem notável irreflexão, de que a soma dos conteúdos da consciência e inconsciência dos homens, que compõem um universo estatístico, tem, sem mais, um caráter autenticamente chave para o processo social. Apesar de sua objetivação, ou precisamente por ela, esses métodos não penetram na objetivação da coisa, na coação, sobretudo, da objetividade econômica. Para eles, todas as opiniões valem virtualmente o mesmo e somente captam diferenças tão elementares como a do peso das opiniões segundo o poder social mediante refinamentos adicionais, como a eleição de grupos-chave, por exemplo. O primário é convertido em secundário. Mas tais deslocamentos no interior do método não resultam indiferentes para o investigado. Apesar de toda sua aversão às antropologias filosóficas postas em voga, paralelamente a ela, a sociologia empírica compartilha com estas uma determinada orientação de olhar: em todas elas parece que o importante, aquilo que está em jogo aqui e agora, não são os homens, de costas a qualquer determinação prévia dos homens socializados como momento de totalidade social – como objeto seu, preponderantemente. A natureza coisificada do método, seu empenho inato por fixar e deixar bem sujeitos estados de coisas, é traspassada a seus objetos, é dizer, aos estados de coisas subjetivos averiguados, como se estes fossem coisas em si e não mais estivessem coisificados. O método ameaça tanto por fetichizar seu objeto como em degenerar ele mesmo no fetiche. Não em vão predominam as discussões da investigação social empírica – e na lógica do procedimento científico que discutimos, com todo direito – e as questões de método sobre as de conteúdo. Em lugar da dignidade dos objetos a investigar, é preferida muitas vezes como critério a objetividade dos achados a fazer com seu método dado, e nos trabalhos científicos empíricos, a eleição dos objetos da investigação e ao arranque da mesma se orientam, quando não por desiderato prático-administrativos, pelos procedimentos disponíveis e, em todo caso, pelos que tenha que desenvolver, muito mais pela essencialidade do investigado. Daí a inegável irrelevância de tantos estudos empíricos. O procedimento – tão utilizado na técnica empirista – da definição operacional ou instrumental, de acordo com o qual uma categoria como, por exemplo, a do "conservadorismo" é definida mediante determinados valores numéricos das respostas às perguntas geradas no curso da pesquisa e propostas nela mesmas, sanciona o primado do método sobre o objeto e, em definitivo, a arbitrariedade da organização científica. Pretende-se investigar um objeto mediante um instrumento de investigação que decide em virtude de sua própria formulação, o que é objeto mesmo – em suma, um círculo vicioso. O gesto de probidade científica de quem se nega a trabalhar com outros conceitos que os claros e perfeitamente diferenciados é convertido em pretexto para antepor o autossuficiente sistema de investigação ao investigado. São esquecidas, com a arrogância do ignorante, as objeções da grande filosofia contra a *praxis* da definição[72]; em nome da exatidão científica, as ciências particulares, falta de reflexão, continuam arrastando o que aquela havia proscrito como resíduo escolástico. Logo que se extrapola dos conceitos instrumentalmente definidos para os convencionalmente usuais – coisa que parece quase inevitável – a investigação se torna culpável da falta de rigor e imprecisão que pretendia extirpar com suas definições.

3.

NA PRÓPRIA sociedade se deve buscar a razão de que o modelo científico-natural não lhe resulte aplicável alegremente e sem limitações. Mas – a diferença do que sustenta a ideologia e na Alemanha se pretende racionalizar as resistências reacionárias – não porque seja preciso manter intacta a dignidade do homem, cuja edificação trabalha laboriosamente a humanidade, frente alguns métodos que o consideram uma parte da natureza. A humanidade erra quando sua pretensão dominadora reprime a memória

---

[72] 2 Cf., por exemplo, Kant. Kritik der reinen Vernunft. *Inselausgabe*, p. 553 e ss. (Kant, Immanuel. *Crítica da Razão Pura*. tradução de Manuela Pinto dos Santos e Alexandre Fradique Morujão. 7. ed., Lisboa: Calouste Gulbenkian, 2010; Hegel. *Wissenschaft der Logik*, Stuttgart, 1949, 2ª parte, p. 289 e ss. (Hegel. *Ciencia de la lógica*. Buenos Aires: Hachette, 1956), assim como numerosas passagens de Nietzsche.

de um ser natural, perpetuando assim a cega força da natureza, que quando se faz presente para os homens sua condição natural. "A sociologia não é uma ciência do espírito"[73]. Na medida em que o endurecimento da sociedade vai reduzindo cada vez mais os homens à categoria de objetos, transformando sua situação em uma "segunda natureza", os métodos que a convencem disso não constituem sacrilégio algum. A falta de liberdade dos métodos serve à liberdade ao testemunhar sem palavras a falta de liberdade dominante. As furiosas imprecações/maldições e os refinados gestos de recusa que provocaram as investigações de Kinsey constituem o mais forte argumento a seu favor. Lá, onde há consequência da pressão das condições, os homens se veem obrigados, de fato, a reagir "como batráquios"[74], reduzidos a consumidores forçados pelos meios de massas e de outros gozos/alegrias não menos regulados, a investigação de opiniões, que tanta indignação provoca no humanismo coado, resulta, na realidade, mais adequada que uma sociologia "compreensiva", por exemplo, na medida em que nos próprios sujeitos o substrato da compreensão, é dizer, a conduta humana unívoca e com sentido, é substituída por um mero e simples ir reagindo. Uma ciência social há um tempo atomista e classificatoriamente ascendente desde os átomos ou generalidades é o espelho de Medusa de uma sociedade simultaneamente atomizada e organizada de acordo com uns princípios classificatórios abstratos: os da administração. Mas essa *adequatio rei atque cogitationis* segue precisando antes da autorreflexão para se converter em verdadeira. Seu direito é unicamente o crítico. No momento em que se hipostatiza como razão imanente da ciência a circunstância que convém aos métodos de *research* – e que estas, ao mesmo tempo, expressam –, em lugar de convertê-la em objeto de meditação/reflexão, se contribui, queira-se ou não, a perpetuá-la. Depois da investigação social empírica toma o epifenômeno, o que o mundo tem feito de nós, pela coisa mesma. Em sua aplicação vem implícito um pressuposto que teria/haveria que deduzir não tanto das exigências do método quanto da circunstância, do estado da sociedade, é dizer, historicamente. O método coisificado postula a consciência coisificada das pessoas que constituem

---

[73] Soziologie und empirische Sozialforschung (Sociologia e investigação social empírica),. In: *Frankfurter Beiträge zur Soziologie*, tomo 4: *Exkurse*, Frankfurt AM Main 1956, p. 112.

[74] M. Horkheimer; Th. W. Adorno. *Dialektik der Aufklärung*, Amsterdam, 1947, p. 50 (Horkheimer, M.; Adorno, Th. W. (Orgs.). *Dialética do esclarecimento*: fragmentos filosóficos. Tradução de Guido A. Almeida. Rio de Janeiro: Jorge Zahar, 1985.

seu objeto. Assim, se um questionário formula perguntas acerca do gosto musical, propondo que se escolham as categorias de música "clássica" e "popular", dá, por suposição – e com toda razão –, que o público investigado escuta de acordo com estas categorias, do mesmo modo como quando se liga impensadamente o aparato do rádio se percebe de imediato se tem dado com um programa de cações de moda, com música supostamente séria ou com o acompanhamento de fundo de um ato religioso. Assim sendo, enquanto não se incida nas condições sociais de semelhantes formas de reagir, as comprovações desses estados de coisas não deixaram de resultar, por mais corretas que sejam, realmente enganosas; o citado questionário sugere que a divisão da experiência musical em *clássica* e *popular* é definitiva, algo assim como natural. A questão social relevante, sem embargo, começa exatamente nessa mesma divisão, em sua perpetuação como algo óbvio, e não pode menos que apresentar necessariamente sem a percepção da música sob o *a priori* das classes em que tenha sido dividida incide de maneira verdadeiramente sensível na experiência espontânea do percebido. Unicamente a visão da gênese das formas de reação existentes e de sua relação com o sentido do experimentado permitiria decifrar a chave do fenômeno registrado. O hábito empirista dominante, sem embargo, rechaçaria a pergunta pelo sentido objetivo da obra de arte em questão, dispensando dito sentido como mera projeção subjetiva do ouvinte e desqualificando a formação a simples "estímulo" de um intento psicológico de ensaio. Desse modo, acabaria antecipadamente com a possibilidade de elaborar temáticas as relações das massas com os bens que para ela estariam definidos, em última instância, pelas reações das massas, cuja relação com tais bens deveria ser sujeita a discussão. Mas, hoje, resultaria tanto mais urgente ir mais além dos estudos isolados quanto que ao progredir a captação comunicativa da população, a preformação de sua consciência aumenta de tal modo, que nem sequer deixa já um resquício para descobrir, sem maiores indagações, essa preformação. Inclusive um sociólogo positivista como Durkheim, que coincidia com a *Social Research*, na refutação da "compreensão", alegou, com bom motivo, as leis estatísticas, das que era partidário, ao *contrainte sociale*[75], chegando ao ponto de vislumbrar nelas

---

[75] . Cf. Emile Durkheim. *Les Règles de la méthode sociologique*, Paris, 1950, p. 6 e ss. (DURKHEIM, Émile. "As regras do método sociológico". In: *Durkheim.* 2. ed. Tradução de Margarida Garrido Esteves. São Paulo: Abril Cultural, 1983. (Coleção Os Pensadores).

o critério de legalidade social geral. A investigação social contemporânea nega essa vinculação e com isso sacrifica também a existente entre suas generalizações e as determinações estruturais sociais concretas. De qualquer maneira, adiam-se estas perspectivas, como tarefa de investigações sociais para organizar alguma vez, por exemplo, o reflexo científico fica, de fato, reduzido a mera duplicação, a coisificada apercepção do coisificado, sendo o objeto deformado em virtude, precisamente, dessa duplicação e o mediato transformado como por encanto em algo imediato. Para a correção de tudo isso não basta, como Durkheim já sabia, uma mera distinção descritiva entre "campo plural" e "campo unitário". A relação entre esses dois campos deveria ser, pelo contrário, esclarecida e inclusive fortemente fundamentada. A contraposição entre análise quantitativa e qualitativa não é absoluta: não é nenhum limite, nenhuma fronteira última da coisa. Na quantificação há que se começar sempre por prescindir, como se sabe, das diferenças qualitativas dos elementos; e todo particular social leva em si as determinações gerais válidas para as generalizações quantitativas. Suas próprias categorias são, de qualquer forma, qualitativas. Um método que não lhes faça justiça e que refute, por exemplo, a análise qualitativa como incompatível com a essência do campo plural, causa violência àquilo, precisamente, que deveria submeter a estudo. A sociedade é uma; inclusive lá onde hoje ainda não alcançam/atingem os grandes poderes sociais, os domínios "não desenvolvidos" e os que tenham evoluído até o ponto de acessar a racionalidade e a socialização unitária estão unidos funcionalmente. Uma sociologia que não esteja consciente de tal coisa e que se limite a um pluralismo de procedimentos, justificados logo por ela recorrendo a conceitos tão frágeis como os de indução e dedução[76] apoia e a afirma o que tem em seu afã por dizer o que existe. Converte-se em ideologia, em sentido estrito, em aspecto necessário. Aspecto, porque a multiplicidade dos métodos não alcança a unidade do objeto e a oculta sob os chamados fatores em que os fraciona a este com a escusa de fazê-lo mais manejável; necessária, porque o objeto, a sociedade, nada teme tanto como ser chamada por seu nome e, por isso, unicamente fomenta e tolera aqueles conhecimentos de si mesma que caem sobre ela. Cada par de conceitos formado pela indução e pela dedução não é senão o substitutivo cientificista

---

[76] . Cf. Erich Reigrotzki. *Soziale Verflechtungen in der Bundesrepublik* (Mazelas sociais na República Federal), Tubingen 1956, p. 4.

da dialética. Assim sendo, como uma teoria sociológica realmente válida tem que haver impregnado de material, o fato que tem de ser elaborado deve ser transparente na totalidade social, em virtude do processo no qual vem incluído. Se em lugar disso o método se tem limitado a acomodar-se ao *factum brutum*, não tem como lhe insuflar alguma luz. Na contraposição e complementação rígidas de sociologia formal e cega constatação dos fatos desaparece essa relação entre o geral e o particular, na qual a sociedade tem sua vida e a sociologia seu único objeto digno do nome. Se, não obstante, junta-se, posteriormente, o separado, o escalonamento do método deixa todas as relações objetivas do avesso. Não é nada casual a pressa por quantificar em seguida também os achados qualitativos. A ciência deveria acabar com a tensão entre o geral e o particular mediante um sistema que coincida com o mundo, cuja unidade não poderia radicar senão no desacordo.

4.

Nesse desacordo cabe sintetizar a raiz de que o objeto da sociologia, a sociedade e seus fenômenos, não possua a classe de homogeneidade com que podia contar a chamada ciência clássica da natureza. Assim como da observação das propriedades de uma parte de chumbo se costumam inferir as do todo o chumbo, na sociologia não cabe prosseguir das constatações parciais sobre estado de coisas sociais à sua validade geral, posto que limitada. A generalidade das leis científico-sociais não é, em suma, a de um âmbito conceitual em que as partes individuais tivessem ido se integrando sem solução de continuidade, mas que venha sempre referida – e referida de maneira essencial – à relação entre o geral e o particular em sua concreção histórica. O qual vem atestado, negativamente, pela falta de homogeneidade dessa circunstância social – a "anarquia" de toda a história anterior – assim como, positivamente, pelo momento da espontaneidade, inalcançável pela lei da maioria. Quem diferencia o mundo dos homens da relativa regularidade e constância dos objetos das ciências matemáticas da natureza, ao menos do "macrodomínio", não o transfigura por isso. O caráter antagônico da sociedade é verdadeiramente central, e a mera generalização se limita a escamoteá-lo. Antes se pode afirmar que mais precisa a homogeneidade da elucidação – na medida em que submete a conduta humana à lei do grande número – que de sua ausência. A aplicabilidade de semelhante lei contradiz o *principium individuationis*; princípio do qual não podemos abandonar sem mais, dado que os homens não são meras criaturas genéricas. Seus modos de se conduzir estão mediados pela sua razão. Esta contém em si, certamente, um momento do geral, perfeitamente suscetível de ser reincorporado à generalidade estatística; vem, sem embargo assim mesmo especificado pelo estado dos interesses dos indivíduos singulares, que na sociedade burguesa remetem uns aos outros e tendencialmente se contrapõem entre si, apesar de toda a uniformidade; da irracionalidade socialmente produzida a viva força nos indivíduos mais vale guardar silêncio. Unicamente a unidade do princípio de uma sociedade individualista implica os diversos interesses dos indivíduos à fórmula unitária de sua "opinião". O discurso, hoje tão extenso, sobre o átomo social faz justiça, sem dúvida, à impotência do singular frente ao total, mas segue sendo meramente metafórica em relação com o conceito científico-natural de átomo. Nem sequer ante o discurso da TV pode ser levada a sério a igualdade das unidades sociais mínimas, é dizer, a igualdade dos indivíduos, de maneira tão estrita como ao concernente à matéria físico-química. A investigação social empírica procede, sem embargo, como se se tomar ao pé da letra a ideia de átomo social. O fato de que possa ir saindo assim do passo não deixa de dizer algo crítico sobre a própria sociedade. A legalidade geral, que desqualifica os elementos estatísticos, certifica que o geral e o particular não estão conciliados, que na sociedade individualista o indivíduo está cegamente submetido ao geral, isso mesmo, desqualificado. A isso se aludia em outro tempo ao falar da "máscara de caráter social"; o empirismo contemporâneo a tem esquecido por completo. A comunidade de reação social não é, no essencial, senão à da opressão social. Na realidade, para a investigação social empírica só se é possível passar tão sorrateiramente por cima e mais além da individualização em sua concepção do campo plural, porque isso, até hoje mesmo, não passa de ser ideológica, porque os homens ainda não são ninguém. Em uma sociedade liberal, a estatística seria positivamente o que agora é negativamente: uma ciência da administração, mas, realmente, da administração das coisas, é dizer, dos bens de consumo e não dos homens. Apesar de sua base fatal na estrutura social, a investigação social empírica deveria ser capaz de autocrítica, na medida em que as generalizações que obtém não são imputáveis sem mais à coisa, ao mundo standardizado, senão, também, ao método, que já em virtude da generalidade das perguntas dirigidas aos singulares ou de sua seleção restrita – a "cafeteria" – manipula de tal modo antecipado aquilo sobre o que pergunta, como as opiniões que se pretende averiguar, por exemplo, que o converte em átomo.

5.

A CONSCIÊNCIA DA falta de homogeneidade da sociologia como agregado científico e, portanto, da divergência categorial, não meramente gradual nem aproveitável à vontade, de disciplinas como a teoria da sociedade, a análise das relações e instituições sociais objetivas, e a investigação social em sentido estrito, de orientação subjetiva, não implica de modo algum que todas estas disciplinas devam ser mantidas em sua estéril separação. É verdade que não há que respeitar o requisito formal da unidade de uma ciência que ostenta em si mesma as marcas de uma divisão arbitrária do trabalho e que não pode perder de vista aquelas famosas totalidades cuja existência social não deixa de ser problemática. O objetivo, a meta do conhecimento, exige, não obstante, em razão do conteúdo, a vinculação crítica dos métodos sociológicos que não deixam de remeter uns aos outros. No tocante à organização específica da formação social de teorias com os interesses sociais particulares é salutar um correspectivo como o que oferece os métodos de *research*, por mais que estes, por sua vez, e de acordo com sua estrutura "administrativa", venham vinculados a situações de interesses particulares. Inumeráveis teses vigorosas de teorias sociais – nos limitaremos a citar, como prova, a de Max Scheler sobre as formas de consciência típicas da classe inferior[77] podem ser submetidas para contraste e refutadas mediante inquisições rigorosas. A *Social Research*, pelo contrário, vê-se incitada à confrontação com a teoria e ao conhecimento de formações sociais objetivas se não quiser cair na irrelevância ou condescender com considerações apologéticas, como as de hoje tão populares da família. A *Social Research* isolada é reduzida à falsidade tão logo como se propõe a varrer a totalidade como prejuízo cripto-metafísico, porque se

---

[77] . Cf. *Ideologie und Handeln* ("Ideologia e ação"). Em Max Horkheimer e Theodor W. Adorno. *Sociológicas II*. Redn und Vorträge, Frankfurten Bieträge zur Soziologie, tomo 10, 2. ed. Frankfurt, 1967, p. 41 e ss.

escapa por princípio a seus métodos. Assim ocorrendo, a ciência se vê conjurada ao mero fenômeno. Ao ser convertida em tabu a pergunta pela essência, como mera ilusão, como algo que não cabe resolver com o método, as conexões essenciais – aquilo que realmente toca à sociedade –ficam excluídas *a priori* do conhecimento. É ocioso perguntar se estas conexões fundamentais são "reais" ou meras formações conceituais. Quem quer que adjudique o conceitual à realidade social não tem por que temer forçosamente a reprovação de idealismo. E não nos referimos tanto à conceitualidade constitutiva do sujeito cognoscente quanto à que impera na coisa mesmo: até em sua doutrina da mediação conceitual de todo ente, Hegel teria posto o olhar em algo real decisivo. A lei que domina o curso da fatalidade humana é a da troca. Lei que, por sua vez, não é mero imediatismo, senão conceitual: o ato da troca implica a redução dos bens que há que trocar algo que lhes são equivalente, algo de modo algum material – por nos manter dentro da maneira habitual de falar. Esta conceitualidade mediadora sem embargo, não é, por sua vez, nenhuma formulação geral de expectativas médias, não é nenhum efeito acessório e abreviador da ciência, chamado a estabelecer uma ordem, senão que a sociedade *tel quel* está sob sua obediência, de tal maneira que proporciona o modelo objetivamente válido e independente – tanto da consciência dos homens individualmente submetidos a ela como a dos investigadores – do socialmente essencial que vai ocorrendo. Frente à realidade corporal e a todos os sólidos dados, cabe chamar aspecto a este ser conceitual, porque na troca de equivalentes se procede com coisas adequadas e, sem embargo de maneira estranha; e, de qualquer maneira, não se trata de aspecto algum no qual a ciência organizadora sublimaria a realidade, senão que é imanente a esta. Tampouco ao falar da irrealidade das leis sociais se tem razão senão criticamente, é dizer, atendendo ao caráter fetichizado da mercancia. O valor de troca, que frente ao valor de uso não passa de ser algo meramente pensado, domina sobre a necessidade humana e em lugar dela; a aparência domina sobre a realidade. Nesse sentido, a sociedade é oferecida hoje como ontem ao mito e à sua ilustração. Ao mesmo tempo, sem embargo, aquela aparência é o mais real de tudo, a fórmula com a que se há fascinado o mundo. Sua crítica não tem nada que ver com a positivista da ciência, segundo a qual a essência objetiva da troca não há de valer como real, apesar de que sua validade é confirmada, sem trégua, pela realidade mesma. Ao afirmar o empirismo sociológico que a lei não é nada com o que caiba dar realmente, está mencionando involuntariamente algo da aparência social da coisa, o que reduz – equivocadamente – ao método. O suposto anti-idealismo da reflexão científica vem favorecer precisamente a subsistência da ideologia. Esta não deve resultar acessível à ciência, na medida em que não é nenhum fato; entretanto, sem embargo, nada tem mais poder que a mediação conceitual, que apresenta enganosamente aos homens o-que-é-para-outro como se fora um em si, impedindo-os assim se fazerem conscientes das condições sob as que vivem. Assim como a sociologia se nega a este conhecimento e se limita a registrar e ordenar o que chama fatos, confundindo as regras destiladas a partir destes com a lei de acordo com a qual discorrem, está solicitando sua justificação, ainda que não chegue sequer a duvidar. Nas ciências sociais não cabe progredir da parte ao todo do mesmo modo que nas ciências da natureza, porque há algo conceitual, de alcance lógico, totalmente distinto das peculiaridades de quaisquer elementos isolados, que constitui aquele todo e que, ao mesmo tempo, e precisamente por sua essência conceitual mediada, não tem nada em comum com "totalidade" ou figuras, que, por necessidade, são representadas sempre como imediatas. A sociedade se assemelha mais ao sistema que ao organismo. E a investigação empírica carece de teoria, que procede com a ajuda de meras hipóteses, ofusca-se frente à sociedade como sistema, que constitui, na realidade, seu verdadeiro objeto, precisamente porque este não coincide com a soma de todas as partes, não os subsume, nem sequer ao modo de um mapa geográfico, que se compõe de sua coordenação e copresença, de "gentes e países". Não há atlas social algum que represente a sociedade em sentido literal. Na medida em que esta não acaba na vida imediata de seus membros e nos fatos subjetivos e objetivos relacionados com ela, toda investigação que se esgota em averiguar tal imediatez, pisa num terreno falso. Com todo o caráter coisificado do método e precisamente em virtude do mesmo o ídolo do simplesmente constatável, dá lugar a um simulacro do vivo, algo em certo modo vizinho de cara a cara, cuja liquidação não seria a última das tarefas próprias do conhecimento sociológico, senão houvesse sido liquidado há já tanto tempo. Hoje, sem embargo, encontra-se ante uma autêntica censura. Disso são a um tempo culpáveis a metafísica transfiguradora do ser-aí (*Dasein*) e a obcecada descrição do que é o caso. Pelo mais, a práxis da sociologia empírica corresponde – em grande medida – nem sequer à sua própria aquiescência à necessidade de hipóteses. Concendendo de má-fé que estas são necessárias, se as acolhe com desconfiança, já que poderiam converter-se em "vias", em detrimento da investigação imparcial[78]. A isso subjaz uma "teoria residual da verdade"; a ideia de que a verdade é o que resta uma vez retirados os aditamentos presumidos meramente subjetivos, uma espécie de custo de produção. As ciências sociais, todavia, não têm assimilado o conhecimento, familiar à psicologia desde Georg Simmel e Freud, de que a precisão da experiência de objetos –objetos que, por sua vez, e igual à sociedade, estão de modo essencial subjetivamente mediados – ascende, em lugar de decair, paralelamente à escala de participação subjetiva do sujeito cognoscente. Uma vez licenciada a própria razão humana, o próprio sentido comum, em favor do gesto responsável do investigador, busca-se a salvação no procedimento mais desprovido de hipótese imaginável. A investigação social empírica deveria liberar-se de tal superstição de que toda investigação há de se começar como uma *tabula rasa* na que hão de ser incrustados os dados – dados que se encontram sem o menor pressuposto. Ao se liberar de tal superstição haveria de recordar assim mesmo essa série de controvérsias epistemológicas há muito tempo equivocadas, que a consciência de pouco fôlego esquecida com excessiva facilidade invocando as prementes exigências do trabalho em curso. Para a ciência cética não deixa de convir a ele certo ceticismo frente a seus próprios ideais ascéticos. A frase de que um investigador necessita de 10% de inspiração e 90% de transpiração, que tanto vemos sempre citada, é subalterna e aponta a uma proibição de pensar. Durante muito tempo o abnegado trabalho do sábio tem consistido em renunciar, em troca de uma exígua remuneração, a pensamentos que de qualquer maneira não teria. Hoje o chefe burocrático – muito melhor pago – sucede ao sábio, não somente se celebra a falta de espírito como uma virtude própria de quem, sem vaidade e perfeitamente adaptado, se incorpora ao *team*, senão, por acréscimo, institucionaliza-se implantando métodos de investigação que apenas reconhecem a espontaneidade das pessoas singulares de outro modo do que como coeficientes de erosão. A própria antítese de inspiração grandiosa, honrado e modesto trabalho de investigação é, em si, de qualquer forma, subalterna. Os pensamentos não chegam voando, se cristalizam, inclusive no caso de que surjam subitamente em duradouros processos subterrâneos. O súbito daquilo que os

---

[78] . Cf., por exemplo, Renê König. *Beobachtung und Experiment in der Sozialforschung.* ("Observação e experimento na investigação social"), em *Praktische Sozialforschung*, Köln, 1956, p. 27, II.

técnicos de *research* chamam depreciativamente intuição, marca a irrupção da experiência viva através da crosta endurecida da *communis opinio*; é o grande alento da oposição a esta, de modo algum o privilégio de um instante de graça, o que permite o pensamento não regulamentado desse contato com a essência. Por sua vez, a diligência científica também é sempre um trabalho e esforço do conceito, o oposto a esse proceder mecânico, obstinado e não consciente de si mesmo, o que a isso se equivale. A ciência não é senão um descobrir a verdade e a falsidade daquilo que o fenômeno observado quer ser por si mesmo; não há conhecimento que em virtude do discernimento, inerente a ele, entre o verdadeiro e o falso não seja, ao mesmo tempo, crítico. Só uma sociologia capaz de por em movimento as antíteses petrificadas de sua organização, acessaria a si mesma.

6.

A DIFERENÇA CATEGORIAL destas disciplinas resta confirmada pelo fato de que até o momento não tenha podido conseguir, apesar de não poucos intentos isolados, a vinculação – que é do que propriamente se trata – das investigações empíricas de problemas de importância teórica central. No tocante à investigação social empírica, o requisito mais modesto e ao mesmo tempo mais plausível, no sentido da crítica imanente e, em consequência, de acordo com as regras do jogo da "objetividade", seria o de confrontar todas as posições dirigidas à consciência subjetiva e à inconsciência dos homens e dos grupos humanos com as realidades objetivas de sua existência. O que no âmbito da investigação social lhe parece meramente acidental, mero *background study*, constitui em qualquer caso a condição da possibilidade de que acesse o essencial. Em ditas realidades acentua inevitavelmente, de repente, todo o relacionado com as opiniões, sentimentos e comportamentos subjetivos das pessoas estudadas, posto que precisamente estas relações estiveram tão distendidas que semelhante confrontação não poderia, em absoluto, dar-se por satisfeita com o conhecimento de instituições isoladas, tendo, pelo contrário, que recorrer de novo à estrutura da sociedade: a dificuldade categorial não se contorna comparando determinadas opiniões e determinadas opiniões e determinadas condições. Apesar de tão grande reserva, os resultados da investigação de opiniões alcançam um valor diferente assim como podem ser confrontados e medidos de acordo com a constituição real daquele sobre o que versam as opiniões. As diferenças de objetividade social e de consciência desta, uma consciência, de um modo ou de outro, difundida de maneira geral, surgidas em dito contexto, marcam um ponto de irrupção da investigação social empírica no conhecimento da sociedade: no das ideologias, sua gênese e sua função. Dito conhecimento constituiria, sem dúvida, o verdadeiro objetivo, ainda que não o único, da investigação social empírica. Isoladamente considerado, sem embargo, não tem o peso de um conhecimento sociológico: as leis do mercado, cujo sistema se mantém sem maior reflexão, são todavia uma fachada. Mesmo no caso de que, por exemplo, uma pesquisa proporcionasse uma evidência estatisticamente opressora de que os próprios trabalhadores não se tomam por tais e voltam a negar a existência de algo assim como o proletariado, não haveria levado a cabo prova alguma da existência deste. Pelo contrário, deveriam ser comparados esses dados subjetivos com outros objetivos, como o processo de produção se dispõe ou não dispõe dos meios de produção, seu poder social ou sua impotência. Desse modo, conservariam, desde logo, seus significados os dados empíricos obtidos acerca dos sujeitos. Não caberia perguntar simplesmente, no sentido da teoria das ideologias, como haviam chegado a cristalizar semelhantes conteúdos de consciência, senão, assim mesmo, se com sua existência não se havia transformado algo essencial na objetividade social. Unicamente um dogma demencial poderia descuidar na natureza e autoconsciência dos homens, qualquer que for o modo de sua produção e reprodução. Bem como o elemento de afirmação do existente, bem como o potencial de outra coisa, é também um momento da totalidade social. Não unicamente a teoria, sem também sua ausência, convertem-se em poderio assim que acessam as massas. A investigação social empírica é corretiva não só na medida em que impede as construções cegas desde cima, senão também no concernente à relação entre fenômeno e essência. Se a teoria da sociedade tem que relativizar críticamente o valor cognoscitivo do fenômeno, não menos há de preservar a investigação empírica ao conceito de lei essencial de toda mitologização do mesmo. O fenômeno ou aparência é sempre aparência de uma essência, não mero fenômeno ou aparência. Suas transformações não são indiferentes à essência. Se de fato nada soubesse já que é um trabalhador, isso afetaria a composição interna do conceito de tal, mesmo em caso de que sua definição objetiva – baseada na separação referente aos meios de produção – todavia continuaria cumprindo-se.

7.

A INVESTIGAÇÃO SOCIAL empírica não pode se evadir do fato de que todos os estados de coisas que investiga, as condições subjetivas não menos que as objetivas, estão medadiados pela sociedade. O dado, os fatos a que em virtude de seus métodos acessa e sobre os quais incide como algo último não são em si nada último, senão algo condicionado. Daí que não deva confundir seu fundamento cognoscitivo – o estado dos fatos, pelo que se afana seu método –com o real fundamento, com um ser-em-si de todos os fatos, com sua imediatez, enfim, com seu caráter fundamental. Contra semelhante confusão unicamente pode defender-se na medida em que seja capaz de dissolver a imediatez mesma dos dados graças ao aperfeiçoamento dos métodos. Daí a importância central da análise de motivações, por muito que estas não possam sair do círculo encantado das reações subjetivas. Apenas podem apoiar-se em perguntas diretas: as correlações assinalam conexões funcionais, mas não ilustram sobre dependências causais. Daí que a grande possibilidade da investigação social empírica radique, de maneira especial, na evolução dos métodos indiretos, com o fim de ir mais além da mera constatação e elaboração de fatos de fachada. O problema cognoscitivo de sua evolução autocrítica segue sendo o que os dados averiguados não refletem fielmente as relações sociais subjacentes, senão que, ao mesmo tempo, compõem o véu com que aquelas, de maneira necessária, desde logo, ocultam-se. Os resultados disso, que não em vão, recebem o nome de "investigação de opiniões" cabe, em consequência, aplicar a formulação de Hegel, a partir da filosofia do direito, de opinião pública enquanto tal: merece tanto que se a aprecie como que se a menospreze.[79] Que se a aprecie porque também as ideologias, a consciência necessariamente falsa, são uma parte da realidade social, que devem conhecer quem desejam conhecer esta. Que se a menospreze; que se critique sua pretensão de verdade. A investigação social empírica se converte ela mesma em ideologia tão pronto como absolutiza a opinião pública. Para isso conduz seu conceito irreflexivamente nominalista da verdade, que desliza a *volonté de tous* como verdade sem mas, porque não há maneira de averiguar se existe outra. Esta tendência se encontra extraordinariamente subtraída, sobretudo,

---

[79] Hegel. *Grundlinien der Philosophie dês Rechts* (Linhas Fundamentais de Filosofia do Direito). Lasson, Leipzig (Ed.) 1921, § 318, p. 257.

na investigação social empírica americana. Mas a isso não se deveria opor dogmaticamente a mera asseveração de uma *volonté général* como verdade em si, de forma, por exemplo, de "valores" postulados. Semelhante procedimento padeceria de igual arbitrariedade que a instauração da opinião estendida como o objetivamente válido: desde Robespierre, a implantação por decreto de *la volonté général* todavia tem causado maiores males na história, se cabe, que a aconceitual aceitação da *volonté general de tous.* Unicamente permite sair-se de tão funesta alternativa a análise imanente, o da consonância ou dissonância da opinião em si e de sua relação com a coisa, e não a abstrata antítese de algo objetivamente válido a teor da opinião. Não se trata de rechaçar a opinião com orgulho, senão de desviar sua falsidade de sua verdade: da relação social sustentadora se desvia, em última instância, sua própria não verdade. Por outra parte, sem embargo, a opinião média não representa nenhum valor verdadeiro aproximado, senão a aparência social média. Nesta participa o que a investigação social não reflexiva se deseja seu *ens realissimum*; os próprios questionados, os sujeitos. Sua própria constituição, seu ser-sujeitos, depende da objetividade, dos mecanismos dos que obedecem e que dão lugar a seu conceito. Conceito que só cabe determinar se fazendo consciente, nos fatos mesmos, da tendência que conduz mais além disso. Esta é a função da filosofia na investigação social empírica. Se falta a ela ou se a reprime, se reproduzem sem mais, os fatos, em cujo caso tal reprodução não vem a ser outra coisa que o falseamento dos fatos em ideologia.

{ II }

Lógica das Ciências Sociais

Karl R. Popper

Tradução de Leandro Piccolo

EM MEU ARTIGO SOBRE A LÓGICA DAS CIÊNCIAS SOCIAIS proponho duas teses que expressam a contradição existente entre nosso conhecimento e nossa ignorância.

Primeira tese: Sabemos grande quantidade de coisas – e não apenas detalhes de interesse intelectual duvidoso, porém, coisas de grande importância prática, o mais importante, que oferecem profundo conhecimento teórico e incrível compreensão do mundo.

Segunda tese: Nossa ignorância é ilimitada e decepcionante. É precisamente o enorme progresso das ciências naturais (referido pela minha primeira tese) que nos coloca uma e outra vez na frente da nossa própria ignorância no campo das ciências naturais. A ideia ignorância socrática adquire, assim, um novo caractere, um ponto todo diferente. A cada passo que avançamos o problema que resolvemos, não só vamos descobrir novos problemas a serem resolvidos, e impõem a evidência de que, mesmo quando pensamos estar em terreno sólido e seguro, tudo é, de fato, incerto e vacilante.

Minhas duas teses sobre conhecimento e ignorância são apenas aparentemente contraditórias, é claro. A aparente contradição se deve, sobretudo, ao fato de que na primeira tese os termos "sabedoria" ou "conhecimento" têm um significado completamente diferente do que na segunda. De qualquer forma, ambos os significados são importantes, e são importantes ambas as teses, tanto que vou formulá-las na tese seguinte, de número três.

Terceira tese: Uma tarefa de fundamental importância e até uma questão crucial é fazer justiça às nossas duas primeiras teses e iluminar a relação entre o nosso conhecimento, em crescimento constantemente incrível, e nossa convicção – também crescente – que, na verdade, nada sabemos.

Se se refletir sobre isso, torna-se quase por completa a evidência de que a lógica do conhecimento deve discutir as raízes da tensão entre conhecimento e ignorância. Em minha quarta tese formulo uma importante consequência dessa convicção. De todo o modo, antes de expor esta quarta tese, gostaria de desculpar-me pelas muitas teses numeradas que ainda virão. Minha desculpa é que foi sugerido que eu montasse este trabalho na forma de teses numeradas (com finalidade de facilitar ao conferencista debatente apresentar as suas contrateses de forma mais acurada). Devo dizer, não obstante, que a sugestão me pareceu muito útil, embora a forma em questão possa provocar certa impressão de dogmatismo. Minha quarta tese, pois, é a seguinte:

Quarta tese: Na medida em que é possível dizer em absoluto que a ciência ou o conhecimento deve começar por algum ponto, pode-se dizer o seguinte: o conhecimento não começa com percepções ou coleta de fatos ou números, e sim com problemas. Não há conhecimento sem problemas – tampouco não há problema sem conhecimento. A saber, começa com a tensão entre conhecimento e ignorância. Nenhum problema sem conhecimento – nenhum problema sem ignorância. Porque todo problema surge da descoberta de algo que não está em ordem com o nosso presumido saber; ou, logicamente considerado, sobre a descoberta de uma alegada contradição entre o nosso conhecimento e fatos, ou talvez mais adequadamente, na descoberta de uma possível contradição entre o nosso suposto conhecimento e supostos fatos.

Frente às minhas três primeiras teses, que, por sua natureza abstrata pode, talvez, dar a impressão de estar um pouco longe do meu tema, ou seja, a lógica das ciências sociais, a quarta é minha intenção de afirmar que ela chegou precisamente ao cerne de nosso tema. Isso pode ser formulado como segue na minha tese de número cinco.

Quinta tese: Como todas as outras ciências, também as ciências sociais são acompanhadas por sucesso ou fracasso, são interessantes ou triviais, frutíferas ou infrutíferas, e estão em idêntica relação com a importância ou o interesse dos problemas que entram em jogo, e, é claro, também em idêntica relação a respeito da horadez, linearidade e a simplicidade com que estes problemas são atacados. Problemas que de modo algum têm sempre natureza teórica. Graves problemas práticos, como a pobreza, o analfabetismo, a opressão política e a insegurança jurídica, foram importantes pontos de partida para a pesquisa científico social. Porém, esses problemas práticos incitam meditar, teorizar, levando a problemas teóricos. Em todos os casos, sem exceção, são o caráter e a qualidade dos problemas – junto, claro, com a ousadia e singularidade da solução proposta – que determina o valor ou falta de valor do desempenho científico.

Assim, o ponto de partida é sempre o problema, e a observação só se converte em uma espécie de ponto de partida quando revela um problema, ou, em outras palavras, quando somos surpreendidos, quando nos mostra que há algo em nosso conhecimento – em nossas expectativas, em nossas teorias – que não está totalmente em ordem. Observações só conduzem, portanto, para os problemas, na medida em que contradizem algumas das nossas expectativas conscientes ou inconscientes. E o que em tal caso se converte no ponto de partida do trabalho científico não é tanto a observação em si quanto a observação no seu significado peculiar – ou seja, a observação geradora de um problema.

Concordo, neste ponto, fazer minha principal tese e dissertação número seis. Que consiste no seguinte:

Sexta tese (principal tese):
a) O método das ciências sociais é igual ao das ciências da natureza, pois encontra-se em testar possíveis soluções para os seus problemas – isto é, para os problemas que estão enraizados.
Soluções são propostas e criticadas. No caso em que uma solução testada não resulte em acessibilidade para crítica objetiva, é preciso exclui-la, ainda que só provisoriamente.
b) Se é acessível a crítica objetiva, tentemos refutá-la; porque toda crítica consiste em um intento de refutação.
c) Se uma solução de teste é refutada por nossa crítica, fazemos outra tentativa.

d) Se ela resiste à crítica, a aceitamos provisoriamente, e, claro, aceitamos como digna, principalmente, de permanecer em discussão e crítica.

e) O método da ciência é, por conseguinte, tentar a solução, a avaliação (ou ideia) da solução submetida a um rigoroso controle crítico. Não é só uma prolongação crítica da tentativa e do erro ("tentativa e erro").

f) A chamada objetividade da ciência reside na objetividade do método crítico; o que quer dizer, acima de tudo, é que não há teoria livre da crítica, e os meios lógicos que se serve a crítica – a categoria contradição lógica – são objetivos.

A ideia básica subjacente da tese principal talvez possa ser sintetizada como se segue.

Sétima tese: A tensão entre o conhecimento e a ignorância leva ao problema e testes de solução. Porém, não é superada jamais, uma vez que não podemos deixar de ver que nosso conhecimento não consiste somente em tentativas, em propostas provisórias de solução, até o ponto de transportar de maneira fundamental a possibilidade de evidenciar-se como errôneo e, portanto, como uma autêntica ignorância. Por isso, a única forma de justificar o nosso conhecimento não é, por sua vez, igualmente provisório: radical na crítica, ou mais precisamente, em nossos testes em que pareça a solução ter ainda resistido até o momento à crítica mais acirrada.

Não há justificação positiva alguma que vá mais longe que isso. Os nossos ensaios de solução, em especial, não podem ser revelados como prováveis (no sentido de probabilidade). Esse ponto de vista poderia, talvez, receber o adjetivo de *criticista*.

Para iluminar um pouco o conteúdo principal desta minha tese e sua importância para a sociologia, não deixa de ser útil uma confrontação da mesma com outras teses de metodologia difundida e absorvida de maneira plenamente inconscientemente.

Temos, por exemplo, o errôneo e equivocado naturalismo científico metodológico que exige que as ciências sociais aprendam sobre as ciências naturais o que é método científico. Este equivocado naturalismo impõe exigências como estas: começa com observações e medições, a saber, com investigações estatísticas, por exemplo, e prossegue indutivamente a possibilidades e formação de teorias. Desse modo, você aproximará o ideal de objetividade científica na medida, pelo menos, em que ele é possível nas ciências sociais. Ao mesmo tempo, no entanto, deve estar bem consciente de que nas ciências sociais a objetividade é muito mais difícil de alcançar (se for em absoluto alcançável) do que nas ciências naturais, porque a objetividade equivale à neutralidade de valor,* e só em casos muito extremos logra o cientista social a emancipação das valorações de sua própria condição social acendendo certa objetividade e assepsia no tocante aos valores.

Na minha opinião, todas e cada uma das frases que eu colocar na boca do naturalismo serão radicalmente erradas e descansam em uma falsa compreensão de equivocado método científico-natural, e mais, em um mito – o mito muito difundido, infelizmente, e de influente caráter indutivo da ciência natural e do caráter da objetividade científico-natural. No que se segue, pretendo dedicar uma pequena parte do valioso tempo disponível para preparar uma crítica ao dito errado naturalismo.

Ainda que não caiba dúvida de que boa parte dos cientistas sociais se oporia a uma ou outra das diversas teses deste errôneo naturalismo, resulta também inegável que o dito naturalismo desfruta nas ciências sociais – fora da economia política – uma autêntica supremacia, pelo menos em países anglo-saxões. Proponho-me a formular os sintomas desta vitória na minha tese de número oito.

Oitava tese: Considerando que, antes da Segunda Guerra Mundial, a ideia de sociologia ainda era de uma ciência social teórico geral – talvez comparável à física teórica – e a ideia da antropologia social era de uma sociologia aplicada a sociedades muito especiais, a saber, a sociedades primitivas. Essa relação inverteu se atualmente da forma mais assombrosa. Antropologia social ou etnologia converteu-se em uma ciência social geral; e parece que a sociologia encontra-se em vias de ir se convertendo cada vez mais em um ramo da antropologia social, em uma antropologia social aplicada a uma forma muito especial de sociedade – em uma antropologia, em suma, das formas altamente industrializadas do Ocidente. Para repeti-lo mais brevemente: a relação entre a sociologia e a antropologia foi completamente revertida. A Antropologia Social avançou para se converter em uma ciência especial aplicada à ciência básica, e antropólogo passou a converter-se de um modesto pesquisador, um pouco míope, *fieldworker* em um teórico social de vasta visão e respiração profunda, assim como um profundo psicólogo social. O velho sociólogo teórico deve dar-se, de qualquer forma, por satisfeito com sua acomodação atual como *fieldworker* especialista: observar e descrever os totens e os tabus da raça branca natural dos países da Europa Ocidental e dos Estados Unidos.

De todo o modo, não há necessidade de levar muito a sério essa mutação no destino dos cientistas sociais, sobretudo porque não há na coisa em si que seja uma especialidade científica. Todo o qual formulado como tese, dá lugar à tese de número nove.

Nona tese: A especialidade científica – tal como se chama – não é só um conglomerado delimitado e construído de problemas e testes de soluções. O que realmente existe, não obstante, são os problemas e as tradições científicas.

Apesar desta nona tese, a citada transformação das relações entre a sociologia e a antropologia é extremamente interessante; e não em virtude das especialidades ou de seus nomes, mas sim por constituir um bom exemplo do triunfo do método pseudocientífico-natural. Dessa forma, chego à minha tese número dez.

Décima tese: O triunfo da antropologia é o triunfo de um método baseado supostamente na observação, pretendidamente descritivo, supostamente mais objetivo e, em consequência, aparentemente científico-natural. Porém, trata-se de uma vitória pírrica: um triunfo a mais desse tipo, e estamos perdidos – é dizer, que são a antropologia e a sociologia.

Reconheço abertamente que a minha décima tese é concebida em termos, talvez, excessivamente rigorosos. Não pretendo de forma alguma negar que devemos à Antropologia Social a descoberta de coisas interessantes e importantes, nem que é uma das ciências sociais que maior êxito têm acompanhado. Reconheço assim mesmo, de bom grado, que para os europeus não deixa de ser altamente interessante e atrativa a possibilidade de observarmos e examinarmos a nós mesmos através do prisma do antropólogo social. Agora, enquanto essa perspectiva é talvez mais colorida do que as outras, não a torna mais objetiva. O antropólogo não é este observador de Marte que pensa ser, cuja função social muitas vezes ele tenta representar não raramente a desgosto, nem há qualquer razão para supor que um habitante de Marte nos veria mais "objetivamente" do que, por exemplo, vemos a nós mesmos.

Quero aludir, neste contexto, a uma história que pode parecer, sem dúvida, extrema, porém que de maneira alguma constitui algo isolado ou excepcional. É uma história verdadeira, mas o que importa no contexto atual não é precisamente isso. No caso de lhes parecer em excesso improvável rogo aceitá-la como uma invenção livre, como uma ilustração ou fábula que com a ajuda de exageros grosseiros não pretende senão iluminar um ponto importante.

Alguns anos atrás tive a oportunidade de participar de um congresso de quatro dias, organizado por um teólogo e com a participação de filósofos, biólogos, antropólogos e físicos – um ou dois representantes de cada especialidade. No total éramos uns oito participantes. Como tema: "Ciência e Humanismo". Superadas algumas dificuldades iniciais e, sobretudo, eliminando o intento de nos impressionarem com uma profundidade exaltada, conseguiu-se, em três dias de congresso e graças aos esforços conjuntos de quatro ou cinco participantes, elevar a discussão a um nível realmente incomum. Nosso congresso havia concordado bem – ou pelo menos do jeito que a mim parecia – ao estágio que todos nós sentimos satisfação de ter aprendido algo uns sobre os outros. Em qualquer caso, estávamos profundamente envolvidos na matéria quando o antropólogo social que estava presente tomou a palavra.

"Quiçá lhes pareça estranho" veio dizer, mais ou menos, "que até este momento não tenha pronunciado uma palavra no congresso em curso. Isso se deve à minha condição de observador. Como antropólogo, vim para esta conferência não tanto para participar em sua conduta verbal, mas para vê-lo. O que de fato eu fiz. Ao fazer, não foi possível a mim seguir suas discussões objetivas, mas alguém, como eu, estudou dezenas de grupos de discussão sabe que, a esta coisa, não lhe corresponde demasiada importância. Nós, antropólogos", quase literalmente, disse o congressista, "aprendemos a observar esses fenômenos sociais a partir de fora deles e de um ângulo de visão muito mais objetiva. O que nos interessa é como é, por exemplo, a forma como este ou aquele tentam dominar o grupo e como seus intentos são rechaçados por outro, seja sozinho ou com a ajuda de uma coalizão de forças, como depois de várias tentativas deste tipo se forma uma ordem hierárquica de classificação e, com ele, um equilíbrio de grupos e um ritual na atividade verbal dos grupos. Todas essas coisas que são sempre muito similares, por diferentes que pareçam as abordagens dos problemas elegidos como tema de discussão".

Nós escutamos o nosso antropológico visitante de Marte até o fim, e imediatamente perguntei duas coisas: primeiro, se ele tinha algum comentário a fazer sobre nossas conclusões objetivas, e, segundo, se ele não acreditava na existência de algo como razões ou argumentos objetivos susceptíveis de serem verdadeiros ou falsos. Ele confessou que se havia visto demasiadamente obrigado a concentrar-se em nossa observação do comportamento do grupo para acompanhar o curso de nossas discussões objetivas. De outra parte, o último ao fazer isso viu que seu objetivo estaria ameaçado, e não poderia ter sido menos por estar envolvido em nossas discussões, deixando-se finalmente se levar sobre elas, ao ponto de converter-se em um de nós, o que significaria a anulação de sua objetividade. Ele tinha aprendido, ademais, a não julgar literalmente o comportamento verbal, ou não levá-la muito a sério o plano literal (utilizava uma e outra vez expressões como "comportamento verbal" e "verbalização"). O que importa, nos disse, é a função social e psicológica desse comportamento verbal. E acrescentou o seguinte "Enquanto você, como os participantes no debate, o que impressiona-lhes são as razões e os argumentos, para nós, o que importa para nós, é o fato de a impressão ou a influência mútua, ou a influência que uns podem exercer nos outros, e, fundamentalmente, os sintomas dessa influência; nosso interesse concentra-se em conceitos como insistência, hesitação, transigir e ceder. No tocante ao conteúdo real da discussão, só posso dizer-lhe que não nos incumbe; o que realmente nos importa é o curso da discussão, é o papel que desempenha cada um de vocês, a mudança dramática em relação a isao; o conhecido argumento não é, desde logo, senão uma forma de comportamento verbal, e não mais importante do que os outros. É uma mera ilusão subjetiva acreditar que é possível distinguir nitidamente entre os argumentos e outras verbalizações susceptíveis de exercer uma grande impressão, nem sequer é tão fácil distinguir entre argumentos objetivamente válidos e inválidos.

Na melhor das hipóteses cabe dividir os argumentos em grupos correspondentes aos argumentos que em certos setores e em que determinadas épocas foram aceitos como válidos ou inválidos. O elemento tempo também é visível no fato de que certos argumentos – ou como tal chamados – que aceita um grupo de discussão como o presente, podem ser atacados ou deixados de lado por um ou por outro dos participantes".

Não vou continuar descrevendo esse incidente. Além disso, neste círculo não seria necessário fazer demasiado exagero quanto ao fato de que a origem, no campo histórico das ideias, do humor um tanto extremo do meu amigo antropológico, não só acusa a influência do ideal de objetividade próprio do *behaviorismo*, mas de ideias crescidas em solo alemão. Refiro-me ao relativismo geralmente considerado histórico que considera que a verdade objetiva não existe, há apenas verdades para um período histórico particular, e do relativismo sociológico que ensina haver verdades ou ciências para este ou aquele grupo ou classe, que há, por exemplo, uma ciência burguesa ou uma ciência proletária; penso assim que a sociologia chamada de conhecimento desempenha um papel importante na pré-história dos dogmas do meu antropológico amigo.

Embora não seja, desde logo, de parecer inegável que meu amigo antropológico assumiu naquele congresso uma postura realmente extrema, não se pode negar que essa postura, sobretudo suaviza algo, especialmente se ele amolece um pouco, não é nada incomum e menos importante.

Mas essa posição é absurda. Como apresentei em outro lugar a crítica detalhada do relativismo histórico e sociológico e da sociologia do conhecimento, renuncio a repetir aqui. Vou referir-me brevemente apenas à ideia ingênua e equivocada de objetividade científica que fundamenta todo o estilo desse pensamento.

Décima primeira tese: É absolutamente errado conjecturar que a objetividade da Ciência depende da objetividade do cientista. E é absolutamente errado acreditar que o cientista natural é mais objetivo do que o cientista social. O cientista natural é tão partidário como o resto dos homens e, por regra geral, é – se ela pertence ao escasso número dos que produzem constantemente ideias novas – em extremo unilateral e partidário em relação a suas próprias ideias. Alguns dos mais destacados físicos contemporâneos têm fundado escolas que opõem uma forte resistência a toda ideia nova.

A minha tese também tem, de todo modo, um lado positivo, e este é o mais importante. É o conteúdo da minha tese de número doze.

Décima segunda tese: O que pode ser chamado de objetividade científica reside apenas na tradição crítica, que essa tradição, apesar de toda a resistência, muitas vezes permite criticar um dogma dominante. Dito de outra maneira, a objetividade da ciência não é assunto individual de diversos cientistas, sim é assunto social de sua crítica recíproca, a eterna amiga-inimiga divisão do trabalho dos cientistas, de seu trabalho em equipe e também de seu trabalho por caminhos diferentes e inclusive opostas entre si. Assim, em parte que depende do vasto conjunto de relações sociais e políticas que a crítica torna possível.

Décima terceira tese: A chamada sociologia do conhecimento, que criptografa a objetividade na conduta dos vários cientistas isoladamente considerados e explica a não objetividade em função da posição social do cientista, é totalmente equivocada neste ponto decisivo – refiro-me ao fato da única e exclusiva fundamentação da objetividade na crítica. O que a sociologia do conhecimento tem negligenciado não é outra coisa senão a própria sociologia do conhecimento; é dizer a teoria da objetividade científica. Essa só pode ser explicada a partir de categorias sociais como, por exemplo, a de competência (tanto entre os diversos cientistas como entre as diversas escolas), as de tradição (é dizer, a tradição crítica) a das instituições sociais (como, por exemplo, publicações em jornais opostos ou em editoras entre as quais existe uma verdadeira concorrência estabelecidas, as discussões em congressos etc.), a do poder estatal (refiro-me à tolerância política de livre discussão).

Na verdade, pequenas coisas como, por exemplo, a posição social ou ideológica do investigador acabam por eliminar-se a si mesmas com o passar do tempo, ainda que a curto prazo juguem sempre, como é óbvio, ser o seu papel.

De maneira similar como temos procedido com o problema da objetividade, podemos também fazer com o problema da chamada neutralidade valorativa, solucionando-a com maior liberdade do que a habitual.

Décima quarta tese: Na discussão crítica distinguimos problemas como: 1) O problema da verdade de uma afirmação; a de sua relevância, de seu interesse e seu significado a respeito dos problemas que atualmente ocupam. 2) O problema de sua relevância, de seu interesse e seu significado em relação a diversos problemas extracientíficos, por exemplo, o problema do bem-estar humano ou a natureza muito diferente da defesa nacional, um política nacional agressiva, o do desenvolvimento industrial ou enriquecimento pessoal.

É, naturalmente, impossível excluir tais interesses extracientíficos da investigação científica e não deixa de ser menos impossível excluir tanto a pesquisa científico-natural – da física, por exemplo – como da científico-social.

O que é possível e importante e confere à ciência seu caráter peculiar não é a exclusão, mas a diferenciação entre aqueles interesses que não pertencem à busca da verdade e ao interesse puramente científico pela verdade. Mas embora constitua o principal valor científico, não a torna a única: a relevância, o interesse e o significado de uma afirmação em ordem a uma situação problemática puramente científica também são de primeira e o mesmo acontece com os valores de riqueza de resultados, a da força explicativa, o da simplicidade e exatidão.

Em outras palavras, existem valores positivos e negativos que são puramente científicos e há valores positivos e negativos extracientíficos. E embora não seja possível manter completamente separado o trabalho científico de aplicações e valores extracientíficos, combater a confusão de esferas de valor e, sobretudo, excluir os valores extracientíficos *dos problemas concernentes à verdade*, constitui uma das tarefas críticas de discussão científica.

Isso não pode, desde logo, levar a cabo de uma vez por todas por decreto, mas que é e seguirá sendo uma das tarefas duradouras de toda a crítica científica recíproca. A pureza da ciência pura é um ideal, que talvez seja considerado inalcançável, porém a crítica luta e há de lutar ininterruptamente.

Na formulação desta tese entendi que é praticamente impossível o intento de separar os valores extracientíficos da tarefa da ciência. Ocorre o mesmo com a objetividade: não podemos privar o cientista de seu partidismo sem privar-lhe também de sua humanidade. De maneira similar ocorre que tampouco podemos privar-lhe de seus valores ou destruí-los sem destruir-lhe como homem e como cientista. Nossas motivações e nossos ideais puramente científicos, como o ideal da pura busca da verdade, encontram suas raízes mais profundas em valores extracientíficos e, em parte, religiosos. O cientista objetivo e "livre de valores" não é o cientista ideal. Sem paixão a coisa não anda, nem sequer a ciência pura. A expressão "amor à verdade" não é uma simples metáfora.

Assim, pois, você tem que estar consciente de que não só não há, na prática, cientista algum em que a objetividade e a neutralidade valorativa se resultem alcançáveis, mas que mesmo a objetividade e a neutralidade valorativa constituem valores em si. E como a neutralidade valorativa é em si mesma um valor, a exigência de uma total ausência de valores chega a ser paradoxal. Essa objeção não é precisamente muito importante, mas importa observar, entretanto, que o paradoxo desaparece por si somente se em vez de exigir neutralidade valorativa exijamos como uma das tarefas mais significativas à crítica científica, à divulgação das confusões das áreas de valor e à separação de questões relativas a valores puramente científicos, como a verdade, a relevância, a simplicidade etc, de problemas extracientíficos.

Tenho até este momento tentado desenvolver a tese de que o método da ciência reside na escolha de problemas e críticas aos nossos testes de soluções, testes a serem considerados sempre como tentativas provisórias. E também tentei mostrar, à luz de dois problemas metodológicos muito discutidos nas ciências sociais, que esta teoria do método criticista (como talvez possa chamá-lo) leva a resultados metodológicos bem razoáveis. Mas embora possa dizer algumas palavras sobre a teoria ou lógica do conhecimento e embora tenha podido fazer algumas críticas sobre a metodologia das ciências sociais, eu disse, na verdade, bem pouco sobre o meu tema, a lógica das ciências sociais.

Não quero, de todo modo, perder tempo discutindo razões ou justificativas para explicar por que eu considero tão importante identificar desde o princípio método científico ou método crítico. Em vez disso prefiro passar diretamente para alguns problemas e teses puramente lógicos.

Décima quinta tese: A função mais importante da lógica puramente dedutiva é a de servir como um sistema de crítica.

Décima sexta tese: A lógica dedutiva é a teoria da validade do raciocínio lógico ou relação lógica. Uma condição necessária e fundamental para a validade de uma relação lógica é a seguinte: se as premissas de um argumento válido são verdadeiras, então a conclusão deve também ser verdadeira.

Isso pode ser expresso também desta forma: lógica dedutiva é a teoria da transmissão da verdade das premissas para a conclusão.

Décima sétima tese: Podemos dizer que se todas as premissas são verdadeiras e que a dedução é verdadeira, então a conclusão deve também ser verdadeira, e, portanto, uma dedução válida e conclusão é falsa, não é possível, neste caso, que as premissas sejam verdadeiras.

Esse resultado trivial, mas de fundamental importância, pode ser igualmente bem expresso assim: a lógica dedutiva não é apenas teoria da transferência de verdade de premissas até a conclusão, mas também inversamente uma teoria de retransferência, da falsidade da conclusão para pelo menos uma das premissas.

Décima oitava tese: Assim, a lógica dedutiva é convertida na teoria da crítica racional. Por que toda crítica racional é moldada como uma tentativa de nossa parte para mostrar que da tese criticada se despreendem consequências inaceitáveis. Se de uma determinada tese deduzimos consequências inaceitáveis, a tese em questão é refutada.

Décima nona tese: Na ciência trabalhamos com teorias, ou seja, sistemas dedutivos. Uma teoria ou sistema dedutivo é, em primeiro lugar, um ensaio de explicação e, em consequência, uma tentativa de resolver um problema científico, e em segundo lugar, uma teoria – quer dizer, um sistema dedutivo – é racionalmente criticada por suas consequências. É, portanto, um teste de solução sujeito a crítica racional.

E mesmo aqui a lógica formal forma um corpo de crítica. Tenho servido-me de conceitos fundamentais a que ainda desejo referir-me brevemente: o conceito de verdade e o conceito de explicação.

Vigésima tese: O conceito de verdade resulta da inevitável crítica aqui desenvolvida. O que criticamos é a aspiração à verdade. O que como críticos de uma teoria tentamos mostrar, que sua busca pela verdade não se justifica – que é falsa. A fundamental ideia metodológica que aprendemos com os nossos erros não pode ser entendida sem a ideia reguladora da verdade: o erro que cometemos reside, precisamente, em não saber canalizá-lo, de acordo com o padrão ou critério de medida da verdade, a meta que havíamos proposto. Dizemos que um enunciado é "verdadeiro" se corresponde com os fatos ou se as coisas são tal como eles as representa. Esse é o conceito absoluto e objetivo da verdade, um conceito que cada um de nós usa constantemente. Um dos resultados mais importantes da lógica moderna reside na sua forte e inatacável reabilitação do conceito absoluto de verdade.

Essa observação implica que o conceito de verdade havia sido desacreditada. E esse desprestígio do conceito de verdade tem sido, de fato, o máximo estímulo das ideologias relativistas que dominam nosso tempo.

É por isso que a reabilitação do conceito de verdade pelo lógico e matemático Alfred Tarski[80] tem sido, na minha opinião, o mais importante resultado filosófico da moderna lógica matemática.

Não posso, é claro, deter-me aqui para discutir o resultado; só posso dizer – de forma totalmente dogmática – que Tarski conseguiu explicar com a maior sensatez e a maior força de convicção que possa imaginar, em que consiste a coincidência de um enunciado com os fatos. E era essa precisamente a tarefa cuja dificuldade deu lugar ao relativismo cético – com consequências sociais que não posso parar agora para descrever.

O segundo conceito utilizado aqui por mim e que também precisa ser esclarecido é o conceito de explicação, ou, mais exatamente, da explicação causal.

Um problema puramente teórico – um problema da ciência pura – reside sempre em encontrar uma explicação, ou seja, a explicação de um fato, de um fenômeno, uma notável regularidade ou exceção igualmente notável. Aquilo que pretendemos ou esperamos esplicar reside o qualificativo de *explicandum*. A tentativa de uma solução – quer dizer, a explicação – reside sempre em uma teoria, em um sistema dedutivo, que nos permite explicar logicamente o *explicandum* relacionando-o com outros fatos (as chamadas condições iniciais). Uma explicação totalmente explícita

---

[80] O leitor se refere a esta conexão A. Tarski: "Der Wahrheitsbegriff in den formalisierten Sprachen" (O conceito de verdade em linguagens formalizadas), na tradução do inglês mesmas constantes Volume Logic, Semântica, metamatemática, Oxford, No Clarendon Press, 1956, p. 152 ss. Mario Bunge incluiu um Tarski de mais elementar respeito sobre este assunto, especialmente orientada para a linguagem comum em sua Antologia Semântica, Editora New Vision: Buenos Aires, 1960. Este último trabalho tem direito, em que a versão em espanhol "A concepção semântica da verdade e os fundamentos da semântica." (N. T.)

reside sempre na derivação lógica (ou na derivabilidade) do *explicandum* a partir de uma teoria, juntamente com condições iniciais.

O esquema lógico básico de cada explicação reside, portanto, em uma decorrência lógica dedutiva, cujas premissas estão constituídas pela teoria e condições iniciais e cuja conclusão é o *explicandum*.

Esse esquema básico tem uma gama assombrosa de aplicações. Com a sua ajuda cabe mostrar, por exemplo, qual é a diferença existente entre uma hipótese *ad hoc* e uma hipótese *ad hoc* independentemente examinável; cabe também, como pode você ter mais interesse, analisar logicamente a maneira mais simples da diferença entre problemas teóricos, problemas históricos e problemas de aplicação. Disso se depreende que a famosa distinção entre ciência teórica ou monomética e histórica ou ideográfica pode ser plenamente justificada do ponto de vista lógico – entendendo, é claro, como "ciência" a ocupação com um certo tipo, logicamente discernível, de problemas.

Termino assim o esclarecimento dos conceitos lógicos utilizados por mim até este momento. Cada um destes dois conceitos, o da verdade e o da explicação, dão lugar ao desenvolvimento lógico de novos conceitos, conceitos que desde o ponto de vista da lógica do conhecimento, ou metodologia, pode ser incluso ainda os mais importantes: o primeiro destes conceitos é o da *aproximação da verdade*, e o segundo, o da *força explicativa* e do *conteúdo explicativo* de uma teoria.

Esses dois conceitos são conceitos puramente lógicos da verdade de uma proposição e do conteúdo de uma proposição – ou seja, da classe das consequências lógicas de uma teoria.

Ambos são conceitos relativos: mesmo quando toda a proposição é simplesmente verdadeira ou falsa, uma proposição pode representar uma melhor aproximação com a verdade do que a outra proposição. Esse pode ser o caso, por exemplo, quando a primeira proposta tem "mais" consequências lógicas e "menos" consequências lógicas falsas que a segunda. (O que é dado como suposto que os subconjuntos verdadeiros e falsos dos conjuntos das consequências de ambas as proposições são comparáveis). Não é difícil mostrar, de fato, por que supomos, com razão, que a teoria de *Newton* é uma aproximação melhor da verdade que a de *Kepler*. De maneira similar pode mostrar-se que a força explicativa da teoria de *Newton* é maior do que a de *Klepter*.

Obtivemos, portanto, assim uns conceitos lógicos que nos guiam no julgamento de nossas teorias e que em relação a elas nos permitem falar com um sentido de progresso ou o reverso. E com isso basta sobre a lógica geral do conhecimento. A lógica especial do conhecimento das ciências sociais quero dedicar umas poucas teses.

Vigésima primeira tese: Não há nenhuma ciência puramente observacional, somente a ciência que mais ou menos consciente e criticamente elaboram teorias. Isso vale também para as ciências sociais.

Vigésima segunda tese: A psicologia é uma das ciências sociais, como o nosso pensamento e o nosso comportamento, que dependem em grande parte das relações sociais. Categorias como: a) imitação, b) linguagem, c) família são, obviamente, categorias sociais, e está claro que a psicologia da aprendizagem e do pensamento, mas também, por exemplo, a psicanálise, não resultam em possibilidades sem uma ou outra das categorias sociais. Isso indica que a psicologia pressupõe conceitos sociológicos; a partir do qual podemos inferir que é impossível explicar a sociedade exclusivamente em termos psicológicos ou reduzi-la à psicologia. A psicologia não pode ser considerada, então, como a ciência básica das ciências sociais.

O que de maneira primordial nos resulta impossível explicar psicologicamente o que temos que dar por suposto em toda explicação psicológica é o ambiente social humano. A tarefa de descrever o ambiente social – com uso, desde logo, de teorias explicativas, e que, como temos indicado, não se pode pensar em uma descrição pura – constitui, portanto, a tarefa fundamental da ciência social. Parece apropriado atribuir essa tarefa à sociologia. No que se segue daremos tal opinião por aceita.

Vigésima terceira tese: A Sociologia é autônoma no sentido de que pode e deve ser amplamente independente da psicologia. O qual se deve também, independentemente da situação de dependência da psicologia, fato é que a sociologia se vê repetidas vezes na tarefa de explicar consequências sociais involuntárias e frequentemente indesejáveis do comportamento humano. Um exemplo: a competição é um fenômeno social, que por regra geral, indesejável àqueles que estão presos a ela, e que, no entanto, pode e deve ser explicada como uma consequência involuntária (e geralmente inevitável) de comportamentos (conscientes e planejados) dos que estão sujeitos a ela.

Apesar de as explicações psicológicas que podem dar-se aos sujeitos da competição, é fato que o fenômeno social da competição é uma consequência social não explicável psicologicamente dos ditos comportamentos.

Vigésima quarta tese: A sociologia é também autônoma em uma segunda direção, ou seja, no sentido do que é frequentemente chamado de "sociologia interpretativa".

Vigésima quinta tese: A investigação lógica dos métodos da economia política leva a um resultado aplicável a todas as ciências da sociedade. Esse resultado evidencia que há um *método puramente objetivo* nas ciências sociais que cabe muito bem qualificar como método *objetivamente* compreensivo ou a lógica da situação. Semelhante ciência social *objetivamente* compreensiva pode ser desenvolvida independentemente de todas as ideias subjetivas ou psicológicas. Consiste em analisar a situação dos homens atuando o suficiente para explicar sua conduta a partir da situação em si, mas sem ajuda psicológica. A "compreensão" objetiva reside em nossa consciência de que a conduta era objetivamente apropriada para a situação. Em outras palavras, a situação é analisada com suficiente amplitude como para que os momentos de inicial aparência psicológica – como, por exemplo, desejos, motivações, memórias e associações – foram convertidos em momentos da situação. O homem que alimenta tais ou quais desejos torna-se um homem cuja situação é perseguir tais ou quais fins objetivos. E um homem com tais ou quais memórias e associações torna-se um homem cuja posição corresponde objetivamente armar-se com esta ou aquela teoria ou informação.

O que nos possibilita uma compreensão de seus atos a que podemos qualificar de objetiva é no seguinte sentido: sem dúvida, que meus objetivos e minhas teorias são diferentes (a Carlomagno, por exemplo), mas se encontro-me na sua situação – uma situação analisada nestes ou aqueles termos –, e tendo em conta que a situação incluiu objetivos e conhecimentos ao agir, também haveria atuado você, sem dúvida, da mesma forma.

O método de análise situacional é, pois, um método individualista, é claro, mas não é um método psicológico, uma vez que exclui programaticamente os elementos psicológicos substituindo por elementos objetivos situacionais. Darei o nome de "lógica da situação" ("lógica situacional" ou "lógica da situação").

Vigésima sexta tese: As explicações sobre a lógica da situação aqui descrita são reconstruções racionais, teóricas. Reconstruções supersimplificadas e superesquematizadas e, portanto, em geral falsas. Seu conteúdo de verdade pode ser, no entanto, muito grande, de tal modo que pode constituir – em estrito sentido lógico – boas aproximações à verdade, inclusive superiores a outras explicações testáveis com a realidade. Nesse sentido, o conceito lógico de aproximação à verdade é indispensável para as ciências sociais analíticas da situação. Acima de tudo, porém, as análises situacionais são racional e e empiricamente criticáveis e suscetíveis de melhoramentos. Podemos, por exemplo, encontrar uma carta que indica que a informação que dispunha Carlomagno era totalmente diferente do que damos por suposição em nossa análise. As hipóteses psicológico-caracterológicas são apenas criticáveis, por outro lado, mediante argumentos racionais.

Vigésima sétima tese: A lógica da situação é feita, geralmente, do mundo físico em que ocorrem nossas ações. Este mundo contém, digamos, recursos físicos que estão disponíveis e sobre os quais sabemos algo, e resistências físicas que geralmente também sabemos algo (frequentemente não muito). A lógica da situação também deve ser feita por um ambiente social no qual figuram outros seres humanos, cujos objetivos sabemos algo (frequentemente não muito), e ademais, devem conter também *instituições sociais*. Essas instituições sociais determinam todas as realidades sociais de nosso meio social, realidades que, em algum grau, correspondem às coisas do mundo físico. Uma armazém de verduras, uma instituição universitária, um poder de polícia ou uma lei são, nesse sentido, instituições sociais. Também a igreja, o Estado e o casamento são instituições sociais como alguns costumes coercitivos, por exemplo, o hara-kiri no Japão. Mas em nossa sociedade europeia, no entanto, o suicídio não é uma instituição, no sentido do termo que aqui utilizo, e no que eu afirmo que é uma categoria importante.

Essa é a minha última tese. O que se segue é apenas uma proposta e um breve comentário final.

Proposta: Como os problemas básicos de sociologia teórica pura podem ser, em princípio, provisoriamente aceitos à lógica geral da situação e à teoria das instituições e tradições. Isso iria sediar problemas como os dois seguintes:

1. As instituições não agem; só agem os indivíduos dentro das ou para as instituições. A lógica geral da situação destas ações seria a teoria das quase ações das instituições.
2. Caberia elaborar uma teoria das consequências institucionais, planejadas ou não das ações com vistas a finalidades. Isso conduiria a teoria da gênese e desenvolvimento das instituições.

Para terminar, uma observação. Considero que a teoria do conhecimento é importante não só para as ciências individuais, mas também para a filosofia, e o desconforto religioso e filosófico do nosso tempo, que a todos atingem, sem dúvida, em boa parte um grande desconforto filosófico-epistemológico. Nietzsche chamou de niilismo europeu e Benda a traição dos intelectuais. Eu prefiro descrevê-la como uma consequência do descobrimento socrático de que nada sabemos, ou seja, que nunca poderemos justificar racionalmente nossas teorias. Mas essa importante constatação, entre muitos outros desconfortos, deram lugar também ao existencialismo, é apenas metade da descoberta, e o niilismo pode ser superado. Porque se não podemos justificar racionalmente nossas teorias, ou mesmo evidenciá-las como provável, pelo menos podemos criticar racionalmente. E podemos distinguir o que é melhor do que é pior.

Porém, isso já era sabido antes mesmo de Sócrates, pelo velho *Xenophanes*, que nos disse:

> *Desde o início os deuses não revelaram tudo aos mortais.*
> *Mas no decurso do tempo encontraremos, buscando o melhor.*

{ III }

Sobre a Lógica das Ciências Sociais

Theodor W. Adorno

Tradução de Maria Luiza Godoy[81]

---
[81] Mestre em Direito pela PUC-SP; membro do GEDAIS.

A O ANALISAR DETERMINADA OBRA SOBRE A MATÉRIA OBJETO DE ESTUDO, deve o autor escolher entre dar-lhe uma interpretação independente ou filiar-se ao entendimento originariamente esposado. Assim, ao me debruçar sobre o conceito de lógica, desejo agradecer ao senhor Popper por me eximir de tão penosa situação, uma vez que posso concordar com o que ele diz sem necessidade de remontar até Adão e Eva, e, ao mesmo tempo, sem me sentir obrigado a ater-me estritamente ao texto de sua autoria a ponto de abrir mão de minha independência. Tratando-se de autor com ideologia tão diversa, isso não deixa de ser tão surpreendente como as inúmeras coincidências objetivas. Na maioria das vezes, não vejo necessidade de fazer-lhe oposição, apresentando antíteses às suas teses, basta acatar seu entendimento e prosseguir tecendo reflexões sobre ele. De pronto há de se considerar que o meu conceito de lógica é mais amplo que o seu; e no meu ponto de vista, há de ser levado em conta o método concreto da sociologia e não as regras gerais do pensamento, a disciplina dedutiva. Não tenho intenção de abordar aqui sua problemática específica na sociologia.

Em lugar disso, parto da distinção *popperiana* entre o nosso ingente saber e nossa infinita ignorância. Algo, possivelmente mais que certo na sociologia. Em todo caso, há de se insistir que até o momento não existe ainda um corpo de leis reconhecidas, como aquelas das ciências da natureza, para sua regulamentação. Tal distinção, entretanto, contém um potencial problemático, próprio de um ponto de vista comum que não é aquele mencionado por Popper. Segundo este, a sociologia deve limitar-se, diante de seu assombroso atraso em relação às ciências exatas, a compilar fatos e classificar métodos antes de pretender se constituir em um saber ao mesmo tempo vinculante e relevante. Assim consideradas como uma antecipação inadmissível, as reflexões teóricas sobre a sociedade e sua estrutura costumam ser eliminadas. Destarte, se a origem da sociologia se pauta em Saint-Simon e não em seu padrinho de batismo Comte, chega-se à conclusão de que esta tem mais de 160 anos de vida. Dessa maneira, pois, melhor seria para ela não se regozijar desavergonhadamente com sua juventude. O que nela tem o aspecto de uma ignorância provisional não pode simplesmente ser reduzido, no curso de uma investigação e de uma metodologia progressivas, em algo que com um término fatal e desmesurado pode ser qualificado de síntese. Isso tudo, ao contrário, se opõe à brilhante unidade sistemática das proposições inter-relacionadas. Não me refiro aqui à distinção original – estabelecida por Rickert – entre ciências da natureza e ciências do espírito, diante da qual Popper adota uma postura muito mais positiva que a minha. Não obstante, parece inegável que o ideal epistemológico da elegante explicação matemática, unânime e extremamente simples fracassa ali mesmo onde o próprio objeto, a sociedade, não é unânime, nem é simples e nem está entregue de maneira neutra ao desejo e à conveniência de uma formalização categorial, apresentando, pelo contrário, de maneira bem diferente àquilo que o sistema categorial da lógica discursiva espera antecipadamente de seus objetos. A sociedade é contraditória, contudo, determinável; racional e ao mesmo tempo irracional, é sistema e ruptura, natureza cega e guiada pela consciência. A sociologia deve levar em consideração todo esse contraditório, senão poderá incorrer levada por um zelo purista excessivo na pior e na mais funesta das contradições: a contradição entre sua estrutura e seu objeto. Difícil imaginar que postulados mentais, extraídos de material indiferente ao conhecimento e sem resistência aos usos científicos, possam fazer desaparecer a forma como a sociedade se subtrai ao conhecimento racional, suas contradições e as condições que as envolvem, o que acaba por fazer com que haja uma acomodação na consciência cognoscente. O tráfico científico-social se vê permanentemente ameaçado de errar, por amor à clareza e à exatidão, naquilo que se propõe conhecer. Popper se opõe ao clichê do conhecimento como processo que, partindo da observação, acessa gradualmente a ordenação, a elaboração, e a sistematização de seu material. Dito clichê parece mais absurdo na sociologia na medida em que os dados que dispõe não são dados sem qualificação, mas antes dados estruturados num contexto geral da totalidade social. A pretensa ignorância sociológica não significa, a bem dizer, senão a divergência existente entre a sociologia como objeto e o método tradicional: assim, apenas se pode saná-la recorrendo a um conhecimento que renega a estrutura de seu objeto em honra de sua própria metodologia. De outra parte – e sem dúvida alguma Popper se decidiria também a reconhecer – tampouco é possível sustentar o usual ascetismo empirista diante da teoria. Sem a antecipação desse momento estrutural, do todo, daquilo que apenas cabe dar justa conta nas observações singulares, nenhuma observação particular poderia encontrar seu lugar adequado. Com isso não se pretende nada similar à tendência da "cultural antropologia" de transpor o caráter centralizador e total de certas sociedades primitivas para a civilização ocidental mediante um determinado sistema de coordenadas. Ainda que se alimente poucas ilusões sobre a sua aderência a formas totais e sobre a decadência do indivíduo, como as que eu alimento, nem por isso deixam de ser decisivas as diferenças existentes entre uma sociedade pré-individual e uma sociedade pós-individual. Nos países de administração democrática da sociedade industrial a totalidade é uma categoria de mediação e não de domínio e de submissão imediata. Isso implica que na sociedade industrial, baseada no princípio da troca, o todo social não pode simplesmente ser deduzido, de modo algum, de seu próprio princípio, acolhendo em si inúmeros enclaves não capitalistas. Há de se perguntar se nas atuais relações de produção não é necessário, para sua própria perpetuação, a existência de núcleos como o da família, por exemplo. A sua particular irracionalidade completa a um só tempo aquela da estrutura em bloco. A totalidade social não mantém vida própria além dos componentes que a formam e daqueles que vierem integrá-la. Ela se produz e reproduz em virtude de seus momentos particulares. Muitos deles conservam certa autonomia, desconhecida pelas sociedades primitivas totais e que nem mesmo poderiam suportar. Contudo, algumas vezes se deve separar, da mesma forma que a dita totalidade da vida, esta separada da cooperação e dos antagonismos dos seus elementos, e analisar um só dos elementos do todo – não pensando nem mesmo no seu funcionamento – fora do entendimento do todo, que tem sua própria essência no movimento do particular. Sistema e particularidade são recíprocos e só em sua reciprocidade tornam-se conhecíveis; aqui se incluem aqueles núcleos – as formações sociais não sincrônicas – favoritas da sociologia que tende a prescindir do conceito de sociedade como de um filosofema muito espetacular, só chegaram a ser o que são em virtude da relação com a totalidade dominante de que derivam. Não se dá o devido valor na concepção sociológica de maior vigência atualmente, quer dizer na *middle range theory*". Diante do ponto de vista generalizado a partir de Comte, Popper dá prioridade aos problemas e com isso há tensão entre o conhecimento e a ignorância. Concordo com tudo o que Popper afirmou contra a falsa transposição dos métodos científicos naturais, contra o "errôneo e equivocado naturalismo ou cientificismo metodológico". Ao censurar o antropólogo social, que por olhar os fenômenos sociais de fora, apoiando-se em uma suposta maior objetividade, se esquece do problema da verdade e da falsidade, faz pensar em Hegel; no prólogo da "Fenomenologia do Espírito" são ridicularizados todos aqueles que se consideram acima das coisas, simplesmente por não estarem dentro delas. Espero que o senhor *König* não se aborreça comigo e venha a tachar este diálogo com Popper de filosófico em lugar de sociológico. Penso efetivamente que vale a pena mencionar o fato de que um pensador, para quem a dialética é anátema, se veja impelido a formulações familiares ao pensamento dialético. A problemática da *social anthropology*, abordada por Popper não deixa, por certo, de acatar, de maneira estreita, a desvinculação do método em relação ao objeto. Há de se reconhecer, de imediato, o mérito da teoria de culturas primitivas como a de *Veblen*, que compara os refinados costumes de um país de capitalismo altamente desenvolvido com os ritos dos tobiandes, que tudo faz crer, foram submetidos, recentemente, a todo tipo de testes; a suposta liberdade de escolha do sistema de coordenadas, acaba, não obstante, por falsear o objeto, na medida em que o fato de pertencerem todos os membros do país moderno a um mesmo sistema econômico, diz muito mais sobre cada um deles que as mais belas analogias com totem e tabu.

Ao aderir à crítica *popperiana* ao cientificismo e a sua tese do primado do problema, talvez eu vá ainda mais longe do que ele autorizaria, porque como objeto da sociologia, em si mesma, a sociedade é um problema no sentido enfático, pois, ao mesmo tempo, ela se mantém e mantêm vivos seus membros, podendo com eles se confundir. Isso não significa, entretanto, que os problemas da sociologia somente apareçam com o descobrimento "de que algo não está em ordem em nosso suposto conhecimento [...], na evolução de uma contradição interna em nosso suposto conhecimento". A contradição não tem porque ser, como ao menos aqui *Popper* supõe, uma contradição meramente "aparente" entre o sujeito e o objeto e imputável exclusivamente ao sujeito como falta de juízo. Antes, pode muito bem ter seu lugar – um lugar extremamente real – na própria casa, não podendo, em consequência, ser eliminado do mundo pelo simples aumento do conhecimento ou por ter formulações mais claras. O modelo sociológico mais antigo de uma dessas contradições – uma contradição que necessariamente se desenvolve em si mesma – estampada no famoso §243 da filosofia hegliana do direito: "Mediante a generalização das relações entre os homens por causa de suas necessidades e a maneira de preparar e produzir os meios para satisfazê-las se multiplica a concentração de riquezas já que desta dupla generalidade se extraia maior ganância – por uma das partes, ao mesmo tempo da outra se obtém a individualização e limitação do trabalho partidário e com ela a necessidade e dependência da classe presa a este trabalho".[82] Não seria difícil ressaltar um equívoco: para Popper o problema é algo da natureza exclusivamente epistemológica enquanto que para mim é, ao mesmo tempo, algo prático, em última instância uma circunstância problemática do mundo. Agora vejamos, o que está em jogo é precisamente a validade de tal distinção. Introduzindo na ciência uma separação radical entre seus problemas imanentes e os reais, palidamente refletidos em seus formalismos, o único que se conseguiria é uma autêntica fetichização da mesma. Nenhuma das teorias do absolutismo lógico – nem a de *Tarski* hoje, nem mesmo a de *Husserl* ontem – pode decretar obediência dos fatos a princípios lógicos cujas pretensões de validade derivam da purificação de todo o conteúdo material. Vejo-me obrigado, nesse ponto, a fazer menção à crítica do absolutismo lógico contido na "Metacrítica da teoria do conhecimento",[83] vinculada a uma crítica do relativismo sociológico na qual creio coincidir com Popper. Por outro lado, o fato da existência desse caráter contraditório da realidade social não escamotear seu conhecimento nem o entregar ao azar, se deve à possibilidade de nele se incluir a própria contradição como necessária, estendendo a ela, dessa forma, a racionalidade.

Os métodos dependem da situação e não do ideal metodológico. Popper, implicitamente, faz tal assertiva em sua tese da proeminência do problema. Ao constatar que a qualidade do rendimento científico-social está diretamente relacionada com a importância ou com o interesse dos problemas em análise, tira, sem dúvida, a consciência dessa irrelevância a

---

[82] Hegel. *Grundlinien de Philosophie des Rechts* (Linhas fundamentais da Filosofia do Direito) Ed. Glockner, Stuttgard ab 1997, p. 318.

[83] Cf. Theodor W. Adorno, *Zur Metakrilik der Erkenntnistheorie. Studien über Husserl und die phänomenologischen Antinomien* (Metacrítica da teoria do conhecimento. Estudos sobre Hussel e as antinomias filosóficas) Stutgard 1956. (N. T.)

que parecem condenadas inúmeras investigações sociológicas em virtude da sua obediência ao primado do método e não ao do objeto – quer pelo interesse de desenvolver métodos como tais, quer, por não escolher desde o princípio senão objetos dos quais se deve ocupar com os métodos já disponíveis. A reflexão popperiana sobre a importância ou sobre o interesse destaca a relevância do objeto a tratar. Contudo, há de se admitir que mesmo sobre a relevância dos objetos nem sempre é possível emitir juízos de valores *a priori*. A rede de categorias está tão carregada que, por vezes, coisas que ocorrem dentro de suas malhas acabam por passar despercebidas, em razão da convenções políticas ou científicas, e fenômenos estranhos à rede acabam por ganhar um peso exacerbado. Também ao investigar sua natureza vê-se que aquele que ocupa uma posição de destaque nem sempre é o principal. Freud, ao decidir se ocupar do assunto como sendo a "escória do mundo dos fenômenos", deixou de lhe atribuir algum papel em razão do método teórico-científico.Tampouco Simmel ao abordar esse mesmo assunto, no campo da sociologia, obteve algum resultado positivo, ao usar sistematicamente de especificações sociais como a do estrangeiro ou a do ator. Igualmente não há que se dogmatizar no tocante ao requisito da relevância do problema; a eleição dos objetos da investigação se legitima na medida daquilo que a sociologia pode obter do objeto escolhido, sem que isso deva ser interpretado, desde logo, como justificação de uma série inumerável de projetos realizados no interesse exclusivo da carreira acadêmica e naqueles que felizmente se combinam à irrelevância do objeto e à miopia do técnico em *research*.

Não sem certa prudência, quero fazer também algumas conjecturas acerca dos atributos que aliado à relevância do problema atribui Popper ao verdadeiro método. A honradez, quer dizer, a rigorosa abstenção de toda fraude, a expressão – sem consideração alguma por razões táticas – daquilo que se conhece, deveria ser o óbvio. Contudo, no curso real da ciência é costume se abusar dessa norma com intenção terrorista. Alguém acatar uma situação sem questionamentos, não significa um acatamento incondicional, como se fora uma máquina registradora; renúncia à fantasia ou escassez de produtividade acabam sendo apresentados como "ethos" científico. Não se deveria esquecer o que Cantril e Allport trouxeram à crítica do ideal de "sincerity" na América; como honrado costuma ser considerado, sobretudo, no campo científico aquele que pensa o que todos pensam, alheio à suposta vaidade de querer vislumbrar algo especial, e por ele disposto a emitir os mesmos berros. Tampouco a linearidade e a simplicidade são ideias absolutas nos casos de especial singularidade da situação. As categorias de respostas, num sentido comum, em tais casos são extraídas daquilo que existe no momento, tendendo a reforçar a cobertura sem penetrar no íntimo (que tendem a reforçar seu véu ao invés de penetrá-lo); quanto à linearidade também não é fácil antecipar o caminho pelo qual se chega a este ou àquele conhecimento. Minha tendência, diante do estágio atual da sociologia seria a de enfatizar, dentre os critérios científicos de qualidade citados por Popper, na audácia e singularidade da solução proposta – solução sempre sujeita, desde logo, a novas críticas. Finalmente, também, não convém fazer hipóteses sobre a categoria do problema; todo aquele que controla com alguma imparcialidade seu próprio trabalho acabará por ter de enfrentar situações de difícil apreensão sob a alegação de faltar pressupostos básicos. Frequentes são as soluções; a construção do problema *a posteriori*, diante do interesse por determinada situação, seria uma. Essa não é, de forma alguma, uma solução casual; a proeminência da sociedade como algo fechado em si mesmo e transcendente às suas diversas manifestações se apresenta ao conhecimento social mediante juízos que unem suas raízes no conceito de sociedade e que nos diversos problema sociais de natureza particular unicamente se transformam em razão de uma ulterior confrontação do antecipado com o material especial. Dito de uma maneira mais geral: as teorias do conhecimento, desenvolvidas de forma relativamente autônoma, por grandes filósofos, desde *Bacon* e *Descartes* e a nós transmitidas, foram concebidas desde o começo com a inclusão do empirismo que, sem se adaptar ao conhecimento da realidade como ela se apresenta, foi organizado – de acordo com um projeto de ciência alheio e exterior ao mesmo – através de um procedimento contínuo de indução ou dedução. Dentre as tarefas necessárias à teoria do conhecimento, não haveria de ser a última – como bem conjectura – a de tecer reflexões acerca de como se conhece realmente, em lugar de descrever antecipadamente o rendimento cognoscitivo de acordo com um modelo lógico ou científico que, em verdade, não corresponde, absolutamente, ao conhecimento produtivo.

O conceito de problema vem acompanhado na relação de categorias *popperiana* pela solução. Soluções são propostas e criticadas. Sublinhando o caráter central da crítica se avança definitivamente diante da doutrina primitiva e alheia à natureza do conhecimento, do primado da observação. O conhecimento sociológico é, com efeito, crítica; porém muito mais importante neste contexto são os matizes, já que as diferenças decisivas no tocante às posições científicas tendem mais a ocultar-se nos matizes do que tomar corpo em grandes conceitos a respeito das visões o mundo. O fato de que um estudo sobre soluções não esteja acessível à crítica objetiva ele impede, na opinião de *Popper*, sua qualificação como científico, ainda que seja provisoriamente, o que não deixa de ser ao menos ambíguo. Se com essa crítica fôssemos levados a crer na total redenção do pensamento à observação, a sua redução aos chamados fatos, tal veredito nos obrigaria a admitir o nivelamento do pensamento à hipótese, privando a sociologia de um momento de antecipação, elemento que lhe é essencial. Existem enunciados sociológicos que, se de um lado, dão conta dos mecanismos operantes, de outro, contradizem – radicalmente e até mesmo por motivos sociais – os fenômenos, de tal maneira que, a partir destes, torna-se impossível sua crítica. Essa passa a ser de competência de uma teoria consequente ao pensamente ulterior e não das confrontações com enunciados protocolares (o que também não é assegurado por Popper). Deixam, então, de serem os fatos, na sociologia, a última coisa, aquilo em que o conhecimento encontra seus pontos de incidência, já que a própria sociedade neles intervém. Nem todos os enunciados são hipóteses; a teoria é a finalidade e não o meio da sociologia.

Seria conveniente estabelecer um paralelo entre a crítica e a intenção de contestar. A contestação, ou a intenção de negar, só alcança seus objetivos quando traz imanente uma crítica. Este, também, o ensinamento de *Hegel*, no segundo volume de sua obra sobre a lógica na qual figuram frases sobre "o juízo do conceito" das quais não se pode duvidar e que atingem o ponto mais alto, de tudo aquilo que já se falou sobre a matéria, como se fora, mais ou menos, um oráculo sobre os valores: "[...] os predicados bom, mau, verdadeiro, belo, justo etc., significam, num conceito geral, que algo está de acordo com o que foi apresentado como paradigma, como algo imaginado e coincidente, ou não com ele". Contudo, há de se convir que tudo pode ou não ser refutável; o ceticismo convém ao jogo da discussão. Dá testemunho de uma confiança na ciência organizada como instância de verdade, contra a qual a sociologia deveria colocar-se em guarda. Diante do *"thought control"* científico em cujas condições encontra-se enunciada a própria sociologia, seria importante que *Popper* atribuísse à categoria da crítica um lugar central. O impulso da crítica vem indiscutivelmente unido à resistência do que está em estreita conformidade com a opinião dominante. Também em *Popper* encontramos esse argumento. Em sua duodécima tese equipara, estritamente, objetividade científica e tradição crítica, essa tradição que "apesar de todas as resistências faz com que seja possível, frequentemente, criticar um dogma dominante". Apela, tal como *Dewey* num passado próximo e *Hegel* remotamente, a um pensamento não fixado, não codificado; um pensamento inseparável do momento em que é experimentado, porque não dizer lúdico. De qualquer forma, teria dúvidas em equipará-lo simplesmente ao conceito de ensaio, adotando o princípio básico do "*trial and error*". No clima em que este surgiu, a palavra ensaio tem sentido equívoco; se remete, de maneira plena e direta a associações científico-naturais e tem como alvo a autonomia de qualquer pensamento não sujeito a uma comprovação muito precisa. Mas alguns pensamentos e, em última instância, os essenciais fogem ao teste e ficam privados de um conteúdo de verdade mais concreto: também Popper concorda em aceitá-lo. É inegável que não existe experiência capaz de provar de maneira irrefutável a dependência de todos os fenômenos sociais em relação à totalidade, uma vez que o todo que antecede os fenômenos tangíveis jamais se apresentará tangível por meio de métodos particulares de ensaio. E, além do mais, a dependência do fato ou elemento social, submetido à observação, em relação à estrutura global tem validade muito mais real do que aqueles dados verificados −isoladamente − de maneira irrefutável, resumindo-se tudo a uma enlouquecida elucubração mental. Se, em última instância, não se quer confundir a sociologia com modelos das ciências naturais, é necessário que o conceito de ensaio abranja também esse pensamento, objeto de tantas experiências, sugestivo de um entendimento que vai além dela com o fim de compreendê-la. Diferente do que ocorre na psicologia, os ensaios em sentido estrito, os ensaios em si mesmos, pouco interagem na sociologia. Por mais que a filosofia idealista do passado tenha glorificado a especulação, o momento especulativo não é uma necessidade do conhecimento social, embora se tenha que admitir como inevitável sua existência. Há de se insistir na necessidade de nele se entremear a ideia de que crítica e solução são inseparáveis. As soluções só eventualmente são primárias, imediatas e provocam o amadurecimento da crítica, na medida em que a integram durante o desenvolvimento do processo cognoscitivo; porém, têm vezes que acontece o contrário, a crítica toma corpo e se impregna de tal forma que acaba por envolver a solução, fora do processo de conhecimento. Nesse ponto, *Popper*, apesar do pouco amor que devota a *Hegel* dele se aproxima ao mencionar o conceito filosó-fico da negação determinada, ou seja, ao identificar objetividade da ciência e o método crítico, transforma este num órgão da verdade. Hoje, nenhum dialético pediria mais.

Diante disso tudo, posso extrair uma consequência sobre a qual não se fala na proposta de Popper e a qual não sei se poderia assumir: sob seu ponto de vista seria possível atribuir-lhe, num sentido nada kantiano o qualificativo de criticista? Se interpretada a dependência do método em reação à coisa com o mesmo rigor implícito em algumas proposições *popperianas*, como a da relevância e o interesse tidos como padrões da medida do conhecimento social, não seria possível ao trabalho crítico da sociologia limitar-se à autocrítica, à reflexão sobre seus enunciados, teo-remas, métodos e aparatos conceituais. Há de se colocar a crítica objetiva da qual dependem todos esses momentos no lado subjetivo, naquele dos sujeitos vinculados à ciência organizada. Por mais instrumentalmente que sejam definidos os momentos metodológicos, sua adequação ao objeto é sempre exigida, mesmo que o seja de forma velada. Os métodos só são improdutivos quando falta a adequação de que se falou. A coisa deve gravitar com todo seu peso no método e nele ostentar sua vigência, caso contrário, nem o método mais depurado restará eficiente; isso não sig-nifica, porém, que a complexidade da teoria deva se sobrepor à da coisa. Quando a crítica das categorias sociológicas se reduz à crítica do método e quando a discrepância entre conceito e coisa se produz a custa de algo que não é o que pretende ser, somente o conteúdo do teorema sujeito à crítica poderá servir de base na decisão de tal questão. A via crítica não é meramente formal, mas também material; se seus conceitos hão de ser verdadeiros, uma sociologia crítica não pode ser, por força – e de acordo com sua própria ideia –, senão crítica da sociedade, como bem argumentou *Horkheimer* em seu ensaio sobre a teoria tradicional e a crítica.[84] Tam-bém neste texto se apreende algumas das ideias do criticismo kantiano. Ao se manifestar contrário aos enunciados científicos acerca de Deus, da liberdade e da imortalidade, fica patente sua oposição a uma situação, na qual se procurava salvar estas ideias, uma vez que já não mais imperava

---

[84] V. Max Horkheimer. *Tradicionelle und kritische Theorie* (HORKHEIMER, Max. *Teoria tradicio-nal e Teoria Crítica*. In: HORKHEIMER, M.; BENJAMIN, W.; ADORNO, T. W; HABERMAS, J. *Textos escolhidos*. São Paulo: Abril Cultural, 1980), reeditado por Alfred Schimidt na recom-pilação: *Kritische Theorie*, 2 volumes, Frankfurt: S. Fischer, Maio 1968, volume II, p. 137. (N. T.)

a hegemonia teológica diante do ingresso na racionalidade. O criticismo significava um alto grau de ilustração em marcha; ao seu lado, porém, um desejo crítico detido às portas da realidade e limitado ao trabalho sobre si mesmo, dificilmente representaria um progresso em relação àquele conhecimento. Na medida em que cerceia seus motivos, deveria consumir-se em si mesmo, como tão, contundentemente, evidencia qualquer comparação da *"administrative research"* com a teoria crítica da sociedade. Já seria hora da sociologia se opor a essa ameaça entrincheirada atrás do método intangível. O conhecimento, frise-se, vive da relação com algo diferente dele mesmo, algo que não é ele, e essa relação que se estabelece e ocorre de maneira meramente indireta, numa estrita crítica autorreflexiva que não satisfaz aos seus propósitos, necessário seria sua conversão em crítica do objeto sociológico. Assim, acontece, por exemplo, quando a ciência social – e não me refiro, no momento, ao conteúdo de tais proposições – elabora, de um lado, um conceito de sociedade liberal que tem como características a liberdade e a igualdade, e de outro, anula radicalmente o conteúdo de verdade dessas categorias no âmbito do liberalismo dada a desigualdade existente no poder social – esse poder que determina as relações entre os homens –, não estamos entre estas ou aquelas contradições lógicas, passíveis de serem eliminadas por definições mais corretas, ou diante de algumas limitações ulteriores ou distinções empíricas de uma definição inicial, mas sim, ante uma constituição estrutural da sociedade enquanto tal. Neste caso, a crítica não pode consistir em mera reformulação de enunciados contraditórios, com o espírito de recuperação da conformidade e harmonia do complexo científico. Na medida em que se desloca os centros de gravidade verdadeiros, este logicismo pode resultar errôneo; ou melhor, o que pretendo acrescentar é que essa alteração afeta, ao mesmo tempo, aos meios conceituais do conhecimento sociológico. Uma teoria crítica da sociedade acaba por desconstituir a permanente autocrítica do conhecimento sociológico. Limito-me a recordar o que ficou dito acerca da ingênua confiança sustentada na ciência social organizada como garantia da verdade.

Tudo isso pressupõe, desde logo, a distinção entre verdade e não verdade, à qual *Popper* se atém com tanto rigor. Como crítico do relativismo cético, polemiza contra a sociologia do conhecimento – e especialmente contra as de inspiração de Pareto de Mannhein – com tal energia, como eu mesmo o fiz diversas vezes. Porém, não há como a teoria clássica das ideologias, se assim pode ser chamada, assimilar o já mencionado conceito total de ideologia e a pulverização da diferença entre o verdadeiro e o não verdadeiro. Antes se aproxima, na realidade, do intento de privar aquela teoria de toda sua força, neutralizando e convertendo-a em mais um ramo do negócio da ciência. Em outros tempos, a ideologia podia ser representada pela aparência socialmente necessária. A crítica da ideologia estava vinculada à prova concreta da falsidade de um teorema ou de uma doutrina; como afirmava *Mannhein*, uma simples suspeita não era suficiente. *Marx* ironizou ao considerá-la, de acordo com o espírito de *Hegel* como uma negociação abstrata. Tampouco a redução das ideologias à necessidade social mitigou qualquer juízo sobre sua falsidade; sua derivação a partir de leis estruturais, como a do caráter fetichista do comércio, tinha a finalidade de subordiná-la à medida padrão da objetividade, o que também foi ressaltado por *Popper*. O difundido discurso sobre superestrutura e infraestrutura vem a lhe impor um caráter trivial; conquanto a sociologia do conhecimento – mitigadora da diferença entre consciência falsa e consciência autêntica – esteja voltada à objetividade científica, isso não significa uma forma de progresso, na realidade, o que se percebe é a submissão, em virtude daquela mesma mitigação da qual se falou, ao conceito de ciência, tal com entendida por *Marx*, de forma totalmente objetiva. Unicamente através de frivolidades e neologismos, como o do perspectivismo, e não por meio de determinações objetivas, pode-se distanciar o conceito total de ideologia do relativismo vulgar e fraseológico das visões do mundo. Neste ponto, o declarado ou tácito subjetivismo da sociologia do conhecimento, tão insistentemente denunciado com razão por *Popper*, coincide com o trabalho científico concreto, e cuja crítica grande parte da filosofia concorda. Este jamais se deixou confundir, seriamente, pela cláusula geral da relatividade de todo o conhecimento humano. Quando *Popper* critica a aproximação da objetividade da ciência com a objetividade científica, não leva em conta o conceito de ideologia adulterado na sua formulação total, mas a versão autêntica dele mesmo. Este incide na determinação objetiva – independentemente dos sujeitos individuais e de sua situação já tantas vezes mencionada – da falsa consciência, apreensível mediante uma adequada análise da estrutura social; uma ideia bastante retrógrada; desde *Helvetius* para não dizer desde *Bacon*. Popper não concorda com as ideias e com a psicologia dos pensadores, que embora tivessem tentado, não obtiveram êxito em reter, firmemente, a certeza alcançada, em outros tempos, da desfiguração objetiva da verdade. Abreviando: estou de acordo com a crítica feita à sociologia do conhecimento na forma emitida por *Popper*, e, certamente, abonada pela prestigiada teoria das ideologias.

O problema da objetividade das ciências sociais se relacionava, em *Popper*, da mesma forma como outrora constou do famoso ensaio de *Max Weber*, com o da neutralidade valorativa (*Wertfreiheit*). Não se duvide que essa categoria – tão dogmatizada, entretanto – extremamente compatível com o negócio pragmático da ciência deve ser reelaborada. A cisão entre objetividade e valor não é tão categórica como lemos em *Max Weber*, porém muito bem qualificada, mais do que se poderia esperar de seu grito de guerra. *Popper* considera que a imposição de uma incondicional neutralidade valorativa é paradoxal, na medida em que tanto a objetividade científica como a própria neutralidade valorativa são, por sua vez, valores; essa constatação, contudo, não é tão importante como *Popper* crê. Também dela poder-se-ia extrair consequências teórico-científicas. *Popper* assinala a impossibilidade de proibir ou anular ao cientista suas valorações sem anulá-lo como homem e também com cientista. Com isso, pode-se dizer não obstante, algo que não é exclusivamente prático-cognitivo: "anulá-lo como cientista" envolve um conceito objetivo de ciência enquanto tal. A separação entre a conduta valorativa e não valorativa é falsa, na medida em que o valor, e com ele a neutralidade valorativa, são objetivações (coisificações); é justa, na medida em que o proceder do espírito não pode evadir-se da vontade do estado da objetivação (coisificação). O chamado problema dos valores apenas se constitui numa fase na qual os fins e os meios são, em razão de um domínio total da natureza separados uns dos outros; na racionalidade o meio avança ao lado da irracionalidade dos fins, mitigada ou, mesmo, crescente. Em *Kant e Hegel* ainda não encontramos o conceito de valor, um conceito que tenha lugar na economia política. Até mesmo *Lotze* não faz uma classificação de natureza na terminologia filosófica; a distinção kantiana entre dignidade e preço na razão prática não seria compatível com ele. O conceito de valor que se cristalizou na relação cambial é de um ser para outro. Numa sociedade em que tudo se transformou assim, algo tangível – o repúdio da verdade constatado por *Popper* revela o mesmo estado de coisas–, este "para outro" se converteu, se transformou em um "em si", em algo substancial e como tal em algo não verdadeiro; em consequência, algo bastante adequado para que o vazio perceptível acabe sendo preenchido de acordo com os interesses dominantes.

O que for posteriormente sancionado como valor não adéqua à coisa não está a ela atrelada, não lhe é imanente. Pode-se dizer que a coisa, o objeto do conhecimento sociológico, é algo que não está sujeito à imperatividade, algo que simplesmente existe e que só toma corpo mediante cortes da abstração; encontra-se de tal forma difusa no céu das ideias como estão os valores situados num "mais além". O juízo sobre uma coisa, embora exija, sem dúvida, uma espontaneidade subjetiva é traçado pela própria coisa e não se esgota numa irracional decisão subjetiva, como *Weber* parece imaginar. Tal juízo é, em linguagem filosófica, um juízo da coisa sobre si mesma, isolada de qualquer condição, embora entre, em sua constituição, tudo o que está relacionado com ela, sem que isso represente algo imediatamente dado, sem ser facticidade; com a frase "a coisa deve ser medida segundo seu próprio conceito" se resume o exposto. Daí então pensar-se que o problema dos valores, lastro da sociologia e de outras disciplinas, está em sua totalidade, mal explicado. Supor que uma sociedade cuja consciência científica prescinde de valores que não atende tão bem aos seus objetivos, quanto outra, dirigida por valores mais ou menos decretados e estatuídos arbitrariamente é uma alternativa que nos remete a antinomias. Nem mesmo o positivismo pôde fugir a tal assertiva; mesmo *Durkheim*, cujo *"chosisme"* superava, por certo, o gosto pelo positivismo do próprio Weber — cujo *"thema probandum"*, não há como esquecer, pertencia à sociologia da religião –, aceitava a neutralidade valorativa. *Popper* aceita a antinomia desde que, por um lado, se afaste a cisão entre valor e conhecimento e, por outro, propõe uma autorreflexão do conhecimento feita de maneira consciente em relação aos valores nele implícitos; isso significa: não se admite o falseamento de seu conteúdo de verdade a fim de demonstrar algo. Ambos os desideratos são legítimos; seria necessário, simplesmente, assumir na sociologia a consciência de sua antinomia. A dicotomia entre o ser e o dever é tão falsa como historicamente valorativa, daí ser inviável, simplesmente, ignorá-la; sua força de penetração torna-se aparente por meio das armas da crítica social. A bem dizer da verdade, um comportamento totalmente neutro no que diz respeito a valores, é impossível, não só psicologicamente como também de forma objetivada. A sociedade que, em última análise, é o objeto da sociologia, se não quiser se transformar em algo meramente técnico há de se submeter a um conceito de sociedade cabal a fim de ser considerada uma sociedade justa. Essa sociedade cabal não se contrasta com a sociedade existente, como se representasse um valor acrescentado por via abstrata, pois resulta da crítica, isto é, surge da consciência das condições e necessidades da própria sociedade. Quando *Popper* diz: "Ainda que jamais possamos justificar racionalmente nossas teorias e nem sequer possamos revelá-las como prováveis, sempre poderemos submetê-las à crítica racional" está afirmando algo que vale, não só para a sociedade, como também para as teorias que versam sobre ela. Donde se deduz um estilo que não se prende nem a uma neutralidade valorativa, capaz de toldar o interesse essencial da sociologia nem se deixa levar por um dogmatismo valorativo abstrato e estático.

Popper detecta o latente subjetivismo dessa sociologia do conhecimento destituída de valores que muito se ufana de sua científica carência de prejuízos. Via de consequência, em razão dessa afirmação, ataca o psicologismo sociológico. Concordo com ele neste ponto, e, aqui, me permito fazer alusão ao trabalho que publiquei: *Homenagem a Horkheim*, no qual me ocupo da descontinuidade existente entre essas duas disciplinas, que podem ser incluídas, em conjunto, sob o rótulo geral de ciências humanas. Os motivos, contudo, relacionados tanto a uma como a outra, e que nos levam a igual conclusão são diferentes. A separação entre o homem e o entorno social, a meu ver, não pode ser excessivamente tópica, orientada em demasia pelo antigo mapa das ciências, de maneira definitiva, hipóteses afastadas energicamente por *Popper*. Os sujeitos, enquanto objeto de investigação pela psicologia, não se sujeitam, simplesmente, à sociedade como é considerada, mas por ela são profundamente configurados. Assim, o substrato de um homem em si mesmo, que tivesse enfrentado o mundo – tal como revivido pelo existencialismo – não se constituiria senão em uma abstração vazia. O entorno social, efetivo por sua vez, é produzido de forma direta e irreconhecível – se assim se quiser dizer –, por homens, pela sociedade organizada. A psicologia, não obstante, não deve ser considerada como uma peça básica das ciências sociais. A esse respeito, convém recordar que as formas de socialização – o que na linguagem angloxação se costuma chamar de instituições –, se automatizaram, em virtude de sua própria dinâmica a tal ponto, em relação aos homens vivos e à sua pscologia, que acabaram por se opor a estes, como algo tão alheio e, ao mesmo tempo, tão presente, que a redução a comportamentos humanos primários, efetuada pela psicologia através de seus estudos, nem sequer alcança aos "*behavior pattens*" típicos e de plausível generalização, aos processos sociais que se desenvolvem acima das cabeças dos homens. De todo o modo, diante da proeminência com que a psicologia vê a sociedade, eu não me sentiria à vontade para deduzir a existência de uma independência entre ambas, como ressalta *Popper.* A sociedade é representada por um processo cíclico, no qual os homens são abrangidos, guiados e configurados pela sua objetividade e, num movimento inverso, passam a exercer influência sobre ela; a psicologia se decompõe de maneira tão escassa na sociologia como o indivíduo, na espécie biológica, em sua história natural. Não há dúvida de que o fascismo não pode ser explicado tão somente com razões de ordem pscológico-socias, nem seria essa a intenção, diferente do que foi dito por aqueles que mal entendiam da matéria, da *"Authoritarian Personality"*; porém se o caráter vinculado à autoridade e dela necessariamente dependente não tivesse sido tão estendido – por motivos sociológicos não menos evidentes – o fascismo, dificilmente, teria encontrado nas massas a base necessária para se estabelecer no poder em uma sociedade como a da democracia de Weimar. Os processos sociais não são autônomos em si, antes se baseiam na coisificação; Igualmente os processos alienados em relação aos homens são desumanos[...] Eis aí porque se pode dizer que a fronteira entre ambas as ciências não se apresenta de maneira absoluta como a existente entre sociologia e economia, ou entre sociologia e história. A visão da sociedade como um todo não deixa de implicar, assim mesmo, na necessidade de que todos os momentos efetivos da sua totalidade devem estar presentes no conhecimento sem qualquer possibilidade de redução uns pelos aos outros; não porque se deixar aterrorizar pela divisão científica do trabalho. A preeminência do social sobre o humano-individual se explica a partir da coisa (do objeto), da impotência do indivíduo em relação à sociedade, que para *Durkheim* se constituía, precisamente, no critério dos *"faits sociaux".* Contudo, a autorreflexão da sociologia também deve estar precavida e vigilante quando se refere à herança histórico-científica, que leva, às vezes, a exagerar a autonomia das ciências mais jovens que na Europa, todavia, não são aceitas com igualdade de direitos pela *"universitas literarum".*

Senhoras e senhores, na correspondência que mantive com *Popper* antes da formulação de minha exposição, definiu ele a diversidade de nossas posições nos seguintes termos: em sua opinião, vivemos no melhor dos mundos jamais existentes – eu, ao contrário, me nego a acreditar nisso. Sem dúvida, no que toca a ele, creio ter exagerado um pouco, com a finalidade de dar melhor efeito à discussão. Estabelecer diferenças quanto à maldade de sociedades de outras épocas não deixa de ser algo precário; é muito difícil, para mim, aceitar que tenha havido algo pior do que tornou possível Auschwitz, e quanto a isso *Popper* mostrou indiscutível fidelidade na sua descrição; no entanto, as diferenças hão de ser, para mim decisiva e não baseadas em pontos de vista: ambos poderíamos ter pontos de vista que sustentem igual postura negativa quanto à filosofia e também no que se refere à sociologia. A experiência do caráter contraditório da realidade social não pode ser considerada entre outros, como ponto de partida posto que é a razão constituinte da própria sociologia. Somente aquele que for capaz de imaginar uma sociedade diferente da que hoje existe poderá entendê-la como um problema; unicamente em virtude daquilo que não é que se tornará patente àquilo que é; e esta haverá de ser, sem dúvida, a matéria da sociologia, como também de seus projetos, que não se pretende manter discussões sobre os fins da administração pública e privada. Alguém poderá argumentar que na sociologia, como uma ciência particular, não cabe o estudo da sociedade. O projeto da nova disciplina vem sustentado por *Comte* diante do desejo de proteger as tendências produtivas de sua época – o desencadeamento das forças produtivas – do potencial destruidor que já então estava desabrochando. O certo é que, apesar do tempo transcorrido, a situação em nada mudou, não se produziu mudança substancial alguma em relação à sociologia, agravando ainda mais tal situação cabendo à sociologia render-se a esta evidência. O arquipositivista *Comte* estava perfeitamente consciente deste caráter antagônico da sociedade – em sua opinião, realmente, decisivo – o qual, com a reformulação posterior, o positivismo, tentou anular ou escamotear, como se fora uma simples especulação metafísica. Deu-se lugar, então, às extravagâncias de sua fase tardia que fizeram com que se notasse, intensamente, o quanto a realidade social se importou com as pretensões daqueles cuja profissão era, precisamente, apurar o conhecimento da sociedade. Acontece que a crise que parecia não ter afetado a sociologia já não se apresenta como sendo tão somente da burguesia, mas antes, uma crise que passa a ameaçar, literalmente, a subsistência da sociedade inteira. Face à incrível prepotência das circunstâncias, agora evidente em toda sua nudez, a esperança, alentada por *Comte* de ver na sociologia a possibilidade de guiar o poder social, mostra-se ingênua – a não ser que, desde logo, pudessem os poderes totalitários ter acesso a planos e projetos. Ao renunciar a uma teoria crítica da sociedade, a sociologia adota uma postura de resignação: não há valor para pensar o todo, porque se duvida do poder de transformá-lo. Daí que se a sociologia aceitasse reduzir-se exclusivamente ao conhecimento de *"facts"* e *"figures"* em benefício do estabelecido, tal progresso na carência da liberdade acabaria por amesquinhar-se, condenando essas investigações à irrelevância, inclusive àquelas responsáveis pela ilusão de poder triunfar sobre a teoria. A proposta de *Popper* acaba com a citação de Jenófanes, sintoma indubitável de que a separação entre filosofia e sociologia, que hoje tanto auxilia a tranquilizar as almas, o satisfaz tanto como a mim. Porém, Jenófanes era, apesar da ontologia eleática, um ilustrado; não sem razão já nele encontramos a ideia rastreada em *Anatole France* – de acordo com a qual se uma espécie de animal pudesse representar uma divindade o faria com sua própria imagem. Esse tipo de crítica é tradicional na ilustração europeia desde a Antiguidade. Sua herança alcançou com força, chegando até a atualidade, à ciência social. Aponta para a desmitologização que não é, como desde logo se percebe, nenhum conceito teórico, nem equivale, tampouco, a uma cega iconoclastia que, ao acabar com a distinção entre o verdadeiro e o falso, destrói, também, o abismo entre o cabal e o falso. Em sua luta contra a magia, a ilustração se propõe – em virtude de sua própria essência – liberar os homens de todo o encantamento, ontem dos demônios, e hoje, daquele que as relações humanas fazem recair sobre eles. Uma ilustração que se esquece disso e que não se interessa em remover de seu lugar o velho encantamento, exaurindo-se na elaboração de aparatos conceituais manejáveis, inclusive esse conceito de verdade que *Popper* opõe à sociologia do conhecimento, comete sabotagem contra si mesma. No conceito enfático da verdade está compreendida, também, mesmo que pouco se possa expor, a cabal disposição da sociedade como uma imagem do futuro. A *"reductio ad hominem"*, na qual toda a ilustração crítica encontra inspiração e constituía-se em um núcleo de acesso para esses homens numa sociedade dona de si mesma. Na atual sociedade, ao contrário, seu único índice é o socialmente não verdadeiro.

{ IV }

Anotações à Discussão das Propostas de Karl R. Popper e T. W. Adorno

Ralf Dahrendorf

Tradução de Simone Castro e Wilson de Azevedo Marques

1.

O TEMA DAS principais conferências – "La Lógica de las Ciencias Sociales" – foi determinado, com uma intenção bem precisa, pelos organizadores do Congresso da Sociedade Alemã de Sociologia, celebrado em Tubingen. Não é segredo algum que entre os professores universitários alemães de Sociologia da geração atual medeiam diferenças muito marcantes na orientação das investigações, e não só isso, mas também na posição teórica inclusa na disposição básica da ordem moral e política. O fundamento das discussões dos últimos anos veio por um momento a pensar-se que a elucidação dos fundamentos lógico-científicos da sociologia poderia ser um caminho adequado para iluminar as diferenças existentes, coadjuvando, assim, que a investigação resultara mais frutífera. O congresso de Tubingen não confirmou essa suposição. Embora ainda que tanto os conferencistas como os componentes não hesitaram em tomar uma posição clara e conclusiva nas suas respectivas dissertações, perdeu-se a faltar no conjunto da discussão à intensidade que coube esperar dadas as diferenças nas concepções realmente existentes. A maioria das contribuições para discussão se mantiveram, de outra parte, tanto fortemente moderado ao estrito âmbito do tema, que as posições morais e políticas subjacentes não chegaram a ser, de modo algum, expressadas com a clareza necessária. O resultado da discussão pode cifrar-se, por conseguinte, preferencialmente numa certa clarificação das concepções de ambos os conferencistas, ou, ao menos, num aumento da precisão de seus contornos. Daí que está figurando no centro de qualquer possibilidade, informando sobre a discussão.

2.

Alguns dos participantes da discussão lamentaram-se sobre a escassa tensão existente entre os dois trabalhos principais e entre os conferencistas. Na verdade, poderia, às vezes, parecer que Popper e o senhor Adorno estavam de acordo sobre os limites surpreendentes. E, ainda, a ironia de semelhantes coincidências apenas pôde passar despercebidas a quantos souberam escutar com mediana atenção. Na discussão, salientou-se à luz de algumas ilustrações acerca do quanto em comum teriam ambos os oradores em formulações por detrás das que faziam profundas diferenças em uma coisa.

Popper e Adorno coincidiam assim por completo em que o intento de separar rigidamente a sociologia da filosofia não poderiam comportar senão prejuízo para ambas. Adorno articula energicamente: "Para traçar a linha de demarcação tal e como uma e outra vez se nos vier propondo *ad nauseam*, esta acabaria convertendo-se e perdoa-me, em uma tumba em que desapareceria o interesse essencial de ambas as disciplinas. No entanto, sobre o limite entre essas disciplinas poderia e deveria ser dito e pensado, nenhum dos oradores veio prudentemente decidir nada. Georg-Heirich Weippert chama, de todo o modo, a atenção, acerca da extraordinária diferença existente nos conceitos de filosofia sustentados pelos dois oradores.

Não menos superficial era, sem dúvida, a coincidência dos oradores na predileção pela categoria da crítica que o que versou a intervenção de Pedro Ludz na discussão. A crítica (ou mais exatamente a teoria crítica da sociedade) vem a mentir, segundo Adorno, no desenvolvimento das contradições da sociedade mediante o conhecimento das mesmas. Não é fácil resistir à tentação de investigar a raiz deste conceito de teoria crítica completamente dogmática, em sentido Kantiano ao menos, tendo em conta a possibilidade da crítica da esquerda hegeliana. Em Popper, pelo contrário, a categoria da crítica está vazia, por completo, de conteúdo, não cabe ver nela senão um puro mecanismo para a confirmação provisional de enunciados muito gerais das ciências: não podemos fundamentar nossos acertos, somente podemos submetê-los à crítica.

Os pontos em comum e as diferenças nas concepções lógicas científicas dos conferencistas ressaltam com especial cuidado o problema da divisão entre ciência, natureza e ciência do espírito. Ambos, Popper e Adorno, apenas pareciam inclinados a aferrar-se ilimitadamente a ela. Na argumentação, subtraíam, não obstante, aspectos muito distintos. Popper sustentava na crença de que a diferença tradicional descansa, na pouca medida, em um erro conceitual das ciências da natureza.

Uma vez corrigido o erro, veria como todas as ciências são teoréticas, a saber, somente submeter declarações gerais. As diferenças entre os domínios e outros da ciência não poderiam ser, pois, se não graduais, e históricas, a saber, diferenças principalmente superadas.

Adorno vem nos chamar a atenção, sobre uma diferença metodológica de ordem muito distinta, a que não considera essencial, desde logo, porém se não superada, na medida em que venha determinada pelo objeto: "Nas ciências naturais temos fundamentalmente trabalhado com materiais não mediados, ou seja, com materiais que não cabe pensar que estão já executados humanamente e, em consequência, eminentemente não qualificados, de tal modo que a ciência natural prefere assim, não deseja em maior liberdade para eleger nosso sistema categorial do que ocorre na sociologia, cujo objeto já vem amplamente determinado, que é esse mesmo objeto o que nos impõe o aparato categorial".

Nestas formulações se faz evidente a diferença fundamental entre as expectativas e as aspirações cognitivas de Popper e Adorno que informa a discussão inteira e sobre a que, influenciando em sua base, Há ainda que retornar. No entanto, Adorno considera possível reproduzir a realidade mesma no processo de conhecimento e, em consequência, reconhecer e utilizar um aparato categorial inerente ao objeto, para Popper o conhecimento vem a consistir sempre em um problemático intento de apreensão da realidade imponente as mesmas categorias e, sobretudo, teorias. Cabe citar aqui os nomes de Kant e Hegel.

3.

Temporalmente e materialmente, contudo, a discussão não foi dominada por Popper nem por Adorno, senão, por um terceiro homem invocado por quase todos de quem participará com ela, e frente a que ambos os oradores não desejam mostrar, de todo o modo, amplamente coincidentes. Por seus amigos e inimigos, esse terceiro homem foi batizado de diversas maneiras: método positivo, positivismo no metafísico, empirismo, investigação empírica etc. Já antes da discussão foi censurado por Eduard Baumgarten o que Emerich Francis desenvolveu explicitamente e Weippert e outros não desejaram também fazer apontamentos: que em ambos os oradores se havia falado, na realidade, demasiado pouco dos problemas metodológicos de uma disciplina que ao menos em seu tráfico quotidiano estava preferentemente dedicado as investigações empíricas. Tal e como Weippert formulou, de cara a Popper, à questão cabe, sem dúvida, e estenderia a ambos os oradores: frente aos representantes da investigação empírica um e outro participante de um conceito de empíria extraordinariamente estreito e um conceito da teoria extraordinariamente amplo.

Para ambos a ciência funciona em (pouca) grande medida, em declarações/enunciados gerais e teorias, no entanto, que a experiência sistemática atribuí a ela um papel limitado como corretivo e como instrumento de contradição. Entre os participantes da discussão foi, neste sentido, incluso [...] na disciplina.

Frente a semelhantes objeções, tanto Popper como Adorno adotaram uma posição rigorosamente metodológica. Ambos se autoqualificarão, usando a linguagem de Popper como negativistas, na medida em que colocou a tarefa empírica na correção crítica.

Por outro lado, não desejam subtrair uma e outra vez o primado da teoria da ciência. Para Popper esse primado se desprende da única vinculação existente entre teoria e experiência no "método hipotético dedutivo" da ciência pelo desenvolvimento em suas obras e que em sua fala da como suposto: não há observação sem hipóteses. A indução é a falsa tese segundo a qual pode partir-se da observação. Não há indução. A relação entre teoria e investigação empírica é, em Adorno, algo mais complicado: não creio que possa sortear-se a divergência entre o conceito de uma teoria crítica da sociedade que levanta sem trégua a uma investigação empírica uma enorme cantidata de questões que está mantendo-se, exclusivamente, a si mesma, jamais poderia cristalizar-se. Tampouco aqui deseja univocamente, de todo o modo, o primado da teoria.

Ainda que o rigorismo de tal conceito seja logicamente brilhante, será preciso objetar-se que a partir dela não cabe dar resposta a todas as questões levantadas pelo tráfico da ciência. A pergunta de Weippert sobre o processo concreto da investigação fica de acordo com todo esse enfoque, tem sim resposta como os interrogantes de Rosenmayr em torno a uma possível e necessária determinação unívoca do conceito de teoria e a ideia de acumulação teórica. Em uma determinação medianamente generosa o proceder científico não cabia ignorar, por exemplo, que entre as tarefas da investigação empírica não figura somente a de ajudar a contrastar as teorias: a de estimular é importante e também a de sistemática obtenção e mediação de informação. De todo o modo, ambos os oradores têm subtraído, não sem razão, uma e outra vez que semelhantes tarefas da investigação empírica em modo algum podem fundamentar um conceito de sociologia como ciência. Em sua intenção a sociologia segue sendo teoréticas, por muito que o tráfico da investigação seja eminentemente empírico.

4.

Nas diversas contribuições das discussões que foram se reproduzindo fizeram ato de presença diversos motivos secundários, dos quais alguns nem sequer vieram a ser citados, no entanto, outros não desejaram atrair a atenção repetidas vezes. Figura, entre eles, a problemática da enciclopédia das ciências sociais, a coordenação dos diversos métodos do conhecimento científico-social, especialmente do método comparativo (Weippert), o problema da justificação das observações de Popper acerca das trocas ocorridas na relação entre sociologia e etnologia. Entre esses motivos secundários, figura, porém, um que quebrou tantas vezes e tão obviamente despertou um interesse tão evidente que obrigou a sospechar que constitue uma das questões chave da sociologia alemã e, em todo caso, um objeto verdadeiramente necessário da discussão em si mesma: o problema dos juízos de valor. Uma série de oradores, entre eles, os senhores Holfmann, Mulmann, Rosenmary e Weippert, pediram uma nova consideração do conceito de neutralidade valorativa, ou seja, a perseguição e profundação da disputa dos juízos de valor dos anos anteriores da Primeira Guerra Mundial. Em suas observações finais, os oradores apenas se referiram a essa petição.

Pode, inclusive, salos a impressão de que nem Popper nem Adorno lhes parecem tao urgente e imperiosa a questão dos juízos de valor como alguns dos participantes da discussão. Na medida em que pudesse ocorrer assim, ambos os oradores contornaram a um dos problemas mais declaradamente indesculpável para o resto dos congressistas.

Pode, inclusive, que uma elucidação da ética e da investigação e da teoria científico-social resulte mais adequada para iluminar e especificar as concepções básicas que hoje se contrapõem na sociedade alemã do que pode ser a da lógica da investigação. Têm transcorrido 50 anos e as frentes até mesmo interrompidas, e ainda, a disputa sobre os juízos de valores parecem ter perdido pouco de sua explosão no campo da sociologia alemã.

5.

Já em sua primeira intervenção na discussão Adorno caracterizou a relação existente entre seus reflexos e as de Popper insistindo em que o que está em jogo não é uma mera diferença de ponto de vista, senão algumas contradições perfeitamente decididas ou delimitadas. Quem teve a oportunidade de seguir a discussão, porém, não pôde ao menos se perguntar, de maneira cada vez mais decidida, se não seria, mas é bem verdade o primeiro e falso o segundo. Ao ser considerada como mero ponto de vista excludentes, portanto, de toda autêntica discussão e argumentação são qualificadas com insuficiência excessiva, sem dúvida, as posições dos conferencistas. As diferenças não são, por outra parte, verdadeiramente profundas na ordem do conteúdo tão somente, senão também na natureza da argumentação, de tal modo que é preciso por em tela de juízo que Popper e Adorno lhes foram dado a legar sequer um acordo acerca do procedimento adequado para o conhecimento e delimitação das diferenças que se erguem entre ambos. Sobretudo ao final da discussão veio outra vez à luz, com enorme clareza, as diferenças em questão. O relacionamento entre conferencista e correlator quase teve de ser invertida neste ponto quando, em resposta a uma pergunta de Ludz, Adorno procedeu de maneira tão clara como aberta, os princípios políticos de sua concepção da teoria sociológica, dando assim pé ao que Popper perguntará, a sua vez, muito polemicamente e em categorias políticas, as bases de sua concepção lógico-científica. Essa disputa final dos conferencistas é suficiente importante para justificar uma citação mais extensa que o usual.

A reprovação de Ludz de haver recaído, em sua teoria crítica da sociedade, "por detrás de Marx", Adorno começou a opor-se ao seguinte: "a realidade social se há transformado de tal maneira que caso seja obrigado a retroceder ao ponto de vista tão criticado por Marx e Engels, da esquerda hegeliana, e isto é assim, em primeiro lugar, porque a teoria desenvolvida por Marx e Engels tinha acabado por adotar, a sua vez, uma fisionomia totalmente dogmática, e, em segundo lugar, porque nesta forma da teoria, dogmatizada e paralisada, a ideia da transformação do mundo tem se convertido em uma frágil ideologia, que serve inclusive para justificar as práxis opressivas dos seres humanos.

Em terceiro lugar, e este é, possivelmente, o motivo mais sério, porque a ideia de que em virtude de a teoria, e mediante a expressão da mesma, cabe alegar aos homens e incitá-los à ação, resultado, hoje, duplamente impossível, dado que os homens, em sua constituição atual, já não desejam predispor de modo algum pela teoria, e dado, assim mesmo, que a realidade, em sua fisionomia dela mesma a que estamos assistindo, excluí a possibilidade de ações do tipo das de Marx lhe pareciam iminentes de um dia para outro. De maneira, pois, que atuar hoje como se pudera transformar o mundo amanhã, não se conseguiria outra coisa que ser um mentiroso.

Popper qualificou esse estado de espírito cético de "pessimismo", um pessimismo surgido necessariamente da decepção ante o fracasso de algumas esperanças utópicas ou revolucionárias com certa hipertrofia.

Quem, pelo contrário, aspira ao menos e se conforma com pequenos progressos, como ir num passo a passo, poderá ser qualificado, sem dúvida, como ocorre com ele, um otimista. "Sou um velho ilustrado e liberal, e,o liberalismo em Alemão. O dualismo entre ser e dever ser, tão necessário para o progresso do mundo, desapareceu na ilustração pós-hegeliana, e na vinda, no entanto, contendo o suposto básico para uma ação com sentido. A presunção de possuir um saber tão desmesurado sobre o mundo é falso. Não sabemos nada e, em consequência, não teremos mais remédio que ser modesto; e porque somos modestos somos otimistas.

Unicamente neste ponto avançado da discussão se acende a luz acerca dessa profunda inter-relação de base que havia julgado um papel tão importante na eleição do tema. Refiro-me à íntima relação existente entre certas ideias acerca da tarefa da sociologia, certas posições epistemológicas e lógico científicas e certos princípios morais de relevância política. Por outra parte, tampouco emergiram todas as síndromes de concepção científica e de posição política representados na sociologia alema.

Que a discussão dos conferencistas entre Popper e Adorno tinha deixado abertas muitas questões e também tão trivial que caso não vale a pena sem dizer.

E, contudo, insistir aqui que não deixa de ter certo sentido. A discussão de Tubingen deixou muitos deles que intervieram nela com um vivo sentimento de decepção. O qual obriga a surgir o problema de que é o que faltou na discussão para que pudesse cristalizar tal sentimento, um problema ainda mais agravado pelo fato do que frutífero de ambos os conferencistas que se encontra fora de toda dúvida.

Em certo modo a resposta a essa questão tem sido já insinuada de maneiras diversas. Contrariamente às expectativas dos organizadores, o tema não se revelou como o mais apropriado para expor as controvérsias que em muitas das discussões que entre si mantém os sociológicos alemães, figuram mais ou menos tacitamente, latente e se revelam. Outro motivo da decepção tem, sem dúvida, de cifrar-se o fato de que a discussão não leva à precisão de posições lógico-científicas. Do tipo geral, é decidir, em detalhadas análises paradigmáticas de tais ou quais teorias, por exemplo, ou a enérgica determinação da relação entre teoria e empíria, de construção, análise e investigação factual.

A referência a problemas sociológicos específicos e também, quem sabe, aos problemas quentes dos práticos da investigação social ali presentes foi, do principio ao fim, *harto laxa*, o que, desde logo, não facilitou a participação intensiva na discussão. Ao analisar esses argumentos não se deve esquecer, é claro, que apenas alguns desses, por suposto, somente alguns dos presentes mostram-se propícios a intervir na discussão, de tal modo que as possibilidades abertas por ambos os conferencistas, de conseguir uma confrontação realmente frutífera, não foram em absoluto esgotados.

{ V }

Teoria Analítica da Ciência e Dialética

Jürgen Habermas

Tradução de Nuria López

Apêndice à controvérsia
entre Popper e Adorno

1.

A totalidade social não existe independente do condensado dos elementos que a compõe. Ela se produz e reproduz em virtude de seus momentos particulares [...] Muito pouco da totalidade da vida, da cooperação e do antagonismo de seus elementos ocultos pode ser entendido – mesmo que apenas em seu funcionamento – fora da totalidade, que tem sua própria essência no movimento particular. Sistema e particularidade são recíprocos e apenas em reciprocidade são cognoscíveis.[85]

Adorno compreende a sociedade em categorias que não negam sua origem na lógica de Hegel. Ele compreende a sociedade como totalidade nesse estrito sentido dialético, que proíbe conceber a totalidade orgânica sem o axioma: é mais do que a soma de suas partes; e, sem embargo, a totalidade tampouco é uma classe de extensão lógica determinável mediante a combinação de todos os elementos que compreende. A esse respeito, cai o conceito dialético de totalidade sob a justificação crítica dos fundamentos lógicos dessas teorias da *Gestalt*[86] em cujo âmbito as investigações obedientes às regras formais da técnica analítica são recusadas; e, no entanto,

---

[85] Th. W. Adorno. *Zur Logik der Sozialwissenchaften* (ADORNO, Theodor. W. *Sobre a lógica das ciências sociais*. In: COHN, Gabriel. *Theodor W. Adorno*. São Paulo: Ática, 1986. p. 46-61. (Coleção Grandes Cientistas Sociais). N. T.

[86] NAGEL, Ernst. *The Structure of Science: Problems in the Logic of Scientific Explanation*. London: Routledge, 1961.

excede os limites da lógica formal, em cuja área de influência a própria dialética não pode ser considerada senão como uma contenda.

Para que os lógicos pudessem se manter, os sociólogos aplicam a estas contendas – que não são nada – um fim adequado: as expressões que apontam à totalidade da trama da vida social só tem validade hoje como ideologia. Na medida em que a evidência das ciências sociais vem determinada pela teoria analítica da ciência, a Ilustração supostamente radical traz em todo rasgo dialético um elemento mitológico – e talvez não sem certa razão, porque a Ilustração dialética[87], de cujo rigor tenta se evadir a meramente linear, faz novamente sua a crença abandonada pelo positivismo, e que herda do mito, segundo a qual: o processo de investigação organizado pelos sujeitos pertence, em virtude dos próprios atos cognoscitivos, à trama objetiva cujo conhecimento se busca. Essa crença pressupõe, obviamente, a sociedade como totalidade e pressupõe, também, sociólogos que se refletem a partir de sua inter-relação. Certamente as ciências sociais analítico-empíricas conhecem um conceito de totalidade; suas teorias são teorias de sistemas e uma teoria geral deveria referir-se ao sistema social em seu conjunto. Com isso, o acontecer social vem concebido como uma trama funcional de regularidades empíricas; nos modelos científico-sociais, as relações entre magnitudes covariantes a cuja derivação rege-se, em seu conjunto, como elementos de uma trama interdependente. No entanto, essa relação entre o sistema e os seus elementos, hipoteticamente reproduzida no contexto dedutivo de umas funções matemáticas, deve ser estritamente diferenciada dessa outra relação entre a totalidade e seus momentos cujo desenvolvimento somente pode acontecer pela via dialética. A diferença entre totalidade e sistema, no sentido ao qual acabamos de nos referir, não pode ser, por outro lado, diretamente designado; porque, evidentemente, seria dissolvida na linguagem da lógica formal e deveria ser superada (*aufgehoben*) na [linguagem] da dialética. Ao invés disso, vamos tentar – externamente a ambos os casos – uma aproximação a essas duas formas típicas da ciência social; duas formas das quais uma se limita ao uso do conceito funcionalista de sistema, e a outra se aferra ao conceito dialético de totalidade. Esclareceremos, inicialmente, ambos os tipos, de maneira alternativa, de acordo com quatro diferenças características:

---

[87] Cf. Horkheimer e Adorno: *Dialektik der Aufklärung*, Amsterdam, 1947.

1. No marco de uma teoria estritamente científico-experimental o conceito de sistema somente pode designar a trama interdependente de funções de maneira formal, tanto que estas, por sua vez, são interpretadas como relações entre variáveis de comportamento social, por exemplo. O conceito de sistema fica, quanto ao âmbito experimental analisado, tão na superfície como os enunciados teóricos que o explicitam. No conjunto das prescrições vigentes no âmbito da metodologia empírico-analítica vem contida, junto às regras lógico-formais necessárias para a construção de um sistema dedutivo de enunciados hipotéticos – é dizer, um cálculo aplicável científico-empiricamente – a exigência da escolha das suposições básicas simplificadas de tal modo que permitam a derivação de suposições legais empiricamente significativas. Geralmente diz-se que a teoria deve ser "isomórfica" quanto ao seu campo de aplicação; mas o mesmo giro não deixa de induzir a erro. Porque, para dizer a verdade, não temos o menor conhecimento acerca de uma suposta correspondência ontológica entre categorias científicas e estruturas da realidade. As teorias são esquemas de ordens que construímos dentro de um determinado marco sintático, é dizer, de acordo com suas estipulações. E se revelam como aplicáveis a um domínio especial de objetos sempre que a multiplicidade e diversidade reais se submetam a elas. É por isto, afinal, porque a filosofia analítica pode fazer seu o programa da unidade da ciência: a coincidência fática entre as hipóteses legais derivadas e as regularidades empíricas é principalmente casual e, dessa forma, exterior à teoria. Toda reflexão que não se restringe a isso passa por inadmissível.

Toda teoria dialética faz-se, contudo, culpável dessa falta de resignação. Duvida que a ciência possa proceder, no tocante ao mundo que os homens têm edificado com a mesma indiferença com que o faz – com êxito largamente conhecido – nas exatas ciências naturais. As ciências sociais devem assegurar, antes de tudo, a adequação de suas categorias ao seu objeto, já que os esquemas ordenados, aos quais as magnitudes covariantes somente se conformam casualmente, não fazem justiça ao nosso interesse pela sociedade. É certo que as relações institucionalmente reificadas são apreendidas nas estruturas dos modelos científico-sociais, similarmente a tantas e tantas regularidades empíricas; e que há dúvida de que um conhecimento empírico-analítico deste tipo pode nos facilitar, no conhecimento de dependências isoladas, o domínio técnico, como o que possuímos sobre as da natureza, de magnitudes sociais. Assim como o interesse cognoscitivo vai além do domínio da natureza, o que neste caso quer dizer: além da manipulação de âmbitos naturais, a indiferença do sistema quanto ao seu campo de aplicação transforma-se em uma falsificação do objeto. Descuidada em benefício de uma metodologia geral, a estrutura do objeto condena a teoria, na qual não pode penetrar, à irrelevância. No campo da natureza, a trivialidade dos conhecimentos verdadeiros não tem nenhum peso; nas ciências sociais, entretanto, há que contar com essa vingança do objeto em virtude da qual o sujeito, ainda em pleno processo cognoscitivo, vê-se coagido e detido por imperativos e necessidades próprios, precisamente, da esfera que se propõe a analisar. Disso somente se libera na medida em que se concebe a trama social da vida como uma totalidade determinante inclusive da própria pesquisa. A ciência social perde assim, ao mesmo tempo, sua suposta liberdade de escolha de categorias e modelos; faz-se consciente de que "os dados de que dispõe não são dados desqualificados, mas, exclusivamente, dados estruturados no contexto geral da totalidade social."[88]

A exigência, entretanto, de que a teoria, em sua constituição, e o conceito, em sua estrutura, adequem-se à coisa, e que a coisa se imponha no método por seu próprio peso, não pode, em realidade, tornar-se efetiva além de toda teoria modeladora, senão dialeticamente. O aparato científico somente ilumina um determinado objeto de cuja estrutura entendeu algo previamente, e na suposição de que as categorias escolhidas não fiquem fora do mesmo. Este círculo não pode ser quebrado por um imediatismo apriorístico ou por uma urgência empírica; somente cabe revisá-lo e remeditá-lo dialeticamente a partir de uma hermenêutica natural do mundo social da vida. A inter-relação hipotético-dedutiva de enunciados é substituída pela explicação hermenêutica do sentido; no lugar de uma correspondência biunívoca entre símbolos e significados, categorias previamente compreendidas, que obtêm, sucessivamente, e de maneira inequívoca, sua determinação em virtude do valor de sua

---

[88] Th. W. Adorno, *op. cit.*

posição no conjunto desenvolvido; os conceitos de forma relacional cedem sua posição a outros, capazes de expressar, de uma só vez, substância e função. É possível apreender reflexivamente na organização subjetiva do aparato científico as teorias deste tipo mais ágil, de tal modo que elas mesmas podem continuar sendo consideradas como um momento do conjunto objetivo que submetem a cada vez a análise.

2. Na relação entre a teoria e seu objetivo varia também a relação existente entre teoria e experiência. Os métodos empírico-analíticos unicamente toleram um tipo de experiência, definida por eles mesmos. Apenas a observação controlada de um determinado comportamento físico, organizado em um campo isolado em circunstâncias reproduzíveis por quaisquer sujeitos perfeitamente intercambiáveis, parece permitir juízos de percepção válidos de maneira intersubjetiva. Isto representa a base empírica sobre a qual as teorias devem se alçar, ao pretender que as hipóteses obtidas pela via dedutiva não sejam apenas logicamente corretas, como também, empiricamente certeiras. Ciências empíricas em sentido estrito são, pois, aquelas cujos enunciados discutíveis são controlados – indiretamente, ao menos – por meio de uma experiência tão estreitamente canalizada como aquela a qual nos referimos.

A isso se opõe uma teoria dialética da sociedade. Se a construção formal da teoria, a estrutura dos conceitos e a escolha das categorias e modelos não podem ser feitas seguindo cegamente às regras abstratas de uma metodologia, mas sim, como temos visto, devem se adequar previamente a um objeto pré-formado, não caberá identificar apenas posteriormente a teoria com uma experiência que, em virtude de tudo isso, não poderá mais que ficar restrita. A postulada coerência da orientação teórica com respeito ao processo social geral, ao qual também pertence à própria pesquisa sociológica, remete, mesmo assim, à experiência. Mas, as considerações deste tipo provêm, em última instância, do fundo de uma experiência acumulada pré-cientificamente, que ainda não se despojou do solo de ressonância de um entorno social centrado em uma historicidade vital, ou em outras palavras, a formação e cultura adquiridas pelo sujeito inteiro, ao modo de um elemento meramente subjetivo[89]. Esta experiência inicial da sociedade como totalidade guia o traçado da teoria na que se articula, teoria que a partir de suas próprias construções é novamente submetida ao controle da experiência. Porque, em definitivo, inclusive nesse estado no qual a experimentação, em sua condição de observação organizada, separou-se já totalmente do pensamento, um pensamento reduzido a enunciados hipoteticamente necessários, ao qual se enfrenta como uma instância alheia deve poder contar com a conformidade; nem tampouco uma experiência tão restrita deve ser discutida pela teoria dialética. Por outro lado, não está obrigado a renunciar a quantos pensamentos se evadam desse controle. Nem todos os seus teoremas são suscetíveis de tradução à linguagem formal de um complexo hipotético-dedutivo; nem todos podem ser legitimados sem fissuras por comprovações empíricas – e menos ainda os de importância central:

> *É inegável que não há experimento capaz de provar irrefutavelmente a dependência de todo fenômeno social com respeito à totalidade, na medida em que o todo, que pré-forma os fenômenos tangíveis, jamais resultará apreensível por métodos particulares de ensaio. E, entretanto, a dependência do feito ou do elemento global submetido à observação com respeito à estrutura global tem uma validade muito mais real que a de tais e quais dados verificados – isoladamente – de maneira irrefutável e é, desde logo, tudo menos uma enlouquecida elucubração mental.[90]*

O conceito funcionalista de sistema pressuposto pelas ciências sociais de inspiração analítica não pode, enquanto tal e de acordo com seu próprio sentido operacional, ser confirmado nem refutado empiricamente; nem as mais numerosas e melhores confirmadas hipóteses legais poderiam provar que a estrutura da sociedade satisfaz o

---

[89] Em *Collected Papers* (Den Haag 1962), parte I, p. 4 e ss. Consegue resgatar Alfred Schütz, com base no conceito diltheyano e husserliano de *Lebenswelt* ("mundo da vida"), um conceito de experiência útil para a metodologia das ciências sociais.

[90] Th. W. Adorno: *op. cit.*

conceito funcional que de acordo com o proceder analítico constitui o marco necessário das possíveis covariâncias. O conceito dialético de totalidade exige, ao contrário, que os instrumentos analíticos e as estruturas sociais se entrecruzem como rodas dentadas. A incidência hermenêutica na totalidade deve se revelar como um valor superior ao meramente instrumental, deve se revelar como justa e certeira durante o próprio curso da explicação – é dizer, como um conceito adequado à coisa mesma, tanto que uma estrutura previamente elaborada e que se dá como pressuposto da multiplicidade dos fenômenos não pode, no melhor dos casos, nada além de se submeter. Ao final desta pretensão resta evidente que o deslocamento dos centros de gravidade na relação entre teoria e empiria: no marco da teoria dialética devem se justificar por um lado, inclusive os próprios meios categoriais, meios aos quais, desde outros pontos de vista, não se concedem mais que uma validade meramente analítica; por outro lado, não obstante, esta experiência não se identifica com a observação controlada, de tal modo que ainda sem ser suscetível, nem sequer indiretamente, de falsificação estrita, um determinado pensamento pode seguir conservando sua legitimidade científica.

A relação entre teoria e experiência determina também a relação entre teoria e história. Tanto se trata de um determinado material histórico, como se de fenômenos particulares da natureza, os métodos empírico-analíticos põem igual ênfase no contraste das hipóteses legais. Uma ciência que aspire merecer tal título, em sentido estrito, deve proceder em ambos os casos, generalizadamente; e as dependências legais que fixa são, atendendo a sua forma lógica, fundamentalmente iguais. A partir desse mesmo procedimento com que se controla experimentalmente a validade das hipóteses legais, deriva-se o rendimento específico das teorias científico-empíricas: permitem prognósticos condicionados de processos objetivos ou objetivizados. Como contrastamos uma teoria de base para comparar os acontecimentos previstos com os efetivamente observados, uma teoria suficientemente contrastada de maneira empírica nos permite, sobre a base de seus enunciados gerais, é dizer, das leis, e com ajuda das condições marginais, que determinam um caso dado, subsumir este caso sob a lei e elaborar um prognóstico para a referida situação. A situação descrita pelas condições marginais recebe, geralmente, o nome de causa, e o acontecimento previsto, o de efeito. Se nos servimos de uma teoria para prever um acontecimento de acordo com o procedimento ao qual acabamos de nos referir, diz-se que podemos "explicar" o acontecimento em questão. De forma, pois, o prognóstico condicionado e a explicação causal não são mais que expressões distintas para um mesmo rendimento das ciências teóricas.

Também as ciências históricas se medem, à luz da teoria analítica da ciência, de acordo com esses mesmos critérios; mas, como é óbvio, combinam os meios lógicos frente a outro interesse cognoscitivo. A meta não é a derivação e o contraste de leis universais, mas a explicação de acontecimentos individuais. Para isto os historiadores se servem de uma série de leis triviais, regras empíricas de tipo psicológico ou sociológico, em geral, com o fim de passar assim de um acontecimento dado a uma causa hipotética. A forma lógica da explicação causal é a mesma em todos os casos; mas as hipóteses que devem ser provadas empiricamente referem-se, nas ciências generalizadoras, às leis obtidas por via dedutiva sob condições marginais ou particulares dadas nas ciências históricas, e que interessam, à vista de regras de experiência cotidiana propostas de maneira programática, como causa de um acontecimento individual testado[91]. Na análise de determinadas causas de certos acontecimentos isolados, as leis sobre as quais tacitamente se trabalha, podem resultar, como tais, problemáticas; assim como o interesse da investigação se desvia dos enunciados dos enunciados singulares hipotéticos, destinados a explicar acontecimentos específicos, e que se dirige, basicamente, aos enunciados hipotético-gerais, às leis, por exemplo, do comportamento social, aceitas até então como simplesmente triviais. O historiador torna-se sociólogo; a análise passa a corresponder ao domínio de uma ciência teórica. Disso, Popper extrai a consequência de que o contraste das hipóteses legais não é coisa das ciências históricas. As uniformidades empíricas que vêm expressas em forma de enunciados gerais sobre a dependência funcional de magnitudes covariantes pertencem à outra dimensão que não as de condições

---

[91] Cf. Karl R. Popper: *Die offene Gesellschaft und ihre Feinde*, tomo II, Bern 1958, p. 232 e ss. (POPPER, Karl Raimund. *A sociedade aberta e seus inimigos*. Tradução de Milton Amado. Belo Horizonte/ São Paulo: Itatiaia/EdUSP, 1974.) N. T.

marginais concretas suscetíveis de serem consideradas como causa de determinados acontecimentos históricos. Por isso não se pode aceitar, de forma alguma, a existência de leis históricas peculiares. As leis com as quais nos encontramos nas ciências históricas tem um *status* idêntico ao de todas as demais leis da natureza.

Diante de tudo isso, uma teoria dialética da sociedade afirma a dependência dos fenômenos particulares com respeito à totalidade; refuta necessariamente o uso restritivo do conceito de lei. Além das particulares relações de dependência de magnitudes historicamente neutras, sua análise aponta uma trama objetiva, determinante assim mesmo da direção da evolução histórica. Sem que se trate, evidentemente, das chamadas regularidades dinâmicas, que as ciências empíricas estritas desenvolvem em modelos processuais. As leis do movimento histórico aspiram a uma validade que é, a uma só vez, mais global e mais restrita. Já que não fazem abstração do contexto específico de uma época, de toda uma situação, não tem uma validade geral. Não se referem às estruturas do contínuo antropológico, nem a uma constante histórica, mas sim aos âmbitos de aplicação sucessivamente concretos que vêm definidos na dimensão de um processo evolutivo totalmente único e irreversível em seus estados, é dizer, que vêm definidos já no conhecimento da coisa e não por via meramente analítica. O âmbito de validade das leis dialéticas é, por outro lado, mais amplo, na medida em que elas não acolhem relações locais de funções particulares e contextos isolados, mas sim essas relações fundamentais de dependência, essas inter-relações básicas pelas quais um mundo social da vida, uma situação de uma determinada época, em seu conjunto, vêm determinados, precisamente, como totalidade; inter-relações que imbuem, por outro lado, todos seus momentos:

> *A generalidade das leis científico-sociais não é, em suma, a generalidade de um âmbito conceitual no qual as partes individuais tenham ido integrando-se sem solução de continuidade, mas uma generalidade que sempre vem referida – e referida de maneira essencial – à relação entre o geral e o particular em sua concreção histórica.*[92]

---

[92] Th. W. Adorno: *Soziologie und empirische Forschung.*(*Sociologia e Pesquisa empírica*)

As legalidades históricas deste tipo designam movimentos que, mediados pela consciência do sujeito agente, impõem-se tendencialmente. Ao mesmo tempo, propõem-se a expressar o sentido objetivo de uma trama vital histórica. Sob este ângulo, uma teoria dialética da sociedade procede hermeneuticamente. A intelecção do sentido, ao que as teorias empírico-analíticas apenas concedem um valor heurístico[93], lhes é constitutiva. Começa por obter suas categorias a partir da própria consciência situacional dos indivíduos que atuam; no espírito objetivo de um mundo social da vida articula-se no sentido ao qual a interpretação sociológica vem referida de maneira identificadora e crítica ao mesmo tempo. O pensamento dialético não se limita a eliminar a dogmática da situação vivida mediante a formalização, mas antes alcança, em seu próprio curso, o sentido subjetivamente significado, através das instituições vigentes, por assim dizer, e o suspende. Em razão da dependência destas ideias e das interpretações da soma de interesses de um contexto objetivo da reprodução social não se aferra a uma hermenêutica subjetivamente compreensiva do sentido; uma teoria que aspire à compreensão objetiva do sentido deve dar conta desse momento de reificação que de maneira tão exclusiva se beneficia da atenção dos métodos objetivizadores.

Assim como a dialética se subtrai ao objetivismo, sob cuja perspectiva as relações sociais existentes entre seres humanos historicamente atuantes são analisadas de maneira idêntica, também podem sê-lo as relações legais entre coisas, que também se livram do perigo da ideologização, que subsiste durante o tempo todo em que a hermenêutica mede e considera tais relações de acordo, simplesmente, com o que as relações subjetivamente consideram de si mesmas. A teoria se aferrará a este sentido, mas unicamente para medi-lo e considerá-lo, de costas ao sujeito e às instituições, de acordo com o que estes realmente são. Deste modo se abre à totalidade histórica de uma trama social cujo conceito ainda decifra, em sua autêntica natureza de fragmento de um contexto geral objetivamente

---

[93] Cf. W. Stegmüller: *Hauptströmungen der Gegenwartsphilosophie*, Stuttgart 1960. Th. Gomperz: *Über Sinn und Siungebilde, Erklären und Verstehen*, Tübingen 1929.

significativo; a obrigatoriedade e o caráter coativo das relações que incidem, subjetivamente carentes de sentido, sobre os indivíduos – efetuando assim sua crítica: a teoria

> *[...] deve transformar os conceitos que alega desde fora naqueles outros que a coisa tem por si mesma, naquele que a coisa quereria ser em virtude de si mesma, confrontando-o com o que realmente é. Deve dissolver a rigidez do objeto fixado aqui e agora em um campo de tensão entre o possível e o real... Disso, não obstante, resulta que as hipóteses e as previsões do que caiba regularmente esperar não guardam uma total adequação com a mesma.[94]*

Para que em sua intelecção de um sentido objetivo o próprio trabalho histórico possa ser impregnado teoricamente, a história, com vistas, ademais, a evitar uma hipóstase histórico-filosófica do referido sentido, deve abrir-se ao futuro. A sociedade apenas se faz patente nas tendências de sua evolução histórica, é dizer, nas leis de seu movimento histórico, a partir do que não é:

> *Todo conceito estrutural da ordenação social atual pressupõe que uma determinada vontade de reconfigurar futuramente dita estrutura é imposta ou considerada como historicamente válida (é dizer, efetiva). Evidentemente, são coisas muito distintas que este futuro seja desejado praticamente, elaborado e trabalhado, de maneira efetiva, em tal direção, politicamente impulsado, em suma – ou que seja utilizado como elemento constitutivo da teoria, como hipótese.[95]*

Apenas com essa intenção prática as ciências sociais podem proceder de maneira a um tempo histórica e sistemática, sem que se esqueça, evidentemente, que essa intenção deve ser refletida, por sua vez, a

---

[94] *Op.cit.*

[95] H. Freyer: *Soziologie als Wirklichkeitwissenschaft.* Leipzig, Berlin 1930, p. 304.

partir desse mesmo contexto objetivo cuja análise torna possível: essa legitimação é, precisamente, o que a diferencia das "referências axiológicas" arbitrariamente subjetivas de Max Weber.

3. Com a relação entre teoria e história transforma-se a relação entre ciência e práxis. Uma história que se limite de maneira estritamente científico-empírica à explicação causal de acontecimentos individuais não tem outro valor imediato que não o meramente retrospectivo; os conhecimentos deste tipo não são suscetíveis de aplicação prático-vital. Muito mais relevante é, desde este prisma, o conhecimento de hipóteses legais empiricamente confirmadas; permitem previsões condicionadas e, em consequência, podem ser traduzidas em recomendações técnicas frente a uma escolha racional de tipo teleológico, sempre que os objetivos sejam dados precisamente de maneira prática. A aplicação técnica das previsões científico-naturais se baseia nesta revelação lógica. De maneira similar cabe contar também com a derivação de técnicas para o domínio da práxis social a partir de leis científicas sociais, é dizer, técnicas sociais com ajuda das quais podemos nos assegurar de uma incidência sobre os processos sociais similares às possíveis incidências sobre os processos naturais. Disto, que uma sociologia que trabalhe de maneira empírico-analítica poder ser reclamada como ciência auxiliar frente a uma administração racional. Se bem que, desde logo, só podem-se obter previsões condicionadas e, em consequência, tecnicamente utilizáveis a partir de teorias referentes a campos isolados e contextos vitais de ordem histórica, seu lugar não está ao lado destes sistemas repetitivos, para os que resultam possíveis enunciados certeiros de tipo empírico-científico. O raio das ciências sociais se limita, paralelamente, a relações parciais entre magnitudes isoláveis; as conexões mais complexas e de um grau superior de interdependência se evadem das ingerências cientificamente controladas, e muito mais, desde logo, os sistemas sociais globalmente considerados.

Agora, se confiamos na possibilidade de uma ajuda por parte das diversas técnicas particulares de cara a uma práxis política planificada, no sentido, por exemplo, em que Mannheim acredita poder utilizá-la para uma reorganização da sociedade, ou Popper para a realização de um sentido na história, faz-se imprescindível, inclusive de acordo com os patronos positivistas, uma análise global.[96] Uma análise destinada a desenvolver a partir de contextos e inter-relações de tipo histórico a perspectiva de uma ação imputável à sociedade global como sujeito e em cujo seio unicamente podemos chegar a ser conscientes das relações importantes desde um ponto de vista prático, entre fins e meios, assim como das técnicas sociais. Na opinião de Popper, quanto a este objetivo heurístico, podem resultar lícita as interpretações gerais de grandes evoluções históricas. Não levam a teorias empiricamente contrastáveis, em sentido estrito, na medida em que o mesmo ponto de vista que guia a interpretação determina a escolha dos fatos a confirmar, com vistas aos grandes problemas do presente. Isso não impede, entretanto, que submetamos o passado ao foco de tais interpretações com a esperança de que seu resplendor ilumine cortes relevantes do presente de tal modo que caiba reconhecer, desde pontos de vista práticos, determinadas relações parciais. O contexto social no qual incidimos mediante técnicas sociais se mantém tão estritamente na dimensão de um ser separado do dever ser, como o ponto de vista de nossa interpretação e o projeto da práxis se mantêm, ao contrário, na de um dever ser separado do ser. A relação entre ciência e práxis reside, como a existente entre teoria e história, sobre uma estrita diferenciação entre fatos e decisões: a história tem um sentido em tão escassa medida como a própria natureza e, não obstante, mediante uma decisão adequada podemos dar este sentido, tentando uma e outra vez, com a ajuda de técnicas sociais científicas, que este se imponha e prevaleça na história.

Diante disso, uma teoria dialética da sociedade não pode menos que fazer referência à discrepância perceptível entre os problemas práticos e a consumação de tarefas técnicas, por não aludir à realização de um sentido que, além do domínio da natureza em virtude de uma manipulação, por mais perfeita que se queira, de relação reificada, deveria afetar à estrutura de um contexto vital social em seu conjunto, impulsionando a sua emancipação. As contradições reais são produzidas por esta totalidade e por seu próprio movimento histórico,

---

[96] Cf. Karl R. Popper, *op. cit.*, tomo II, p. 328 e ss.

dando lugar também, e como reação, às interpretações que orientam a aplicação de técnicas sociais com vistas a objetivos escolhidos de maneira presumivelmente livre. Unicamente na medida em que as finalidades práticas de nossa análise histórico global, é dizer, apenas na medida em que os pontos de vista diretores dessa "interpretação geral" generosamente concedida por Popper fiquem livres de toda arbitrariedade e possam ser legitimados dialeticamente a partir do contexto objetivo, apenas então poderemos esperar uma orientação científica para nossa atuação prática. Apenas podemos fazer história na proporção em que esta nos advém como factível. Neste sentido, pode-se dizer que entre as vantagens, e também entre os deveres, de uma ciência social crítica figura o de que esta deve colocar seus próprios problemas a partir de seu próprio objeto: "separando de maneira radical os problemas imanentes de uma ciência dos problemas reais que seus formalismos vêm a refletir palidamente, não se conseguiria mais que fetichizá-la."[97] Nessa frase de Adorno vem contida a resposta dialética ao postulado da teoria analítica da ciência: examinar várias vezes, da maneira mais rigorosa possível, se os interesses que regem a atividade cognoscitiva são científico-imanentes ou vêm motivados, simplesmente, de maneira prático-vital.[98]

Assim, a discussão sobre a relação existente entre ciência e práxis leve, necessariamente, ao quinto e último problema, no qual ambos os tipos de ciência social cindem-se em sua autocompreensão: o problema da chamada neutralidade valorativa (*Wertfreiheit*) da investigação histórica e teorética.

Este problema, diferentemente dos anteriores, não tratarei de maneira meramente descritiva. Uma pesquisa sistemática não pode dar-se por satisfeita com uma determinação topológica de pontos de vista teórico-científicos. Como ambas as partes vêm, no essencial, a partir de uma mesma pretensão racional no tocante à natureza crítica e autocrítica de seu modo de conhecer, deve decidir se a dialética transborda efetivamente os limites da reflexão contrastável, limitando-se, deste modo, a usurpar o nome de razão para um

---

[97] Th. W. Adorno: *Zur Logik der Sozialwissenschaften.*

[98] Cf. Karl R. Popper: *Zur Logik der Sozialwissenchaften.*

obscurantismo em consequência, todavia, mais perigoso[99], como afirma o positivismo, ou se, ao contrário, não vêm o código de ciências estritas da natureza a paralisar arbitrariamente uma racionalização progressiva, transformando, em nome de uma distinção pontual e de sólida experimentação, a força de reflexão em sanções contra o próprio pensamento. No tocante a esta afirmação, o ônus da prova incumbe à dialética, na medida em que esta não se aferra, como o positivismo, à mera negação, mas sim enlaça, afirmativamente, em um princípio, com o pensamento intelectivo institucionalizado no quefazer científico: deve, pois, criticar o proceder empírico-analítico de maneira imanente, é dizer, em sua própria pretensão. A redução a uma mera consideração metodológica, a eliminação metódica, em suma, de conteúdo em que fundamenta sua vigência todo absolutismo lógico, não deixa, evidentemente de plantar dificuldades; a dialética não pode legitimar sua validade no seio de uma dimensão, além da que está a *limine*, não pode acreditar-se, de modo algum, a partir de princípios, sua prova não poderia ser outra que não a própria teoria desenvolvida. Na medida em que se leve a sério, o pensamento dialético está também obrigado a aceitar a discussão na dimensão determinada pela parte contrária: partindo de suas próprias posições deve ser-lhe factível obrigar ao racionalismo empírico-científico a assumir, de acordo com os módulos aceitos da razão parcial, que a reflexão vinculativa sobre si mesmo não pode menos que incitar-lhe mais além como uma forma de racionalização incompleta.

2.

O POSTULADO DA chamada neutralidade valorativa reside sobre uma tese que, seguindo Popper, poderia ser formulada como dualismo de fatos e decisões. Cabe ilustrar muito bem essa tese mediante uma distinção entre os tipos de leis. Temos, por um lado, as regularidades empíricas na esfera dos fenômenos naturais e históricos, isto é, as leis naturais; por outro, as regras ou preceitos que regulam a conduta humana, é dizer, as normas sociais. Tanto que as constantes dos fenômenos, fixadas mediante leis da

---

[99] Cf. Karl R. Popper: *What is Dialetic?* In: *Mind* 49, 1940, p. 2, 403 e ss.

natureza, mantêm-se, por princípio, sem exceção e com total independência de qualquer possível influência dos sujeitos atuantes; as normas sociais são impostas e seu descumprimento está sujeito à sanção: tem uma validade mediata, unicamente, em virtude da consciência e do reconhecimento dos sujeitos, que atuam conforme as mesmas. Os positivistas sustentam que os domínios de cada um destes dois tipos de leis são autônomos; os juízos nos quais reconhecemos ou aceitamos leis de um tipo ou de outro reclamam, em consequência, bases diferentes e independentes uma da outra. As hipóteses concernentes às leis da natureza são determinações empíricas válidas ou não válidas. Ao contrário, os enunciados mediante os quais aceitamos ou refutamos, assumimos ou negamos normas sociais são determinações que no domínio da experiência não podem ser consideradas como verdadeiras nem falsas. Aqueles juízos residem sobre conhecimentos; estes, sobre decisões. Em consequência, o sentido das normas sociais depende tão pouco de leis fáticas da natureza, ou estas, daquele, que resulta impossível derivar o conteúdo normativo de juízos de valor a partir do conteúdo descritivo de determinações fáticas ou o descritivo a partir do normativo. As esferas do ser e o dever ser estão, neste modelo, estritamente separadas; os enunciados de uma linguagem descritiva são intraduzíveis a uma linguagem prescritiva[100]. Ao dualismo de fatos e decisões corresponde, lógico-cientificamente, a separação entre o conhecer e o valorar, e metodologicamente, a exigência de limitar o campo das ciências experimentais às regularidades empíricas nos processos naturais e sociais. Os problemas práticos ou as questões e perguntas sobre o sentido das normas são cientificamente indecidíveis; os juízos de valor jamais podem assumir legitimamente a forma de enunciados teóricos, nem podem ser pressupostos em relação de necessidade lógica com eles. No domínio das ciências experimentais, as previsões acerca de um covariante de magnitudes empíricas determinadas permitem, regularmente, dados determinados fins, uma racionalização da escolha dos meios. A fixação destes fins, ao contrário, depende da aceitação de algumas normas e não é cientificamente controlável. Não deve existir a menor confusão entre os problemas práticos e os técnico-teóricos, é dizer, aqueles problemas e questões que são referentes ao real: a validade e adequação das hipóteses legais e a relações determinadas entre fins e meios. Há uma frase de Wittgenstein, verdadeiramente

---

100 Cf. R. M. Hare: *The Language of Morals*. Oxford, 1952.

clássica, que expressa a consequência que seu autor extrai deste postulado da neutralidade valorativa: "Sentimos que, inclusive no caso de que haja uma resposta para *todas* as questões científicas imagináveis, nossos problemas vitais não teriam sido sequer tocados"[101].

O dualismo de fatos e decisões obriga a uma redução do conhecimento autenticamente válido às ciências estritas da natureza e com isso, a uma eliminação dos problemas da práxis vital do horizonte das ciências. A nítida linha traçada pelo positivismo entre o conhecer e o valorar designa não tanto um resultado quanto um problema. Porque deste segregado domínio de valores, normas e decisões vêm novamente se apoderar das interpretações filosóficas sobre a base de um trabalho que compartilham com a ciência reduzida.

A *ética objetiva dos valores* elabora a partir daqui inclusive um reino de ser ideal transcendente à experiência sensorial (Schelling, Hartmann). Autonomizadas ao modo de entidades com uma dignidade ontológica peculiar, a apreensão destas qualidades axiológicas só é possível em virtude de um determinado tipo de conhecimento intuitivo. A *filosofia subjetiva dos valores* não alimenta idêntica segurança acerca de relações semelhantes com um sentido desgarrado do contexto real da vida e hipostasiado. É bem verdade que reclama também a existência de ordens de valores (Max Weber) e domínios de fé (Jaspers) em uma esfera superior à história e não submetida a ela. Mas o conhecimento sujeito a um controle científico não é completado, sem mais, por um conhecimento intuitivo. A fé filosófica que se mantém em um ponto médio entre a pura decisão e a compreensão racional deve obrigar alguma das ordens em conflito, sem suspender, não obstante seu pluralismo, e sem poder dissolver o núcleo dogmático do qual ela mesma vive. A polêmica responsável, ainda que principalmente indecidível, entre filósofos, representantes honrados no plano intelectual e existencialmente comprometidos com as potências espirituais, constitui, neste âmbito de problemas práticos, a forma mais racional de discussão imaginável. O *decisionismo,* em fim, não hesita em reduzir as normas integralmente às decisões. Na forma linguístico-analítica da ética não cognoscitiva, a própria complementação decisionista vem concebida, de maneira positivista, em termos de uma ciência positivamente restringida (R. M. Hare). Postos determinados juízos de valor como axiomas, cabe

---

[101] Ludwig Wittgenstein: *Tractatus logico-philosophicus* 6, 52.

proceder a todo o momento à análise necessária de um contexto dedutivo de enunciados; com o qual, não obstante, resultam aqueles princípios tão pouco apreensíveis mediante compreensão racional, como o são as normas contrapostas às leis da natureza: sua aceitação é fruto, única e exclusivamente, da decisão. Tais decisões podem ser interpretadas, em um segundo momento, em um sentido político público (Carl Schmitt), ou desde pressupostos antropológicos institucionalistas (Gehlen); a tese, entretanto, não varia por isso. Uma tese de acordo com a qual as decisões relevantes na ordem prática vital, tanto se consistem na aceitação de princípios, na escolha de um projeto histórico-vital, como se consistem na escolha de um inimigo, não podem ser jamais substituídas pelo cálculo científico ou sequer racionalizadas. Agora, se os problemas práticos – eliminados de um conhecimento reduzido ao científico-experimental – são segregados assim do âmbito de poder das controvérsias racionais, se as decisões concernentes aos problemas da práxis vital devem ser liberadas de qualquer possível instância de racionalidade obrigatória, não é de se espantar que surja uma última e desesperada tentativa: assegurar por via institucional uma decisão prévia socialmente vinculante mediante a volta ao clausurado mundo das imagens e das potências míticas (Walter Bröcker). Esta complementação do positivismo mediante a *mitologia* não carece de certa necessidade lógica – como demonstraram Adorno e Horkheimer[102] – necessidade cuja abismal ironia só a dialética poderia salvar em uma franca gargalhada.

Positivistas intelectualmente honrados, a quem semelhantes perspectivas tiram o riso, auxiliam-se com o programa de uma "sociedade aberta". Nem por isso renunciam, desde logo, a linha de demarcação traçada com todo rigor, no plano científico-lógico, entre conhecer e valorar, nem deixam de identificar, sem mais, o conhecimento científico-empírico obediente às regras de uma metodologia universalmente vinculante a própria ciência; por outro lado, e em consequência lógica, vem assumir e aceitar também a determinação residual de todo pensamento que transborde o marco fixado sem criar maiores problemas e sem, desde logo, perguntar se por acaso a monopolização de todo o conhecimento possível por uma forma específica deste não virá, em realidade, a criar a norma que, medindo tudo o que não se adapta àquela, obriga ao ato de valorar, decidir ou criar a adotar uma figura fetichizada. Evidentemente, que ao adotar idêntica

---

[102] Horkheimer e Adorno: *Dialektik der Aufklärung.*

postura de refutação tanto da metafísica vergonhosa da ética objetiva dos valores e da filosofia axiológica subjetiva como da professa irracionalidade do decisionismo e, inclusive, do envio, não podem ver-se salvos, senão por uma última saída, que é de fato, a que Popper decidiu propugnar, a saber: salvar o racionalismo ao menos como profissão de fé.

Como o positivismo só aceita a razão e a proclama em sua forma particularizada (como capacidade de manipulação correta das regras metodológicas e lógico-formais), não pode ressaltar a relevância do conhecimento frente a uma práxis razoável, senão acudindo ao recurso de exaltar a "fé na razão". Com o que o problema "não radica na escolha entre o conhecimento e a fé, mas sim na eleição, simplesmente, entre dois tipos de fé"[103]. O conhecimento científico está efetivamente privado de toda relação significante com a práxis e por sua vez, todo o conteúdo normativo está independente de qualquer penetração na trama real da vida, e como nada dialeticamente vem-se supor, resulta iniludível a aceitação de um dilema evidente: não posso obrigar a ninguém a basear sempre suas crenças básicas em argumentos e crenças básicas em argumentos e experiências e não posso, por minha vez, provar a ninguém com a ajuda destes argumentos e experiências que eu mesmo devo me comportar assim; é dizer, "que primeiro deve-se assumir uma posição racionalista (em virtude de uma decisão), e só a partir de então cabe prestar atenção a argumentos ou experiências; de onde se deduz que dita posição de base não pode ser fundamentada, enquanto tal, mediante argumentos e experiências"[104]. Esta posição racionalista vem traduzida no terreno da práxis mediante sua determinação da conduta e dos atos morais e políticos das pessoas, individualmente consideradas, e da sociedade em seu conjunto. Obriga-nos, sobretudo, a um comportamento sócio-técnico correto. Na vida social, como na natureza, descobrimos regularidades empíricas que podemos formular mediante leis científicas. Atuamos racionalmente na medida em que estabelecemos normas e instituições sociais de acordo com o conhecimento destas leis naturais e adotamos nossas medidas de acordo com as recomendações técnicas que se derivam delas. A problemática separação introduzida entre normas e leis naturais, o dualismo entre fatos e decisões, e a convicção de que a história tem um sentido tão escassamente como a natureza possa

---

103 Popper: *op. cit.*, tomo II, p. 304.

104 *Op. cit.*, p. 284.

tê-lo, apresenta-se como o pressuposto requisito prévio para a efetividade prática de um racionalismo decididamente assumido, é dizer, para a crença de que na dimensão dos fatos históricos, graças à força de decisão e ao nosso conhecimento teórico das leis naturais fáticas, podemos realizar e conseguir sócio-tecnicamente um sentido do qual a história em si, estritamente considerada, carece.

A tentativa popperiana de salvaguardar o racionalismo científico-lógico das consequências irracionalistas de sua forçada fundamentação decisionista, a profissão racionalista de fé, em suma, feita por Popper frente a uma práxis política cientificamente orientada parte de uma problemática premissa que compartilha com o Dewey de *Quest for Certainty* e com o pragmatismo e seu conjunto: que os homens são capazes de orientar racionalmente seu próprio destino com a ajuda de técnicas sociais. Vamos investigar a validade dessa premissa: existe, por acaso, um contínuo de racionalidade entre a capacidade de disposição técnica sobre processos objetivizados, por uma parte, e o domínio prático de processos históricos, por outra, da história que "fazemos", sem que se pudesse fazê-la conscientemente até então? Trata-se do problema se a administração racional do mundo coincide com a solução das questões práticas suscitadas e criadas historicamente. Mas antes deve ser examinada outra premissa, a fundamental, uma premissa sobre a qual reside a problemática em seu conjunto; refiro-me a essa estrita separação entre leis naturais e normas cuja invocação leva ao dualismo de fatos e decisões. Sem dúvida a crítica do direito natural provou que as normas sociais não se fundam nem podem ser fundadas naquilo que é[105]. E, entretanto, acaso isso elimina o caráter normativo de uma investigação racional do contexto concreto da vida, no qual este funde suas raízes e sobre o que, ora incide de novo ideologicamente, ora atua de novo por via crítica? Uma pergunta que, definitivamente, só assim pode se colocar de forma correta: não há efetivamente outro conhecimento que aponta, em sentido enfático, ao conceito de uma coisa, em lugar de apontar, simplesmente, a sua existência? O conhecimento reduzido, de acordo com a colocação positivista, a ciência empírica está desgarrado realmente de toda vinculação normativa?

---

105 Cf. E. Topitsch: *Vom Ursprung und Ende der Metaphysik*, Wien 1958.

3.

VAMOS INVESTIGAR este problema em relação com as propostas popperianas frente à solução do chamado problema de base.[106] Trata-se de um problema que se coloca no marco da análise lógico-científica do possível contraste empírico das teorias. As hipóteses logicamente corretas não revelam unicamente sua efetiva validade empírica ao serem confrontadas com a experiência. A rigor, entretanto, os enunciados teóricos não podem ser contrastados de maneira imediata por recurso a uma experiência objetivizada de um modo ou outro, mas apenas por recurso a outros enunciados. As vivências ou percepções não são, entretanto, enunciados; cabe, em todo caso, expressá-las mediante enunciados observacionais. Disso, que esses enunciados protocolares tenham sido considerados como a base sobre a qual cabe tomar uma decisão acerca da validade efetiva da hipótese. Contra esse ponto de vista de Carnap e de Neurath veio precisamente Popper objetar que desde semelhante prisma a escassa claridade existente no tocante à relação entre teoria e experiência fora definitivamente deixada de lado, mas volta a propósito da não menos problemática relação entre os enunciados protocolares e as vivências protocolizadas. De fato, se não abandonamos o pressuposto básico – historicamente superado – do velho sensualismo, de acordo com o qual os dados sensoriais elementares nos vêm dados de maneira intuitiva e imediatamente evidente, a seguridade sensorial protocolizada tampouco nos confere uma base suficientemente satisfatória desde um ponto de vista lógico para a validade efetiva das teorias próprias das ciências empíricas.

Partindo de sua teoria geral da falsação cabe encontrar em Popper uma solução alternativa[107]. Como é bem sabido, Popper demonstra que as hipóteses legais não podem ser, de forma alguma, verificadas. Referidas hipóteses ostentam a forma de enunciados universais não restritos, com um número ilimitado de casos de aplicação principalmente possíveis, e por sua vez a série de observações com cuja ajuda contrastamos por vez em *um* caso a hipótese é principalmente finita. Por isso não cabe contar

---

106 Cf. Karl Popper: *The Logic of Scientific Discovery*, London 1959, p. 93 e ss. (POPPER, Karl R. *A Lógica da Pesquisa Científica*. Tradução de Leonidas Hegenberg e Octanny Silveira da Mota. São Paulo: Cultrix/EdUSP, 1999.)

107 Cf. *op. cit.*, p. 78 e ss.

com uma prova indutiva. As hipóteses legais são confirmadas ao superar o maior número possível de provas de falsação. Uma teoria pode ser destruída em afirmações singulares de existência contraditórias quanto a uma hipótese legal reformulada em uma previsão negativa. Disso, que não se pode exigir uma aceitação intersubjetiva de tais enunciados de base, é dizer, de enunciados que expressam um resultado observacional. Eles mesmos resultam tão pouco suscetíveis a verificação como as hipóteses legais a cuja contrastação empírica tem que servir e, desde logo, por idênticos motivos. Em todo enunciado de base se utiliza, inevitavelmente, expressões universais cujo *status* é, com respeito a verificação, o mesmo que o das hipóteses. Nem sequer a concisa afirmação de que aqui há um copo de água poderia ser provada mediante uma série finita de observações, já que o sentido de expressões como "copo" ou "água" vem formado por uma série de pressupostos sobre o comportamento legal destes determinados corpos. Também os enunciados de base transbordam toda experiência possível, já que suas expressões implicam tacitamente hipóteses legais, que a sua vez não podem ser verificadas, dado o número principalmente ilimitado de seus casos de aplicação. Popper explica essa tese ressaltando que as expressões universais são, em sua totalidade, conceitos de disposição, e que, em todo caso, podem ser retrotrazidas a eles. Inclusive nas expressões elementares dos mais simples enunciados protocolares descobrimos pressupostos implícitos sobre um comportamento legal dos objetos observáveis assim que imaginamos possíveis procedimentos de contraste, é dizer, situações de *teste* suficientes como para esclarecer, em caso de dúvida, o significado das expressões universais utilizadas[108].

Não é casualidade que Popper dirija suas objeções lógicas contra essa interpretação ingênua dos enunciados de base, de acordo com a qual a validade deles pode ser garantida mediante uma certeza sensível de natureza intuitiva e chegue, em sua crítica, precisamente ao mesmo ponto em que anteriormente vieram incidir as objeções pragmáticas de Charles Sander Peirce.[109] Peirce repete, à sua maneira, a crítica hegeliana à certeza sensível. Evidentemente que não procede à superação dialética da ilusão dos fatos nus e das sensações concisas no processo experimental de uma fenomenologia do espírito, nem se dá por satisfeito, como posteriormente ele veio

---

[108] Cf. *op. cit*, p. 420 e ss.

[109] Cf. Ch. S. Peirce: *Collected Papers,* Ed. Hartshorne & Weiss, Cambridge, 1960, tomo V.

ficar em outra fenomenologia, ao retrotrazer os juízos de percepção ao correspondente das experiências pré-predicativas.[110] Peirce vem, em realidade, pôr em relação esse conhecimento empírico pré-sistemático sedimentado em formas de percepção, no qual toda a percepção atual é, desde um princípio, fundida, é dizer, uma rede do hipoteticamente pré-entendido e antecipadamente coimaginado na qual sempre vem apreendida inclusive a mais simples das sensações, com a estabilização de um comportamento controlado com êxito. O hipotético excedente sobre o conteúdo particular do atualmente percebido, ao que se faz logicamente justiça nas expressões universais dos protocolos de experiência, vem referido sempre, implicitamente, a um comportamento do qual cabe ter, regularmente, uma expectativa. Efetivamente, na medida em que o percebido deva ter um determinado sentido, este significado não pode ser concebido senão ao modo de culminação e soma de hábitos de comportamento que nele se acreditam: *for what a thing means is simply what habits it involves*[111]. O grau de generalidade do conteúdo descritivo dos juízos de percepção transborda em muito a particularidade do hipoteticamente percebido em cada caso, na medida em que não pode menos do que reconhecer que sob a coação seletiva rumo à estabilização já devemos ter tido experiências de ações que devem se ter saído bem e temos articulado significados.

Diante de uma solução positivista do problema de base, Popper ressalta que os enunciados observacionais apropriados para a falsação de hipóteses legais não podem ser justificados empiricamente de maneira irrebatível e forçosamente vinculante; ao contrário, deve-se decidir em cada caso, se a hipótese de um enunciado de base vem suficientemente motivada pela experiência. No processo de investigação todos os observadores que intervêm nas tentativas de falsação de determinadas teorias devem aceder a um consenso provisional e em todo momento revogável sobre enunciados observacionais relevantes: entretanto, semelhante acordo obedece, em última instância, a uma decisão; não pode ser exigido por razões lógicas, nem empíricas. Inclusive o caso limite está incluído neste cálculo: o caso de algum dia impossível um acordo ou uma coincidência deste tipo entre os participantes neste processo, isso equivaleria ao fracasso da linguagem como meio de intelecção geral.

---

110 Cf. E. Husserl: *Erfahrung und Urteil*, (*Experiência e Julgamento*) Hamburg, 1948.

111 "O significado de uma coisa é simplesmente os hábitos que ela envolve". (N.T.)

A "solução" de Popper leva a consequências indubitavelmente não intencionadas. Confirma, de fato, contra toda vontade, que a validade empírica dos enunciados de base e, com isso, a (validade) das teorias não pode ser, em absoluto, decidida em um contexto cientificamente explicado; é dizer, não pode ser decidida estabelecendo, por exemplo, sua relação com uma determinada ação, uma relação teoricamente explicada, desde logo, ou simplesmente explicável. Os cientistas discutem muito sobre se devem aceitar ou não um enunciado de base; isto, entretanto, equivale a dizer que se interrogam sobre a possível ou impossível aplicação de uma hipótese legal corretamente derivada de um determinado estado de coisas experimentalmente constatado. Popper compara este processo com o da administração da justiça, cujo exemplo anglo-saxão resulta especialmente ilustrativo. Mediante uma espécie de resolução os juízes entram em acordo sobre a exposição dos fatos que se inclinam a dar por válida. Isso corresponde à aceitação de um enunciado de base. Permite, juntamente com o sistema de normas do direito penal (correspondente, nesta comparação, às hipóteses da ciência empírica), certas deduções necessárias, assim como o pronunciamento da sentença. Semelhante paralelismo unicamente nos interessa, como é óbvio, com vistas a esse círculo que parece resultar tão inevitável na aplicação de hipóteses legais científicas a fatos e estados de coisas observados, como nas normas legais de natureza jurídica de fatos constatados. Em ambos os casos seria igualmente impossível aplicar o sistema de leis sem antes entrar em acordo sobre a determinação específica de fatos; de toda forma, esta determinação deve ser alcançada com um procedimento que corresponda ao sistema de leis e que, em consequência, venha a aplicá-lo.[112] Não cabe aplicar regras gerais sem antes entrar em acordo sobre os fatos que podem ser subsumidos sob as mesmas; estes fatos, por outra parte, não podem ser determinados como casos relevantes antes da aplicação daquelas regras. O círculo inevitável na aplicação das regras[113] é um indício de encadeamento do processo de investigação em um contexto que não cabe explicar empírico-analiticamente, mas apenas pela via hermenêutica. Os postulados de um estrito processo cognitivo não

---

112 Cf. Karl Popper: *Op. cit.* p. 110.

113 Cf. Hans Georg Gadamer. *Wahrheit und Methode,* Tubingen 1960, p. 292 e ss. (GADAMER, Hans-Georg. *Verdade e Método – traços fundamentais de uma hermenêutica filosófica.* Tradução de Flávio Paulo Meurer, Petrópolis/Rio de Janeiro: Vozes, 1997.)

podem ignorar a intelecção prévia e não explicitada que, apesar de tudo, pressupõe; neles se vinga o desmembramento da metodologia quanto ao processo real da pesquisa e de suas funções sociais.

A pesquisa é uma instituição de seres humanos que atuam juntos e que falam entre si; como tal determina, através da comunicação dos pesquisadores, aquilo que pode aspirar, teoricamente, à validade. O requisito de observação controlada como base para as decisões concernentes à validade das hipóteses legais pressupõe uma intelecção prévia de certas normas sociais. Não basta conhecer o objetivo específico de uma pesquisa e a relevância de uma observação frente a determinadas hipóteses; para poder ao menos saber a que se refere a validade empírica dos enunciados de base, deve-se ter entendido o sentido do processo da pesquisa, globalmente considerado, de maneira similar a como antes o juiz deve ter compreendido sempre o sentido da judicatura em quanto tal. A *quaestio facti* deve ser decidida com vista a uma *quaestio iuris* dada, é dizer, compreendida em sua aspiração imanente. No procedimento judicial isto é presente a qualquer um: o que está em jogo é o problema da violação de normas proibitivas gerais impostas de maneira positiva e sancionadas pelo Estado. A validade empírica dos enunciados de base se adequa, também, a uma expectativa de comportamento socialmente normatizada. Como se traduz a *quaestio iuris* no processo de investigação e, de acordo com o que se mede aqui, a validade empírica dos enunciados de base? Na interpretação pragmática do processo de investigação cabe encontrar uma indicação deste sentido.

Normalmente, não duvidamos sobre a validade de tal ou qual enunciado de base, não colocamos em dúvida que em futuras situações de testes as hipóteses concernentes a um comportamento legal dos corpos que vem implícitas em suas expressões universais sejam também confirmadas. Como explicar este fato tão insistentemente ignorado por Popper? A ocorrência de uma série em princípio infinita de enunciados de base, dos quais cada um viria obrigado a confirmar os supostos (hipóteses) implicados no enunciado precedente, não deixa de constituir uma possibilidade logicamente fundamentada. Uma possibilidade que, não obstante, apenas seria atualizada no caso de que estas hipóteses fossem sucessivamente problematizadas. Entretanto, pode-se dizer que as hipóteses carecem de insegurança; são certas em sua condição de convicções não problemáticas e representações acreditadas de maneira pragmática. O solo teórico de uma segurança comportamental não discutida está edificado na base destas convicções latentes (destas *"beliefs"* de que partem os pragmáticos). Sobre o solo destas crenças universais vem problematizar, em cada ocasião, *algumas* destas convicções fixadas pré-cientificamente, e só resultam perceptíveis em sua validade meramente hipotética quando o hábito a elas vinculado deixa de garantir, no caso desse momento atual, o êxito esperado.

A perturbada estabilidade do comportamento pragmaticamente apreendido obriga a uma modificação da "convicção" central, que a raiz dele pode ser formulada como hipótese e submetida a teste. Suas condições imitam em princípio as condições de credibilidade das convicções não problematizadas: condições do rendimento conseguido por homens que atuam e que conservam e facilitam sua vida mediante um determinado trabalho social. Assim, em última instância, a validade empírica dos enunciados de base, e com ela, a adequação das hipóteses legais e das teorias, globalmente consideradas, está referida a critérios de um tipo de êxito na atuação e no comportamento que tem conseguido e do qual se fez um aprendizado social no contexto, principalmente intersubjetivo, de grupos ativos e principalmente laboriosos. Este é o ponto no qual se configura a intelecção prévia hermenêutica – silenciada pela teoria analítica da ciência – em virtude da qual vem resultar possível a aplicação de regras na aceitação de enunciados de base. O chamado problema de base não se apresenta, de modo algum, pela primeira vez, no momento em que concebemos o processo da investigação como parte de um processo global de atos socialmente institucionalizados através do qual os grupos sociais obtêm sua vida, precária por natureza. Porque o enunciado de base não acede à validade empírica exclusivamente em virtude dos motivos de uma observação isolada, mas da precedente integração de percepções isoladas na trama de convicções não problemáticas e acreditadas sobre uma base muito ampla; isto ocorre à luz de determinadas condições experimentais que, enquanto tais, imitam um controle dos resultados dos atos encadeados, de maneira originária, em um sistema de trabalho social. Agora, dado que a validade empírica das hipóteses assim contrastadas pela via experimental funde suas raízes nos contextos mais gerais do processo de trabalho, o conhecimento estritamente empírico-científico não pode menos que consentir em ser interpretado a partir da mesma referência vital do tipo de ação do trabalho, do domínio concreto da natureza.

As recomendações técnicas frente a uma escolha racionalizada de meios com vistas a determinados fins não são posterior e casualmente deriváveis das teorias: antes, pode-se dizer que vem, desde o princípio, proporcionar informações acerca das regras do domínio técnico, do tipo desse domínio elaborado ao longo do processo de trabalho sobre a natureza. A "decisão" popperiana, quanto à aceitação ou refutação de enunciados elementares é tomada a partir dessa mesma compreensão prévia de natureza hermenêutica que rege a autorregulação do sistema de trabalho social: também quem participa do processo de trabalho deve estar de acordo quanto aos critérios de êxito ou fracasso de uma regra técnica. Esta pode ser acreditada ou revelada como inválida em tarefas específicas; não obstante, os deveres nos quais sua validade se decide empiricamente não deixam de ter, por sua vez, uma obrigatoriedade social. O controle de rendimento das regras técnicas mede-se pelas tarefas cumpridas, assentadas no sistema de trabalho social e, em consequências, convertidas em socialmente vinculantes, de acordo, em fim, com as normas sobre cujo sentido deve existir um *consensus* se os juízos sobre êxitos ou fracassos pretendem ser acreditadores de uma validade intersubjetiva. O processo investigatório obediente às prescrições empírico-analíticas não é, de modo algum, anterior a essa referência vital, que vem sempre hermeneuticamente pressuposta.

No processo judicial, a validade empírica dos enunciados de base mede-se, precedentemente, de acordo com o sentido das expectativas de comportamento socialmente definidas; no processo da investigação, de acordo com o sentido do rendimento socialmente definido. Em ambos os casos trata-se de sistemas de normas impostas socialmente, mas com a diferença, muito importante, de que o sentido do trabalho no seio de um amplo raio de variação histórica parece ser relativamente constante, tanto que com as épocas e estruturas sociais não apenas variam os sistemas jurídicos e os modos de produção, mas também o sentido do direito em relação a eles; e o mesmo ocorre com as restantes normas sociais. O interesse prático por transformar em domináveis os processos objetualizados distingue-se abertamente dos restantes interesses da práxis da vida: o interesse por conservar a vida mediante o trabalho social sob a coerção de circunstâncias naturais parece ter se mantido constante ao longo dos diversos estados evolutivos da espécie humana. Assim, cabe alcançar um *consensus* acerca do sentido do domínio técnico deste lado do dintel histórico e cultural, sem a menor dificuldade principal; de acordo com os critérios desta compreensão prévia, a validade intersubjetiva dos enunciados empírico-científicos fica assegurada. E mais, a intersubjetividade deste tipo de enunciados dá lugar, retroativamente, a que o interesse de base, ao qual deve sua constância histórica e ambientalmente neutra, por sua vez, caia também no esquecimento. O interesse já convertido em evidente passa assim, livre de tematização, ao segundo plano, de tal modo que uma vez metodicamente invertido na origem mesma do conhecimento, decai subjetivamente na consciência dos partícipes no processo da investigação.

Deste modo pode-se conservar a aparência de teoria pura inclusive na autoconsciência das modernas ciências empíricas. Na filosofia clássica – de Platão a Hegel- o enfoque teórico vinha concebido como uma contemplação baseada na exigência de uma total falta de exigências. Prosseguindo essa tradição, a teoria analítica da ciência segue aferrando-se ao dito enfoque: independentemente dos contextos vitais nos quais o processo da investigação funda historicamente suas raízes, no tocante à validade dos enunciados empírico-científicos este deve ser emancipado de quaisquer referências de ordem vital, assim como, em menor medida, da práxis mesma, tal e como os gregos haviam postulado para toda teoria verdadeira. Precisamente sobre suas próprias suposições básicas funda-se um postulado que aos clássicos pareceria estranho: o requisito de neutralidade valorativa. De fato, seria um perigo se fizessem ver às ciências modernas, e pela via de uma crítica imanente, sua conexão com o sistema de trabalho social, conexão que imbui as estruturas mais profundas da própria teoria e que determina o que deve ter validade empírica.

A situação histórica na qual durante o século XVII surge, com a nova física, a ciência empírica em sentido estrito não é, de modo algum, alheia à estrutura da ciência experimental; exige, ao contrário, que o projeto teórico e o sentido validade empírica inspirem-se em um enfoque técnico: no sucessivo haveria de se investigar e de se conhecer a partir da perspectiva e do horizonte de interesses do agente do trabalho. Até esse momento os papeis da teoria e da reprodução da vida material estavam rigorosamente separados no plano social; a monopolização do conhecimento pelas classes ociosas teria sido intangível. Unicamente no marco da sociedade burguesa moderna que legitima a aquisição de propriedade mediante o trabalho, a ciência poderia receber um impulso de parte do âmbito experimental do trabalho manual e a investigação poderia ser progressivamente integrada no processo do trabalho social.

A mecânica de Galileu e de seus contemporâneos analisa a natureza com vistas a uma forma de domínio técnico que iniciou seu desenvolvimento no marco das novas manufaturas, que era, por sua vez, dependente da análise e decomposição racional do processo de trabalho manual em funções elementares. Conceber de maneira mecanicista o acontecer natural em analogia aos processos de trabalho de empresas organizadas em manufaturas consistia, na realidade, ajustar o conhecimento às exigências de determinadas regras técnicas.[114] Que a incidência prático-vital do conhecimento no trabalho se formasse então no marco de uma imagem mecanicista do mundo, na época do chamado período da manufatura, e que desde esse momento uma forma específica do conhecimento se tenha convertido em forma universal e única aceitável à luz da autointelecção dominante positivista das ciências, são fatos historicamente vinculados, como é óbvio, à outra tendência evolutiva da sociedade burguesa moderna.

Na medida em que as relações de mudança apoderam-se também do processo de trabalho e fazem com que o modo de reprodução dependa do mercado, as referências vitais constituídas no mundo de um grupo social, as relações concretas dos homens com as coisas e dos homens entre si, acabam por ser violentamente separadas umas das outras. Em um processo de reificação, o que as coisas são para nós em uma situação concreta e o que os homens significam em uma determinada situação para nós, é hipostasiado e convertido um em outro, e, por conseguinte, pode ser adstrito aos objetos aparentemente neutralizados ao modo de uma qualidade agregada, por assim dizer, a um "valor". A neutralidade axiológica do científico-empiricamente objetivado é um produto desta reificação de maneira similar a como o são os próprios valores abstraídos do contexto da vida. Assim como nos valores de câmbio desaparecem a força de trabalho realmente investida e o possível prazer dos consumidores, o que resta dos objetos uma vez que lhes é arrancada a pele das qualidades axiológicas subjetivizadas, é cego à diversidade tanto das referências vitais de ordem social, como dos interesses diretores do conhecimento. Tanto mais facilmente pode-se implantar de maneira não consciente o domínio exclusivo *do* interesse que, complementarmente ao processo de exploração, acolhe ao mundo da natureza e da sociedade no processo de trabalho e o transforma em forças de produção.

---

[114] Cf. Franz Borkenau: *Der Ubergang vom feudalen zum burgerlichen Weltbild*, (A transição da visão de mundo feudal para a burguesa), Paris, p. 1-15.

Este interesse de ordem prática do conhecimento no domínio dos processos objetivos pode ser formalizado até o ponto que no impulso cognoscitivo das ciências empíricas desaparece *enquanto a tal* interesse prático. A relação entre as ingerências abstratas e o comportamento de dimensões isoladas de que cabe ter regularmente uma expectativa é resolvida a partir do contexto da ação do trabalho social e resulta em relação a tal, relevante; inclusive a relevância de uma exigência de regras técnicas é desfigurada, em última instância, em um cânon de prescrições que vem desvelar, em termos absolutos, a relação instrumental entre ingerência e reação do sentido técnico de uma aplicabilidade diante de fins práticos. Por isso mesmo, o processo de investigação não quer tê-las em definitivo, senão com interrelações funcionais de dimensões covariantes, com leis naturais a cuja luz nossos rendimentos espontâneos devem limitar-se, simplesmente, a que nos seja dado "reconhecê-los" à luz de um enfoque teórico, desinteressados e totalmente alheios à práxis vital. A aspiração de exclusividade do conhecimento estrito mediatiza todos os outros interesses diretores do conhecimento a favor de apenas um, sem sequer chegar a ser consciente dele.

O postulado da neutralidade valorativa demonstra que os procedimentos empírico-analíticos não são capazes de dar conta da referência com respeito à vida na qual, em realidade, eles mesmos se encontram objetivamente. No seio de uma referência vital fixada na linguagem cotidiana e estampada em normas sociais experimentamos e ajuizamos tanto coisas como seres humanos com vistas a um sentido específico, no qual o conteúdo descritivo e normativo decide conjuntamente tanto sobre os sujeitos ali viventes como sobre os próprios objetos experimentados: os "valores" se constituem dialeticamente na relação entre uns e outros. Logo, entretanto, como são desgarradas, como uma qualidade autonomizada, das coisas aparentemente neutralizadas, e objetivizadas ao modo de objetos ideais ou subjetivizadas ao modo de formas de reação, as categorias do mundo da vida não são, para dizer a verdade, eliminadas, mas burladas. Assim obtém poder sobre uma teoria que incide na prática porque na ilusão da autonomia burla-se de uma relação realmente indissolúvel. Não há teoria alguma que, ao sabê-lo, possa compreender seu objeto sem refletir paralelamente o ponto de vista de acordo com o qual e à luz de

sua aspiração imanente há algo que vem a ter validade: "O que posteriormente se sanciona como valor, não se comporta externamente à coisa[...],
mas lhe é imanente".[115]

4.

A NEUTRALIDADE VALORATIVA não tem nada a ver com o enfoque teórico no sentido clássico; corresponde, ao contrário, a uma objetividade da
validade dos enunciados que vem possibilitada – e obtida – em virtude de
uma limitação a um interesse cognoscitivo de ordem técnica. Tal limitação
não acaba, de todo o modo, com a vinculação normativa do processo de
investigação aos motivos da práxis da vida; antes disso, faz predominar
sem discussão, um motivo sobre o outro. Por muito que isso possa ser
eliminado da autointelecção teórico-científica, na tradução à práxis dos
resultados sócio-científicos, quanto menos, apresentam-se dificuldades cuja
origem deve ser cifrada exclusivamente aí. Gunnar Myrdal aludiu a isso.[116]

Desde Max Weber parece estar claro para o domínio das ciências sociais
algo sobre o que, por via pragmática e a propósito da relação entre técnica
e ciências da natureza, já não cabe a menor dúvida há muito tempo: que
as previsões científicas são traduzíveis a recomendações técnicas. Essas
recomendações distinguem entre uma situação determinada de partida,
meios alternativos e fins hipotéticos; todos os chamados juízos de valor
estão vinculados, exclusivamente, ao terceiro membro desta cadeia, contanto que essas relações pudessem ser investigadas, quanto a tais, com total
neutralidade valorativa. Esta tradução resulta, evidentemente, que tanto
na práxis social quanto em relação ao domínio técnico da natureza podem
ser sempre abstraídas relações entre fins e meios nas quais a neutralidade
valorativa dos meios e a indiferença axiológica das consequências secundárias estejam perfeitamente garantidas e nas quais, em consequência, um
"valor" só possa estar vinculado aos fins, e de um modo tal, que a eles nao
caiba, por sua vez, serem considerados como meios neutralizados frente a

---

115 Th. W. Adorno: *Zur Logik der Sozialwissenschaften*. (*Sobre a Lógica das Ciências Sociais*)

116 Cf. Gunnar Myrdal: *Ends and Means in Political Economy*. In: *Value in Theory*. London, 1958.
Cf. também Max Horkheimer: *Eclipse of Reason*. New York 1947, esp. Cap. I; edição alemã: *Zur
Kritik der instrumentellen Vernunft*, Fischer, Frankfurt, 1967, p. 15 e ss.

outros fins. Entretanto, nos domínios da práxis vital, para os que postulam as análises científico-sociais, em geral, não vêm satisfeitas nenhuma destas três condições. Se em uma situação concreta devem ser fundamentadas decisões práticas, deve se interpretar primeiro as correspondentes recomendações técnicas com vistas a referências vitais complexas; esta interpretação tem de levar em consideração o que aquelas recomendações ignoram: que inicialmente fins isolados e consequências necessárias, são, no possível, considerados em sua relação com outros fins igualmente como meios, do mesmo modo que os meios inicialmente neutralizados podem chegar a se converter, de certo modo, e diante de outra perspectiva, em um fim em si mesmo.

Sem dúvida que toda a ingerência sociotécnica, toda recomendação técnica a ela vinculada, assim como toda a previsão estritamente científica que lhe seja subjacente, devem *fixar*, de maneira axiologicamente neutra, meios diante de fins isolados e com consequências secundárias isoláveis; tratando-se de fins analíticos, o isolamento e a neutralização são inevitáveis. Mas a estrutura do objeto, o próprio mundo social da vida, impõe a restrição; uma restrição em virtude da qual não cabe esperar que os problemas práticos possam ser solucionados aduzindo, simplesmente, a uma regra técnica, e que, ao contrário, precisam de uma interpretação que anule aquela abstração por observância às consequências prático-vitais. Em todas estas interpretações acaba por resultar evidente que as relações entre o fim e os meios que em todo o relacionado com o domínio técnico da natureza não apresentam o menor problema, com respeito à sociedade resultam, imediatamente, e de todos os pontos, problemático. As condições definidoras das situações da ação comportam-se como momentos de uma totalidade que não podem ser divididos em uma parte morta e em uma parte viva, em fatos e em valores, em meios axiologicamente neutros e em fins carregados de valorações, sem malograr aquela. Antes, pode-se dizer que é a dialética hegeliana do fim e do meio o que neste ponto veio resultar realmente vigente: posto que o contexto social é literalmente um contexto *vital*, no qual a parte mais imperceptível é tão viva – e, em consequência, tão vulnerável – como o todo, aos meios lhes é tão imanente a pertinência a *determinados* fins como aos próprios fins uma conformidade à *determinados* meios. Disso, que com uma escolha racionalmente pertinente dos meios axiologicamente neutros não cabe dar uma resposta suficiente às questões práticas. Os problemas práticos exigem uma direção teórica: como pode ser alegada uma situação a outra; exigem (de acordo com uma proposta de Paul Streeren) programas e não apenas previsões. Os programas recomendam estratégias para a obtenção de situações não problemáticas, é dizer, a trama correspondente em cada caso – descomposta, sem dúvida, com fins analíticos, mas realmente indissolúvel na ordem prática – de uma constelação específica de meios, fins e consequências secundárias.

A crítica de Myrdal ao esquema fim-meio weberiano demonstra que com os procedimentos estritos das ciências sociais axiologicamente neutras coloca-se em marcha um interesse cognoscitivo técnico que não passa de inadequado à práxis da vida e que exige adicionalmente uma interpretação programática de cada uma das previsões. Acaba por se evidenciar, que a tradução à prática das recomendações técnicas não necessita, em realidade, desse passo controlado de uma interpretação adicional, tal e como seria exigido; mas não, por exemplo, porque não se dera a discrepância entre recomendações técnicas e soluções práticas, mas sim exclusivamente porque as teorias sócio-científicas, das que são derivadas as previsões, não podem satisfazer, de modo algum, apesar de toda sua autointelecção, as estritas exigências da neutralidade valorativa. Antes, deve-se decidir que o seu próprio arranque vem guiado por uma compreensão prévia relevante sobre um determinado círculo de problemas práticos. Essa compreensão diretora do sentido é determinante na escolha dos princípios teóricos e das hipóteses fundamentais para os modelos. Em um alto grau de abstração, a maioria das intelecções funcionais possíveis de maneira geral e, por conseguinte, também a maioria dos diversos programas, é metodicamente excluída, com razão, como irrelevante à luz dos pontos de vista programáticos atualmente vigentes e que como tais, evidentemente não são refletidos. No plano formal a análise discorre de modo universalmente válido e leva a previsões axiologicamente neutras; mas estas previsões sucedem a análises efetuadas dentro de um marco de referência que, por sua vez, deriva-se de uma compreensão prévia problemática e, em consequência, vem vinculada às estratégias buscadas. A compreensão prévia pode se revelar, desde logo, como incompleta ou não aproveitável: o conhecimento exato das inter-relações funcionais pode levar tanto a uma modificação das técnicas, como a uma correção dos objetivos, a uma adequação da estratégia toda, e a prova, inclusive, de que não é adequada a tácita antecipação da situação que inclui àquela considerada como problemática. Por outro lado, entretanto, a própria análise vem guiada por pontos de vista programáticos tácita ou implicitamente aceitos, e unicamente por isso transformam-se sem ruptura as relações entre os fins e os meios dilucidadas pela via analítica em soluções práticas.

Precisamente porque não apenas os fins são elementos de um contexto vital, mas sim porque o são *todos* os componentes de uma determinada constelação de meios, fins e consequências secundárias – uma constelação que à hora escolher medidas práticas deve ser contrastada com outras, e deve ser sopesada de acordo com comparações efetuadas entre todas elas consideradas como *totalidades* – por isso é necessário que a grande massa de todas as constelações imagináveis seja eliminada antes que a investigação axiologicamente neutra possa começar em coincidência formal com o esquema fins-meios. É por essa razão que também para a série de tipos ideais de Max Weber resultara decisiva uma determinada compreensão prévia histórico-filosófica da evolução europeia geral, é dizer, não outra coisa que um ponto de vista programático: o da racionalização de todos os âmbitos culturais.[117] E com as teorias rigorosamente formalizadas, não ocorre, em princípio, nada diferente. Precisamente o domínio de um interesse cognoscitivo técnico oculto a si mesmo esconde as encobertas inversões da compreensão geral de certo modo dogmática de uma situação, com a qual também o sociólogo estritamente científico-empírico se identificou de modo tácito antes que lhe possa escapar pelas mãos impulsos de uma teoria formalizada sob a exigência de uma hipotética validade geral. Agora, se nas ciências sociais de corte matemático devem figurar necessariamente experiências vinculadas a uma determinada situação e se os interesses que guiam o curso do conhecimento podem ser formalizados, mas não suspensos, eles não poderão menos que ser submetidos a controle e serem criticados ou legitimados, como tais interesses objetivos, à luz do contexto

---

[117] Cf. H. Freyer: *Soziologie als Wirklichkeitswissenschaft*, p. 155 e ss.: "Resulta do mais característico que na tipologia das formas de domínio parta intencionalmente da forma de administração especificamente moderna, 'com a finalidade de logo com ela, as restantes' ("Economia y sociedad", trad. castelhana: FCEI). Não é menos característico que o capítulo sobre a sociologia da cidade... proponha-se à compreensão da peculiaridade da cidade ocidental, dado que é nela aonde podem se encontrar as raízes do moderno sistema capitalista, servindo também neste caso àquela de contraste com outros tipos de cidade. Neste exemplos... evidencia-se a intenção fundamental da sociologia weberiana. Sintetizei aqui, em uma pergunta, o problema sobre o qual ele gira: qual é o tipo peculiar, legalmente específico, da moderna formação social europeia e em virtude de que concatenação de circunstâncias resultou possível sua cristalização?... A sociologia, como ciência sistemática também de realidades sociais de outro tipo, constitui e representa o caminho pelo qual a realidade atual acederá ao conhecimento de si mesma em sua realidade histórica".

social geral – exceto, evidentemente, que se queira deixar em suspenso a racionalização na própria penumbra do método empírico-analítico.

A reflexão sobre esses interesses obriga, entretanto, a um pensamento dialético, sem que se compreenda aqui a dialética como outra coisa que não a intenção de conceber, a todo o momento, a análise como parte do processo social analisado e como sua possível autoconsciência crítica – o que leva, entretanto, à renúncia a considerar que entre os instrumentos analíticos e os dados analisados existe essa relação superficial e meramente casual que pode ser, desde logo, admitida a propósito do domínio técnico sobre processos objetivos e objetualizados. Só assim as ciências sociais podem se safar da ilusão – tão rica em consequências sociais – de que sobre os diversos domínios da sociedade cabe aceder, na história, a um controle científico similar ao que se possui sobre a natureza, é dizer, um controle obtido com os mesmos meios que este último e por igual via de domínio técnico cristalizado graças à ciência, e tudo isso considerado, ademais, não como meramente possível, mas como possível com o êxito da emancipação de um vínculo coercitivo de raiz natural.

{ VI }

O Mito da Razão Total

Hans Albert

Tradução de Fernando Rister[118]

---

[118] Doutorando pela Faculdade de Direito da PUC/SP. Revisora Cristiane Magalhães Bissaco. Doutora em Linguística Aplicada pela PUC/SP.

Pretensões dialéticas à luz de uma crítica não dialética

1. Dialética contra o Positivismo

A PROBLEMÁTICA DA relação entre teoria e praxes suscitou algumas vezes o interesse dos filósofos e cientistas sociais. Conduziu até o presente, todavia, vivo o debate acerca do sentido e da possibilidade da *neutralidade valorativa* (Wertfreiheit), um debate cujos primeiros passos e culminações iniciais têm de ser vinculados antes de tudo ao nome de Max Weber. Provocou do mesmo modo, em outra ordem de coisas, a discussão sobre o significado do *experimento* para as ciências sociais e, em consonância com esta, coloca em dúvida a pretensão de autonomia metodológica apresentada, de maneira tão instigante por aquelas. Não cabe, pois, estranhar-se de que essas questões constituam um autêntico ponto de partida da reflexão filosófica sobre os problemas das ciências.

As ciências sociais foram se desenvolvendo nesses últimos tempos sob a influência direta ou indireta, porém crescente das correntes positivistas. E aqui em concernente aos problemas que acabamos de citar se tem pronunciado a favor de determinadas soluções reelaborando ao mesmo tempo as correspondentes concepções metodológicas. O que, por suposto, não equivale a dizer que estes pontos de vistas se beneficiem de uma aceitação geral. A diferença do que superficialmente poderia imaginar nem sequer a respeito do domínio anglo-saxão caberia dizer tal coisa. No âmbito linguístico anglo-saxão e dadas as diversas influências filosóficas que foram incidindo sobre as ciências sociais, a situação não resulta facilmente identificada. Pode, de qualquer forma, afirmar-se que o Positivismo de cunho mais recente não parece haver alcançado uma grande influência, não maior, em todo caso, a que conseguiu o historicismo e o neokantismo, a fenomenologia, ou a corrente hermenêutica. Tampouco cabe infravalorizar, por ultimo, *a influência da herança hegeliana*, bem imediata, bem mediata através do marxismo; uma influência que por demais, não deixou de fazer se sentir também por outros caminhos. Deste flanco se produziu nestes últimos tempos uma autêntica ofensiva contra as correntes positivistas, cuja análise merece ser efetuada na medida em que veio a incidir o centro mesmo da problemática acima citada.

Alimenta essa corrente a ideia de que certas dificuldades nascidas em consonância da realização do programa científico sustentado por estas outras tendências podem ser superadas e acertar-se um retorno às ideias próprias da tradição *hegeliana*. Nesta tentativa de superação dialética das presumidas insuficiências positivistas no âmbito das ciências sociais corresponde, há que se esclarecer, antes de tudo, a *situação* de que a propósito deste *problema* parte o autor, muito especialmente no tocante as dificuldades levantadas e ao ponto e medida em que, em sua opinião, não pode menos fracassar uma ciência de estilo positivista. Outra questão a discutir de imediato seria a da *alternativa* que vem este a oferecer e desenvolver, sua utilidade de cara à solução das dificuldades aludidas e também sua consistência. Eventualmente haveria de indagar por ultimo se existem outras *possibilidades de solução* dos ditos problemas.

A situação do problema de que *Habermas* parte pode ser caracterizada como segue: na medida em que as ciências sociais vão desenvolvendo-se de um modo que as aproxima ao ideal positivista de ciência – como em boa parte ocorre hoje – se assimilam às ciências da natureza, e o tem, sobretudo, em sentido de que nessas, há igual que há naquelas – em virtude da assimilação a que nos referimos – domina um interesse cognitivo de cunho puramente técnico e em consequência a teoria elaborada vem a sê-lo desde a atitude e posição do técnico. As ciências sociais assim orientadas não estão em disposição de procurar pontos de vistas normativos e ideias úteis de cara à orientação prática. Já não podem fornecer recomendações técnicas com vistas à realização e execução de fins fixados de antemão; isto é, sua influência se restringe a eleição dos meios. A racionalização das praxes assim possibilitada incide e vem referida unicamente ao aspecto técnico da mesma. Trata-se, pois, de uma racionalidade restringida, oposta, por exemplo, à sustentada por teorias anteriores, ou seja, por todas aquelas teorias que também pretendiam juntar orientações normativas e instruções técnicas.

A utilidade de uma ciência social assim concebida não é negada, de modo algum, por *Habermas*. Vê, entretanto, um perigo em que não se reconheçam suas limitações, limitações nascidas, por exemplo, da tentativa de identificar sem mais amplas aplicações, a técnica e a prática, reduzindo deste modo – como parece desprender-se da orientação geral da teoria positivista da ciência – a problemática prática mais global, à técnica muito mais limitada. A restrição da racionalidade as meras aplicações de meios, tal e como vem postulada no marco desta concepção não pode menos do que levar à equiparação da outra cara da problemática prática, a correspondente à fixação dos fins, a um mero decisionismo, à arbitrariedade de umas meras decisões não elaboradas reflexivamente pela razão. Entretanto, não entrem em consideração problemas tecnológicos, ao *positivismo* da restrição a teorias de todo o ponto neutras desde o ponto de vista axiológico, no plano do conhecimento, vem a corresponder assim no plano da praxes, o *decisionismo* de umas decisões arbitrárias não sujeitas a uma elaboração reflexiva. O preço à economia na eleição dos meios é de livre decisão na eleição nos máximos fins.

No âmbito em que a virtude de dita redução da racionalidade acaba por permanecer vazio se infiltram, sem que a reflexão nacional as detenha, as imagens das interpretações mitológicas do mundo, de tal modo que o positivismo não venha, de fato, a cuidar unicamente da racionalização do aspecto técnico, mas sem dar pé a si mesmo, ainda que involuntariamente, a remitologização da vertente – não apressada por ele – da problemática prática; como é óbvio, os representantes dessa tendência não podem menos de alarmar-se diante de semelhante consequência. E reagem com uma crítica das ideologias que não servem, para dizer a verdade, para a configuração da realidade, mas – simplesmente – para o esclarecimento das consequências e que por isso mesmo – é dada a concepção da ciência que o serve de base – não pode resultar inteligível. Este é o ponto em que, na opinião de *Habermas*, se evidencia como o positivismo tende a superar a restrição da racionalidade inicialmente aceitável por ele, de cara a uma concepção mais plena, uma concepção que venha a englobar em confluência exata razão e decisão. Porém, essa tendência não pode abrir passo senão ao preço da ruptura e superação dos próprios limites do positivismo; somente pode, enfim, impor-se no momento em que sua razão específica é superada dialeticamente por uma razão que é conatural a unidade da teoria e praxes e, com ela, a superação do dualismo dos conhecimentos e das valorizações, dos atos e das decisões, uma razão que vem a acabar com a divergência positivista da consciência. Esta razão dialética é, pelo visto, a única que esta em situação de superar a um tempo com o positivismo da teoria pura, o decisionismo da mera decisão, para, deste modo, conceber a sociedade como totalidade dominada pela história com vistas a uma maiêutica da crítica da praxes política. Em essencial o que importa a *Habermas* não é senão recuperar para reflexão racional mediante recurso à herança *hegeliana* preservada no marxismo o âmbito perdido da razão dialética referida à praxes.

Com isso, ficam indicadas as linhas fundamentais da sua crítica à concepção positivista das ciências no campo das ciências sociais, assim como as pretensões que abarcam sua presunção de superação dialética da mesma. Vamos, pois, investigar detalhadamente suas objeções e propostas com o fim de colocar a prova sua solidez.

2. Em torno ao problema da construção das teorias

Em sua tomada crítica de posição no que diz respeito à teoria analítica da ciência, *Habermas* parte da distinção entre o *conceito funcionalista de sistema* e o *conceito dialético de totalidade*, que considera fundamental, se bem dificilmente explicada. Atribui ambos os conceitos das formas típicas de ciência social em jogo: Analítica e a Dialética, com o fim de elucidar atos seguido das diferenças em consonância dos quatro grande grupos de problemas, ou seja, de novo em consonância das relações existentes entre teoria e história e, por último entre ciência e praxes. Este último volta a ser determinadamente analisado no resto do seu trabalho, onde o problema da neutralidade valorativa é o chamado problema da base (empírica) acesso ao primeiro plano.

O conceito dialético de totalidade que constitui ponto de partida de suas digressões, apresenta-se, como era bem sabido, uma e outras vezes nos teóricos de inspiração *hegeliana*. É considerado, por isto, evidentemente, como fundamental em algum sentido. Tanto mais lamentável, pois, vem a resultar o feito de que *Habermas* não faça nada para esclarecê-lo a fundo, dado, sobretudo, que o mesmo o destaca com tanta energia e o usa com notável exuberância. Não vem a dizer, no que dito conceito concerne, mas que compreendido no sentido estritamente dialético de acordo com o qual o todo não pode ser concebido organicamente como uma soma de suas partes, posto que é mais que ela. Por outra parte, a totalidade tampouco é uma classe lógica extensivamente determinada por agressão de quantos elementos integra. Dito isso, crê poder inferir que o conceito dialético de totalidade não é afetado por investigações críticas sobre o mesmo tipo nas realizadas, por exemplo, por Ernerst Nagel.

Ocorre, contudo que as investigações de *Nagel* não vêm limitadas a um conceito de totalidade tal que pode ser ignorado, sem mais, neste contexto como meramente irrelevante. Submetem, pelo contrário, ao foco de análises diversas versões do mesmo de supor-se que há um teórico que venha tratá-las com totalidade de caráter social resultarão, quanto menos, dignas de serem levadas em consideração. *Habermas* prefere afirmar que o conceito dialético de totalidade transborda os limites da lógica formal, cuja área de influência a dialética mesma não pode ser considerada senão como uma quimera. De acordo com o contexto em que figura esta frase, pode bem inferir-se que *Habermas* pretende discutir a possibilidade em analisar logicamente sobre o conceito de totalidade. O certo é, entretanto, que de não oferecer explicações mais convincentes, numa tese desse tipo não cabe vislumbrar senão a expressão de uma decisão – por utilizar, uma vez ao menos termo tão confiado contra os positivistas – bem precisa; a saber: a decisão de subtrair da análise o conceito em questão. Os desconfiados verão nisso, claramente, uma estratégia de imunização baseada na perspectiva de uma possível evasão à crítica daquele que se subtrai à análise. Porém, vamos deixar assim simplesmente colocado. A não explicabilidade de seu conceito parece importante a *Habermas*, antes de tudo porque nela também se desprende, como é óbvio, a diferença entre totalidade em sentido dialético e sistema em sentido funcionalista, diferença a que segundo parece, confere uma importância fundamental. Essa distinção se relaciona basicamente com o contraste estabelecido entre os dois tipos de ciência social na medida em que o próprio autor venha a sustentar a problemática ideia de que uma teoria *geral* se refere ao sistema social globalmente considerado.

A citada diferença entre ambos os tipos vem a ser explicada, a propósito da relação entre teoria e objeto nos seguintes termos: No marco da teoria científica empírica, o conceito de sistema e os enunciados teóricos que o explicitam permanecem *exteriores* ao domínio empírico analisado.

As teorias não passam de ser, nesse contexto, meros esquemas de ordens construídos arbitrariamente num marco sintaticamente vinculativo úteis na medida em que a real diversidade de um âmbito objetivo se adéqua aos mesmos, coisa que, entretanto, obedece, *principalmente*, a sua *causalidade*. De maneira, pois, que em virtude do modo de expressão selecionado se suscita a impressão de arbitrariedade, capricho e azar. A possibilidade de aplicar métodos e contraste mais rigorosos, cujo resultado seja amplamente independente da vontade subjetiva, é trivializado, feito que, sem dúvida, está em relação com a subsequente posto em dúvida da mesma proposta da teoria dialética ao leitor alegada a ideia de que esse tipo de teoria coincide *necessária* e *internamente* com a realidade, de tal modo que não necessita de contraste fático.

A respeito da teoria dialética se pretende, pelo contrário, que no que seu objeto concerne não procede tão indiferentemente como o fazem – com êxito amplamente conhecido – as ciências exatas da natureza. Parece assegurar-se precedentemente da adequação de suas categorias ao objeto, dado que os esquemas de ordens em que as magnitudes covariantes somente se adéquam casualmente não havendo justiça a nossos interesses pela sociedade, que neste caso *não é*, evidentemente o interesse de ordem meramente técnica, um interesse referido exclusivamente ao domínio da natureza. Efetivamente, tão logo como interesse cognitivo vai além segundo *Habermas*, a indiferença do sistema a respeito do seu campo de aplicação se transforma numa falsificação de um objeto. Descuidada em benefício de uma metodologia geral, a estrutura do objeto condena à teoria em que não pode penetrar à irrelevância. Aqui, pois, o diagnóstico: Falsificação de objeto; e aqui o remédio: Há que se conceber o contexto social da vida como uma *totalidade* determinante incluído da mesma investigação. O *círculo* resultante em virtude de que seja o aparelho científico o que investigue *primeiro* o objeto de cuja estrutura se tenha, entretanto, que haver comprometido algo *precedentemente*, somente resulta dialeticamente penetrável em relação com a hermenêutica natural do mundo social da vida, de tal modo que o lugar do sistema hipotético dedutivo vem em realidade a ser ocupado aqui pela explicação hermenêutica do sentido.

O problema de que Habermas parte se explica, evidentemente, a partir do fato de que na ciência social de inspiração analítica não se dá senão *interesse cognitivo tecnicamente unilateral* que conduz a um falseamento do objeto. Aderimos assim a uma tese que já nos é conhecida e na que se baseia o autor em uma de suas objeções essenciais contra a ciência social operante em sentido moderno. Faz desse modo sua uma interpretação *instrumental* das ciências positivas e ignora o fato de que o teórico da ciência a quem fundamentalmente apontam, como é óbvio, suas objeções, se opôs explicitamente a esta interpretação, a discutiu e a procurou evidenciar sua problemática intrínseca. O fato é que determinadas teorias de caráter monológico se revelaram em nossos poucos domínios como tecnicamente aproveitáveis não pode ser, em absoluto, interpretado como sintoma definitivo nos interesses cognitivos a ela subjacentes.

Uma interpretação imparcial de tudo isso contribui sem dúvida a que uma penetração mais profunda na estrutura da realidade deixem de esperar sobre conhecimentos importantes, mesmo assim, de cara a ação – como forma de tráfico com o realmente dado. A metodologia das ciências positivas teóricas apontam, sobretudo à percepção de regularidades e inter-relações legais, de hipóteses normativas sobre a estrutura da realidade e, em consequência, do acontecer real. Os controles empíricos e, em relação com os mesmos, das prognoses se efetuam para o contrastar e examinar se as inter-relações e regularidades são como nos imaginamos com o qual o nosso saber precedente pode ser sem mais e em todo momento posto em dúvida ou retificado. Há que se destacar, mesmo assim, que em todo processo é correspondente um papel muito importante a ideia de que nos é possível aprender com nossos erros na medida em que submetemos as teorias em questão ao risco de desacreditar e fracassar à luz dos próprios fatos. As ingerências no real podem ser úteis com vistas a lograr situações suscetíveis e magnificar relativamente a este risco. Cabe, pois, afirmar que os êxitos técnicos alcançados de acordo com o nível da investigação devem-se, sem dúvida, à relativa aproximação lograda das inter-relações de processos reais. Isto é o que *Habermas* considera basicamente dialeticamente na ideia de que o que aqui vem a evidenciar é um unilateral interesse cognitivo. As consequências mais chamativas da evolução científica – perfeitamente interpretáveis, por outra parte, e sem maiores esforços, de maneira realista – se utilizam, enfim, para enfocar os esforços cognitivos a elas subjacentes de acordo com a discussão inicial, ou seja, para denunciá-los – por expressar neoregelianamente, como meramente técnicos. Porém deixemos assim discutido o problema do suposto predomínio do interesse cognitivo técnico. Na medida em que isso se dá, nos diz *Habermas*, a teoria permanece indiferente respeito do âmbito do objeto.

Agora bem, se o interesse aponta além, esta indiferença se transforma em falseamento do mesmo. Como pode dar lugar a isto uma mudança de interesse? Em que termos pensar tal coisa? *Habermas* nada nos diz sobre isto. Limita-se a não deixar ao cientista social de observância analítica outra possível saída a sua desesperada situação que a de sua conversão à dialética – com a consequente renuncia a sua liberdade de eleição de categoria e modelos. O ingênuo partidário dos métodos analíticos se sentirá bem mais inclinado a considerar que a melhor via de que dispõe para assegurar-se da adequação de suas categorias não é outra que a de submeter as teorias nestas que jogam um papel a uma constatação da mais rigorosa possível. Porém nem isto parece bastar a *Habermas*. Crê poder verificar na adequação de suas categorias precedentemente. Seu muito diferente interesse cognitivo parece prescrito assim. Suas manifestações nesse sentido dão a entender que quer partir da linguagem cotidiana e do conhecimento cotidiano em sua busca do caminho para uma adequada formação de teorias.

De não vir assimilado a uma das pretensões equivocadas que nada teria de opor-se, claramente, com recurso ao conhecimento cotidiano. As próprias ciências da natureza foram se cristalizando em virtude de um processo de diferenciação cujas raízes se fundem no conhecimento empírico da vida cotidiana, se bem que não sem a ajuda de alguns métodos capazes de problematizá-los e submetê-los a crítica – e, ademais, sob a relativa influência das ideias que não deixavam de se contradizer radicalmente dito conhecimento e que, contudo, vinham a acreditar-se frente ao sano sentido comum. Por que teria de ocorrer outra coisa com as ciências sociais? Por que não resultaria nelas necessário o recurso a ideias contraditórias a respeito do conhecimento cotidiano? Ou é que *Habermas* quis negá-lo? É seu propósito elevar o saudável sentido comum- ou dito de maneira mais distinguida: A hermenêutica natural do mundo social da vida – à categoria de sacramento? E de não ser assim em que cifrar a peculiaridade do seu método? Em que medida alcança a coisa nele por seu próprio peso maior vigência que nos restantes métodos usuais das ciências positivas? Em minha opinião, o que aqui vem a desenhar-se são, em realidade, certos preconceitos. Quer talvez *Habermas* negar a priori seu assentimento a teorias em cuja gênese não intervém uma reflexão dialética vinculada a dita hermenêutica natural? Ou prefere considerá-las, simplesmente, como irrelevantes? E o que fazer naqueles casos no que outras teorias se acreditam, em virtude de sua constatação empírica, melhor que as gêneses mais distinguidas?

Ou que essas teorias são construídas de tal modo que não cabe pensar, por razões básicas, em um fracasso das mesmas? Em ocasião, as reflexões de *Habermas* fazem pensar que este confere preferência à gênese a respeito do rendimento. Caberia inclusive dizer que em linhas gerais o método das ciências sociais parece mais conservador do que crítico, uniformemente a como esta dialética resulta em determinados aspectos mais conservadora do que ela mesma se imagina.

3. TEORIA, EXPERIÊNCIA E HISTÓRIA

HABERMAS REPROVA a concepção analítica sobre sua tolerância de um tipo de experiência, a saber: A observação controlada de um determinado comportamento físico, organizado num campo isolado em circunstâncias reproduzíveis por sujeitos quaisquer perfeitamente intercambiáveis. A teoria social de inspiração dialética vem a opor-se a semelhante limitação. Se a construção formal da teoria, a estrutura dos conceitos e a eleição de categorias e modelos não podem efetuar-se seguindo cegamente as regras abstratas de modelo, senão que tem que adequar-se previamente a um objeto previamente formado, não caberá identificar somente posteriormente a teoria como uma experiência que em virtude de tudo isso, não poderá menos do que ficar restringida. Os pontos de vista que recorre a ciência social dialética provém do fundo de uma experiência acumulada pré-cientificamente, desta mesma experiência, sem dúvida, a que se alude a propósito da hermenêutica natural. Dita experiência precedente, que se refere à sociedade concebida como totalidade, guia o traçado da teoria, teoria que por uma parte não pode discutir sequer uma experiência tão restringida, por outra tampouco tem por que enunciar a pensamentos não controláveis empiricamente. Precisamente seus enunciados centrais não podem ser legitimados sem fissuras por comprovações empíricas. A qual, entretanto, não deixa de parecer novamente compensado pelo fato de que se por um lado o conceito funcionalista de sistema não resulta controlado, a incidência hermenêutica na totalidade tem que revelar-se, por outro, como justa e certeira durante o curso mesmo da explicação. Assim, pois, e de acordo com tudo isto os conceitos de validez meramente analítica tem que ter crédito na experiência, sem que por outra parte caiba identificar esta com a observação controlada. Suscita-se assim a impressão de um método de contradição mais adequado – por não dizer mais rigoroso – que o usual no âmbito das ciências positivas.

Para emitir um juízo sobre essas objeções e propostas convém esclarecer previamente a problemática aqui sujeita a discussão. Que a concepção criticada por *Habermas* não tolere senão um tipo de experiência começa por ser simplesmente, falso, por muito familiar que a alusão a um conceito muito estreito de experiência pode resultar aos críticos daquela orientados segundo o modelo das ciências do espírito. Antes ainda pode afirmar-se que no que à construção de teorias se refere, essa concepção não necessita impor restrição alguma, a diferença da sustentada por *Habermas*, que obriga a recorrer à hermenêutica natural a experiência canalizada a que este alude resulta relevante para uma tarefa perfeitamente determinada a de contrastar uma teoria sobre os fatos, com vistas a confirmação fática da mesma. No que a este contraste se refere, o importante é encontrar situações da maior potência discriminatória possível. Dele, o único que se desprende é que existirá uma preferência por estas situações em todos aqueles casos nos que se aspire a um sério e rigoroso contraste. Dito de outra maneira; quanto menos discriminatória resulta uma situação de cara a uma determinada teoria, tanto menos útil é para o contraste da mesma. Supondo que para a situação em jogo não se desprenda da teoria consequentemente relevante, dita situação não oferecerá, nesse sentido, a menor utilidade. Tem a concepção dialética algo a opor a isso? Relembremos que segundo *Habermas* a teoria dialética não tem porque discutir nem sequer uma experiência tão restringida. Por isso que basta este momento, sua polêmica contra as limitações de experiência que disse atacar não possa parecer menos embasada sobre uma série de mal entendidos.

Enquanto ao interrogante sobre se deve renunciar ou não a pensamentos não contrastáveis ao citado sentido, pode responder de imediato com uma negativa. Ninguém impõe tal renúncia à dialética em nome, por exemplo, da moderna teoria da ciência. Caberá esperar tão só, que quantas teorias pretendam dizer algo sobre a realidade social, coloquem atenção em não abrir um canal a quaisquer possibilidades, acabando por não estabelecer assim diferença alguma a respeito do acontecer social-real. Por que não haveriam de resultar os pensamentos dos dialéticos suscetíveis de converter-se em teorias principalmente contrastáveis?

No que consiste a gênese dos conhecimentos dialéticos a partir da experiência pré-científica acumulada, já tivemos ocasião de ocuparmos da problemática que resulta em empenho de destacar mencionada relação. O partidário da concepção criticada por *Habermas* não vê, como dissemos, motivos para sobrevalorizar semelhantes problemas genéticos. Por outra parte tampouco há nenhuma razão orgânica para opor-se a que experiência precedente guie a construção de teorias, se bem não pode menos do que destacar que semelhante experiência, tal como *Habermas* a esboça, também contém – entre outras coisas – os erros herdados, erros que de certo modo podem acabar inclusive assumindo um papel em dito trabalho de orientação e guia. Poderia, pois, afirmar-se que no que as teorias desta gênese defendem, se tem todos os motivos para defender a necessidade de elaborar e descobrir testes dos mais rigorosos possíveis de cara a eliminação destes e outros erros. Por que haveria precisamente esta gênese de garantir a excelência das categorias? Por que não conceber também as ideias de cunho novo uma oportunidade para se dar crédito? Parece-me que neste ponto a metodologia habernesiana resulta imotivadamente restritiva – e lógico, o é, como já dissemos, em sentido conservador – entanto que as concepções a qual reprova exigir um sério submeter às suas regras abstratas na construção de teorias e conceitos, nada proíbe a ordem de conteúdo, na medida, precisamente no que se crê na obrigação de partir de um saber precedente incorrigível. Ao conceito mais vasto da experiência invocada por *Habermas*, no melhor dos casos, parece corresponder à função metódica de serem dificilmente corrigidos esses erros tradicionalmente inseridos, na chamada, experiência acumulável.

Como há de revelar-se a incidência hermenêutica na totalidade como justa e certeira durante o curso da explicação enquanto a tal conceito mais adequado à coisa mesma, é algo em cujo esclarecimento *Habermas* não entra. Parece ficar, não obstante, suficientemente claro que não pensa a este respeito, em um método de contraste tal e como poderia ser este concebido desde as discussões metodológicas que critica. Rejeitados tais métodos de contraste em virtude de sua insuficiência, o que vem a ficar não é, em definitivo, senão a extensão metaforicamente sustentável, de um método cuja existência e superior natureza se afirmam, sem que essa última não seja nunca mais diretamente esclarecida. Antes aludiu *Habermas* a não contrastá-la com conceito funcionalista de sistema, cuja adequação a estrutura da sociedade encontra, segundo parece, problemática. Ignoro se decidirá a aceitar a indicação de que também este conceito pode revelar-se como válido no curso da explicação. No lugar de fazer uso deste argumento tipo bumerangue prefiro submeter à crítica o papel dominante de que *Habermas*, de igual maneira que em quase todos os metodológicos da ciência do espírito os é assinalado a uma série de conceitos próprios do, segundo parece, insuperável legado hegeliano. Neste ponto vem a evidenciar-se em *Habermas* esse existencialismo, superado há muito tempo nas ciências da natureza, que *Popper* tenha apresentado a crítica. Na concepção combatida por *Habermas* o que esta em jogo não são conceitos, mas enunciados e sistema de enunciados. Juntamente com eles podem acreditar-se ou desacreditar-se também os conceitos utilizados. A exigência de uma acusação isolada dos mesmos, fora do seu contexto teórico, necessita, principalmente, de base. A hipertensão conceitual a que recorrem os hegelianos e que se evidencia, antes de tudo, em termos como totalidade, dialético e história não dá lugar, em minha opinião, a outra coisa que sua fantasia – por empregar o tecnicismo de que eles mesmos se servem, se não me engano, a este respeito – há uma magia verbal diante de seus adversários depõem as armas bastante rápidas, por desgraça.

Em seu esclarecimento sobre as relações existentes entre teoria e história, *Habermas* contrapõe a prognóstica baseada em *leis gerais*, – e fruto específico das teorias científico-empíricas – A *interpretação* de um contexto vital histórico à luz de uma *legalidade histórica* de certo tipo – concebida como fruto específico de uma teria dialética da sociedade. Rejeita o uso restritivo do conceito de lei a favor de um tipo de legalidade que aspira a uma validez a um tempo mais global e mais restringido, dado que a análise dialética que faça uso de leis do movimento história nesse tipo, aponta, evidentemente, a iluminar a totalidade concreta de uma sociedade concebida em evolução história. Estas outras leis, pois, não tem uma validez do tipo geral; se referem melhor a âmbitos de aplicação sucessivamente concretos que vêm definidos na dimensão de um processo evolutivo totalmente único e irreversível em seus estados, ou seja, que vêm definidos já no conhecimento da coisa e não por via meramente analítica. A superior globalidade de seu âmbito de validez é algo que *Habermas* fundamenta, como de costume, aludindo a dependência dos fenômenos particulares a respeito da totalidade a que ditas leis vem, a todas luzes, a expressar essa relação fundamental de dependência. Paralelamente se propõe não obstante, dar curso de expressão ao sentido objetivo de um contexto vital histórico. A análise dialética procede assim hermeneuticamente. Obtém suas categorias a partir da consciência da situação do sujeito atuante, incidindo sobre esta base, de maneira a um tempo identificadora e crítica no espírito objetivo de um mundo social da vida com o fim de abrir-se a partir de lá à totalidade histórica de uma trama social da vida, inteligível como trama objetiva de sentido. Desse modo, ao combinar-se o método compreensivo com o causal analítico em modo dialético de consideração, resulta superada a divisão entre teoria e história.

Assim, pois, parece que as ideias metodológicas dos analíticos se revelam como excessivamente estreitos. Em seu lugar se desenham as linhas fundamentais de uma concepção grandiosa que se propõe captar o processo histórico como um todo, desvelando seu sentido objetivo. As impressionantes pretensões desta concepção saltam a vista: até o momento carecemos, ainda, de qualquer tentativa de análise mediatamente sóbrio do método esboçado e de seus componentes. Qual é a estrutura lógica dessas leis históricas as quais se atribui o rendimento tão interessante e como podem ser contrastadas? Em que medida pode ser uma lei que se refere a uma totalidade história concreta, a um processo único e irreversível em quanto a tal, algo diferente de um enunciado singular? Como especificar o caráter legal de semelhante enunciado? Como identificar as relações fundamentais de dependência de uma totalidade concreta? De que método se dispõe para entrar na hermenêutica subjetiva, necessariamente superada, ao sentido objetivo? Pode ser que para os dialéticos esses problemas sejam de importância menor. A teologia nos familiarizou com isso. Quem não está dentro, contudo, sente que se solicita demasiadamente se sua boa fé. Vê as pretensões que acompanham a soberana tese da limitação de outras concepções e não pode ao menos perguntar-se até que ponto tem, em realidade, fundamento.

4. Teoria e praxes: O problema da neutralidade valorativa

Habermas se ocupa seguidamente da relação entre teoria e praxes, relação cuja problemática é da maior importância para sua concepção, na medida em que aquilo que aspira não é, segundo parece, outra coisa que uma filosofia da história de intenção prática presenteada à guisa de ciência. É também sua superação da divisão entre teoria e história mediante a combinação dialética de análises histórica e sistemática se retraem, como o mesmo destacou antes, a uma orientação prática desse tipo, orientação que, desde já, não há que confundir com esse interesse meramente técnico em que pelo visto dissipa suas raízes na ciência positiva não dialética. Esta contraposição, a que se aludiu anteriormente, figura, pois, mesmo assim, no centro desta outra investigação sua. Chegamos neste ponto, evidentemente a um núcleo de sua argumentação.

Seu objetivo essencial não é aqui outro que superar, com vistas a uma orientação normativa, essa redução – por ele criticada – da ciência social de estilo positivista, a mera resolução de problemas técnicos com a ajuda, clara, de uma análise histórico-global cujas intenções práticas ficam livres de toda arbitrariedade e podem ser legitimadas a partir do contexto objetivo. Em outras palavras: Procura u*ma justificativa objetiva da ação prática a partir do sentido da história uma justificativa* que, como é natural não pode ser procurada por uma sociologia de caráter científico positivo. De qualquer modo, no que diz respeito a este ponto, não pode ignorar o fato de que também *Popper* reserva um lugar específico em sua concepção às interpretações históricas. Somente que esse se opõe energicamente a quantas teorias histórico-filosóficas se propõem desvelar, de tal ou qual modo misterioso, no oculto sentido objetivo da história suscetível de servir tanto de orientação prática como de justificativa. Ele, ao contrário, sustenta a ideia de que tais projeções se baseiam, por regra geral, no autoengano, e destaca que somos nós que temos que decidir em dar à própria história o sentido que acreditamos sermos capazes de defender. Um sentido desse tipo pode procurar por sua vez pontos de vistas para interpretação histórica, interpretação que, em qualquer caso, envolve uma seleção dependente de nosso interesse, sem que por isso haja, não obstante, de ser excluída a objetividade das inter-relações de contextos escolhidos para análise.

Para *Habermas*, cujo desejo não é outro que legitimar intenções práticas em virtude de um total contexto histórico objetivo – propósito que, em qualquer caso, não costuma ser compartilhado pelos representantes da concepção por ele criticada no âmbito do pensamento ideológico – de pouco pode servir, obviamente, o tipo de análise histórica concedida por *Popper*, dado que sendo vários os pontos de vistas pelos quais, de acordo com aquele, cabe decidir-se, resultariam possíveis diversas interpretações históricas, entanto que para seus fins específicos ele não precisa mais do que *uma só* e ótima interpretação, assumida com vontade legitimadora. Deste modo, censurar a *Popper* a mera arbitrariedade dos pontos de vista em cada caso escolhido, pretendendo, a todas luzes para sua interpretação incidente na totalidade e reveladora do autentico sentido de acontecer – a meta *da sociedade,* como disse em outro lugar – uma objetividade não alcançável mas por via dialética. O certo é que a presumida arbitrariedade de uma interpretação do tipo da de *Popper* não resulta tão gravosa como a de *Habermas* se se pensa em que as pretensões daquela não podem comparar-se as que alimentam estas. A vista de sua crítica será preciso perguntar-se como arrumá-las para evitar dita arbitrariedade. Dado que não encontramos nele solução alguma a esse problema da legitimação que veio se autodiscutir, não podemos supor que a arbitrariedade concerne, sua posição não é superior com a sua diferença, claro, que em seu caso esta se apresenta sob a máscara de uma interpretação objetiva. Não se vê, desde já, que alcance rejeitar a crítica *popperiana* a ditas interpretações presumidamente objetivas, nem, em geral, à crítica da ideologia efetuada pela ilustração vulgar. A totalidade acaba, de certo modo, por revelar-se como um fetiche, fetiche que serve para que algumas decisões arbitrárias possam aparentar que são conhecimentos objetivos.

Assim, entramos, como *Habermas* constata com razão, no problema da chamada *neutralidade valorativa* da investigação histórica e teorética. O postulado da neutralidade valorativa se apoia, como ele mesmo diz sobre uma tese que, seguindo a Popper, caberia formular como dualismo de fatos e decisões e que resulta perfeitamente ilustrado à luz da diferença entre leis da natureza e normas. A separação estreita estabelecida entre ambos os tipos de leis não pode menos que parecer problemática. Respeito desta fórmula das perguntas cuja resposta deve abordar clareza ao assunto; pergunta, em primeiro lugar, se o sentido normativo de uma deliberação racional pode evadir-se do contexto vital concreto de que surgiu e a que reverte, e, em segundo lugar, se o conhecimento reduzido no âmbito positivista a ciência-empírica vem real e efetivamente desvinculado de toda conexão normativa. Sua discussão sobre o assunto parece indicar que interpreta o citado dualismo sobre a base de um evidente mal entendido, já que o que aqui questiona tem muito pouco que ver com o sentido da citada distinção.

A segunda destas duas perguntas leva a investigar as propostas de *Popper* sobre a problemática da base. Descobre nelas consequências impre-visíveis e não buscadas que, segundo parece, envolvem um círculo, e em consequência vislumbra em tudo isso um indício a favor da inserção do processo de investigação em um contexto somente hermeneuticamente explicitado. Trata-se do seguinte: *Popper* insiste aos partidários de uma linguagem protocolar em quem também os enunciados de base são fundamentalmente revisáveis, já que neles mesmos vem contido um determinado elemento de interpretação. É preciso aplicar o aparelho conceitual da teoria em questão para obter enunciados de base. Pois bem, *Habermas* vê um círculo em que para a aplicação das leis resulte necessário uma determinação prévia de realizações, entanto que esta, por sua vez, somente pode ser efetuada em virtude de um método em que essas leis são já aplicadas. Nisto tem, evidentemente, um mal entendido. A aplicação de leis – o que isso equivale dizer: de enunciados teoréticos – exige um uso do aparelho conceitual correspondente para formular as condições de aplicação das que se trate, condições das que podem fazer depender *a própria aplicação das leis*. Não vejo que se pode falar aqui de um círculo e, desde já, ainda vejo menos de que poderia servir neste caso o *deus ex máquina* habermasiano: A explicação hermenêutica. Tampouco vejo em que sentido a separação da metodologia a respeito do processo real da investigação e de suas funções sociológicas se venham em este ponto, nem sei, realmente, o que querem dizer com isso.

A referência ao caráter institucional da investigação e o papel das regulações normativas no processo da investigação, que *Habermas* aduz nesse contexto, não resulta em modo algum apropriada para resolver problemas que até o momento estão sem solução. No que concerne ao fato insistentemente ignorado por Popper, segundo nos disse, de que pelo geral não temos a menor dúvida acerca da validez de um enunciado de base, de tal modo que não há porque preocupar-se de fato por essa regressão infinita, possível desde um ponto de vista lógico porém que, pelo dito, não se apresentam, bastará considerar que se por uma parte a certeza fática de um enunciado não deveria, enquanto a tal, ser discutida, sem mais, como critério de sua validez, o próprio *Popper* soluciona, por outra, o problema da regressão sem recorrer a provas problemáticas desse tipo. O que de todo este assunto lhe importa não é a análise do comportamento cognitivo fático, senão a solução de uma série de problemas metodológicos. A referência a critérios não formulados que de fato são utilizados no processo de investigação institucionalmente canalizado não constitui precisamente uma solução para os ditos problemas. Afirmar que o problema não se apresenta realmente no processo não tem, de modo algum, como consequência a eliminação do mesmo enquanto a tal problema metodológico. Bastará lembrar que não são poucos os científicos que por nada colocam o problema do conteúdo da informação – problema muito relacionado, por certo, com a matéria que nos ocupa – de tal maneira que em certo modo, em determinadas circunstancias e sob algumas condições especificas o que concernem não é senão converter sobre esse sistema em uma grande tautologia, privando-o assim de conteúdo. Aos metodológicos se lhes apresentam problemas ali onde outras pessoas dificilmente poderão pensar que os tem.

As normas e critérios sobre o que *Habermas* reflexiona neste ponto do seu trabalho de maneira geral são manipulados por ele, muito caracteristicamente, desde a perspectiva do sociólogo que há de tratá-las com os fatos sociais, com dados imediatos do processo de investigação, um processo obediente à necessária divisão de trabalhos e imerso no contexto geral do trabalho social. Essa perspectiva não deixa de oferecer, desde já um maior interesse. A metodologia, entretanto, o que a importa não é o levantamento dos fatos e dados sociais, mas a análise crítica e a reconstrução racional das regras e critérios em questão de cara alguns determinados objetivos, como pode ser, por exemplo, o de uma maior aproximação à verdade. Não deixa de resultar interessante que neste ponto concreto o dialético se converta em um autentico positivista, na medida em que figura poder eliminar os problemas da lógica da investigação a base de remeter a dados e fatos sociais. Porém nisto não cabe ver uma superação da metodologia popperiana, mas, simplesmente, uma tentativa de sortear sobre problemas referindo ao que em outros contextos costuma-se desaprovar como mera facticidade.

No que ao aspecto sociológico do assunto concerne, há que colocar igualmente em dúvida se pode ser tratado adequadamente tal e como *Habermas* propõe fazê-lo. Precisamente a este respeito – ou seja, no que as chamadas referências vitais da investigação concernem – não há que esquecer, desde já, a existência de uma série de instituições que estabilizam um interesse autônomo pelo conhecimento de inter-relações objetivas, de tal modo que nesses domínios existe a possibilidade de emancipar-se consideravelmente da pressão imediata da praxes cotidiana. A livre disposição para o trabalho científico torna assim possível coadjuvá-lo no pouco ao progresso do conhecimento. Passar da constatação do que é uma aplicação técnica à tese de uma raiz determinante de ordem meramente técnica revela-se, precisamente nesse sentido, como uma conclusão precipitada.

Em relação com o tratamento do assunto da base entra *Habermas,* como vimos, no problema da regulação normativa do processo cognitivo retroagindo assim o *problema da neutralidade valorativa* do qual iniciamos. Este problema demonstra, nos diz que os procedimentos empíricos analíticos não são capazes de dar-se conta da referência respeito da vida na que em realidade eles mesmos se encontram objetivamente. Suas subsequentes reflexões sofrem, contudo, de algo essencial: em nenhum momento formula o postulado da neutralidade valorativa, cuja problemática se propõe provar, de um modo tal que seja possível certificar-nos da tese que em realidade está em jogo. Como neutralidade valorativa da ciência pode entender-se as coisas mais diversas. Eu suponho que *Habermas* não é da opinião de que todo aquele que sustenta um princípio desse tipo em *alguma* de suas possíveis significações resultaria impossível alcançar a ser medianamente consciente do contexto social em que se desenvolve a investigação.

Os partidários modernos do princípio metodológico da neutralidade valorativa em modo algum costumam ignorar as vinculações normativas da investigação e os interesses orientadores do conhecimento. Pronunciam-se, em geral, a favor de soluções diferenciadas nas que podem distinguir-se aspectos vários da problemática em questão.

Tampouco parece que as distinções de *Adorno* sobre o problema do valor – com as que *Habermas* se relaciona – podem levar-nos muito mais longe. Quando diz que separar condutas valorativas e axiologicamente neutral incorre numa falsidade, na medida em que tanto o valor como, consequentemente, na neutralidade valorativa, são retificações, estão colocando uma vez mais o problema dos destinatários de tais observações. Quem refere a dicotomia em questão tão lisa e rasa à conduta? Quem vem a ligar de maneira tão simples como aqui se supõe com o conceito de valor? A opinião adorniana de que a problemática do valor esta, em seu conjunto, mal posta, não guarda relação alguma com as possíveis formulações específicas do problema, com o que, logicamente, apenas resulta processáveis: não passa de ser uma afirmação de assento muito abarcador, porém escassamente arriscada. Alude a antinomias das que o positivismo é incapaz de liberar-se, sem indicar sequer em que poderiam consistir estas. Nem as concepções criticadas nem as objeções postas às mesmas acabam por ser identificadas de um modo tal que ao observador em parcial lhe seja possível formular um juízo. Também *Habermas* se expressa de modo muito interessante sobre a neutralidade valorativa como fruto da composição, sobre as categorias do mundo da vida que chegam a ter poder sobre uma teoria que incide na praxes de coisas similares nas que, segundo parece, não tem penetrado a ilustração vulgar, porém não alcança analisar soluções concretas para a problemática do valor.

Em relação ao problema da aplicação prática das teorias científico-sociais discute, ato seguido, a crítica de Myrdal ao *pensamento fim/meio*. As dificuldades sobre as quais chamou a atenção Myrdal a propósito do problema da neutralidade valorativa o incitam a provar do pensamento dialético para a superação das mesmas. Nisso joga um papel sobre sua tese da orientação meramente técnica do conhecimento científico-positivo que faz de fato necessário uma classificação de pontos de vistas programáticos sobre os que tal como não se havia reflexionado. O que explica que teorias científico-sociais tecnicamente utilizáveis não puderam, nem podem, satisfazer, em modo algum, apesar de toda sua não autointeleção, as estritas exigências da neutralidade valorativa. Precisamente o domínio de um interesse cognitivo técnico oculto assim mesmo esconde, não diz, as encobertas inversões da compreensão geral, em certo modo dogmática de uma situação com a que também o sociólogo estritamente científico-empírico se identificou de modo tácito antes que se possa escapar das próprias mãos a impulso de uma teoria formalizada sob a exigência de uma hipotética validez em geral. Agora, prossegue, se estes interesses que de fato guiam o conhecimento *não podem ser suspensos*, não poderão menos do que ter que ser submetidos a controle e ser criticados ou legitimados, como tais interesses objetivos, à luz do contexto social-geral; o qual obriga a um pensamento dialético.

Neste ponto, venha a insistência negativa dos dialéticos a descompor a completa problemática do valor em seus problemas parciais para assim examiná-los e analisá-los separadamente; uma negativa que, sem dúvida, se deve ao temor de que de fazer tal coisa, o todo, que como exorcizado tentam ter sempre em vista, se as escape. Para chegar, entretanto, a alguma solução, há que distanciar a vista de vez em quando do todo, há que pôr a totalidade entre parênteses – ao menos temporariamente -. Como consequência desde pensamento referido a totalidade encontramos a alusão constante à interpretação de todos os aspectos particulares e individuais na totalidade, inter-relação que obriga a um pensamento dialético de que, contudo, não se obtém nenhuma só solução autêntica a problema real algum. Quantas pesquisas mostram outras maneiras de avançar neste terreno sem acudir ao pensamento dialético são, pelo contrário, ignoradas.

5. Crítica à ideologia e justificativa dialética

Apenas cabe pôr em dúvida que *Habermas* vê o problema da relação entre teoria e praxes pelo mesmo prisma, preferentemente, da justificativa da conduta prática; o concebe, pois, como um *problema da legitimação*. Este ponto de vista torna compreensível também sua posição a respeito de uma crítica da ideologia que não oferece nem elabora substituto algum para que o desaprove. A isso se acrescenta sua *interpretação instrumentalista* da ciência pura, que a lhe dificulta o acesso à compreensão de uma crítica da ideologia desse tipo. Relaciona ambas as coisas com o *irracionalismo* moderno que torna plausível sua exigência de uma superação dialética das limitações positivas.

Crê que a limitação das ciências-sociais ao conhecimento puro, cuja pureza, por outra parte, não deixa de parecer problemática, eliminam os problemas da praxes vital do horizonte das ciências de um modo tal que essas não podem menos do que ficar em consequência, expostas a tentativas e ensaios interpretadores irracionais e dogmáticos. Estas tentativas de interpretação sucumbem a uma crítica da ideologia amputada de modo positivista, que no fundo não depende de um interesse cognitivo de raiz meramente técnica menos do que dele depende a própria ciência tecnologicamente aplicável – o que explica que uma e outra e aceitem ao uníssono o dualismo de fatos e decisões. Como uma ciência-social desse tipo não pode garantir – coincidindo nisso com as ciências da natureza – mas a economia na eleição de meios e a ação exige, além do marco tão estreito, uma orientação normativa e a crítica da ideologia de estilo positivista unicamente está, por último, em situação de reduzir as interpretações que critica as decisões a ela subjacentes, o resultado não pode ser outro que um livre decisionismo na eleição dos máximos fins. Ao positivismo no domínio do conhecimento o corresponde no decisionismo no das praxes; ao racionalismo concebido de modo tão estreito como aquele, um autêntico irracionalismo neste. Neste plano vem, pois, procurar a crítica da ideologia – de maneira totalmente involuntária – a prova de como avançar e estender progressivamente uma racionalização científico-empiricamente limitada ao domínio técnico são comprados ao preço do proporcional crescimento de uma massa de irracionalidade no domínio da própria praxes. *Habermas* não se priva de citar juntamente, neste contexto, as formas mais diversas de decisionismo – tal e como tem sido representado, entre outros, *Jean Paul Sartre, Carl Schimitt e Arnold Gehlen* –, apresentando-as como concepções relativamente complementares de um positivismo muito amplamente desenhado, com o que estão, segundo nos diz, em inter-relação não pouco profunda. À vista da irracionalidade no âmbito das decisões comumente aceitadas por positivistas e decisionistas crê *Habermas* poder explicar inclusive o retorno à *mitologia* como última e desesperada tentativa de assegurar institucionalmente uma decisão previa e socialmente vinculativa em ordem aos problemas práticos.

Dado a sua imagem de ciência positiva, a tese de *Habermas* resulta, quanto menos, plausível por mais que não faça, desde já, a menor justiça ao fato de que recaia na mitologia ali onde realmente se produziu, em modo algum pode ser levadas na conta da racionalidade especifica do humor científico. O positivismo criticado por *Habermas* goza de modo geral de muitos poucos predicados nas sociedades totalitárias nas que semelhante remitogização figura como a ordem do dia, no entanto que as tentativas e interpretação dialética da realidade não deixam de resultar-lhes possíveis obtenções naquelas um notável reconhecimento. Ainda que, evidentemente, depois sempre cabe dizer que essa não era a verdadeira dialética. Porém, onde vislumbrar realmente esta? O tratamento que *Habermas* dispensa ao revisionismo polaco resulta no mais interessante nesse contexto. Dito revisionismo se desenvolveu como reação à ortodoxia staliana num meio espiritual fortemente impregnado da influência da Escola de Filosofia de Varsóvia. Sua crítica foi preferencialmente dirigida, entre outros pontos, contra os traços de uma filosofia da história de intenção prática e estrutura holística determinante do caráter ideológico do marxismo. Incidia, pois, negativamente nos traços do pensamento marxista com os que *Habermas* quer ligar de modo positivo. Semelhante evolução não é arbitrária, lógico. Está muito relacionada com o fato de que na Polônia, uma vez estabelecida a possibilidade de organizar discussões filosóficas em relativas condições de liberdade, a argumentação dos dialéticos veio a derrubar-se – em toda linha, poderíamos dizer – sob a impressão dos contra-argumentos esgrimidos pelos membros da Escola de Varsóvia. Imputar, como diz *Habermas*, ingenuidade epistemológica aos teóricos que à vista dos argumentos críticos dos filósofos de uma direção epistemológica verdadeiramente diretora se viram obrigados a abandonar algumas posições dificilmente sustentáveis, não deixa de resultar bastante fácil. A desistência de *Leszek Kolakowski* a um racionalismo metodológico e a um revisionismo mais positivista que tão fortemente crítica, foi motivado por um desafio da cuja altura tem de saber pôr os herdeiros do pensamento hegeliano de nosso próprio país antes de permitir dar alegremente o engavetamento aos resultados da discussão polaca.

Ao meu modo de ver, entre o fato de que frequentemente as tentativas da interpretação dialética da realidade não são – a diferença do positivismo criticado por *Habermas* –, afrontados, nem muito menos, nas sociedades totalitárias e a especificidade do pensamento dialético, existe uma íntima relação. Um dos rendimentos essenciais dessa forma de pensamento deve cifrar-se, precisamente, em sua capacidade para conferir quaisquer decisões à máscara dos conhecimentos, legitimando-as assim, de um modo tal que permaneçam fora do âmbito de toda discussão possível. Parece, não obstante, dificilmente rechaçável que uma decisão assim embasada apenas poderia oferecer ao foco da razão – por muito global que esta se pretendesse – outra fisionomia que essa mera decisão a que, segundo parece, estava destinada a superar. O desmascaramento mediante a análise crítica raramente poderia ser, pois, criticada em nome da razão.

Habermas não pode, evidentemente, inserir de tudo esta crítica da ideologia em seu esquema de um conhecimento de raiz técnica e, em consequência, aplicável à vontade. Vê-se obrigado a conferir reconhecimento a uma crítica autonomizada da ideologia, que segundo parece, se liberou até certo ponto da dita raiz e na que os positivistas sinceros a quem semelhantes perspectivas impedem rir, ou seja, que retrocedam diante do irracionalismo e a remitologização, buscam um freio. A motivação de uma crítica da ideologia desse tipo parece algo não explicável, porém isso ocorre unicamente, porque apenas pode incidir aqui o que com toda evidência considera único motivo iluminador da posta a ponto de novas técnicas. Não ignoro que esta crítica constitua uma tentativa de esclarecimento da consciência, porém não vê de onde tende poder tirar sua força, dado que a razão separada da decisão, não pode estar interessada em uma emancipação da consciência a respeito de toda inibição dogmática. Aqui tropeça com um dilema: não sendo possível, em sua opinião, o conhecimento científico desse tipo senão ao modo de uma razão decidida cuja *fundamentada* possibilidade vem a discutir, precisamente a crítica da ideologia, ao renunciar à fundamentação, a disputa da razão o dogmatismo segue sendo, ela mesma, coisa da dogmática; na raiz desse dilema situa o fato em que a crítica da ideologia não pode menos de pressupor tacitamente como um motivo próprio o que de maneira tão dogmática combate: a convergência da razão e decisão, ou seja, um conceito muito mais amplo de racionalidade. Com outras palavras: esse tipo de crítica da ideologia não está em condições de chegar a ver claramente que ela mesma vem realmente a ser. *Habermas*, contudo, sem que veja a claro o que é: Uma forma emascarada de razão impreguinada de decisão, uma dialética inibida. Já se vê aonde leva sua interpretação restritiva da ciência-social não dialética.

A crítica da ideologia assim analisada pode considerar perfeitamente seu, entretanto, dito interesse por uma emancipação da consciência a respeito de toda a inibição dogmática. Pode, inclusive, reflexionar sobre seus próprios fundamentos sem ver por isso metida em um atoleiro. E o que a alternativa posta por *Habermas* entre *dogmatismo* e *fundamentação* concerne, tem motivos mais que suficientes para esperar que a dialética explique os termos em que resulta possível solucionar os problemas da fundamentação assim postos. É ela, sobretudo, a quem incumbe procurar tal solução já que parte do ponto de vista da legitimação das intenções práticas e, enquanto a si, o positivismo pode oferecer ou não uma solução, ou em termos mais gerais, se o interessa ou não solucionar ditos problemas, a resposta dependerá do que se entende como positivismo. Voltemos a ele.

Na opinião de *Habermas* há que se diferenciar entre uma crítica da ideologia e, consequentemente, uma racionalidade somente orientada segundo o valor das técnicas científicas e outra que, além de tudo isso, parte também do sentido de uma emancipação científica em direção da maioria de idade. Não tem inconveniente em aceitar que em ocasiões também na crítica da ideologia em sua forma positivista cabe perceber o interesse pelo acesso à maturidade da emancipação. A concepção de *Popper* – a propósito de que a reconhece tal coisa – é a que segundo ele crê, mais se aproxima da racionalidade globalizadora de cunho dialético. Não pode, com efeito, negar-se que o racionalismo crítico de *Popper*, desenvolvido precisamente como reação ao positivismo lógico nos anos trinta, não põe, em princípio, limite algum à discussão racional, com o que pode enfrentar-se com problemas que um positivismo entendido de modo estreito não é acostumado a discutir. Não tem, em todo caso, a menor pré-disposição a atribuir todos esses problemas à ciência positiva. A razão crítica no sentido popperiano não se detém nos limites da ciência. *Habermas* o reconhece em motivo da ilustração, porém ainda que aceita sua natureza esclarecedora não deixar de chamar atenção sobre essa resignada restrição que vem, pelo visto, a representar o fato de que o racionalismo não faça aqui ato de presença senão como autentica profissão de fé. Cabe supor que neste ponto sua crítica depende da citada anteriormente expectativa de uma fundamentação.

Expectativa que fica, indubitavelmente, defraudada. *Popper* desenvolve sua concepção opondo-se a um racionalismo globalizador que resulta acrítico na medida em que – analogicamente ao que ocorre com o paradoxo do mentiroso, vem a implicar a sua própria anulação. Como por razões lógicas não cabe pensar, pois, em uma autofundamentação do racionalismo, *Popper* reserva a tomada de posição racionalista o qualificativo da decisão, decisão que na medida em que tem logicamente lugar antes do uso de argumentos racionais, pode muito bem ser considerada como irracional. Estabelece, de todo modo, uma clara distinção entre uma decisão cega e aquela outra que é tomada lucidamente, ou seja, a consciência de suas consequências. Que postura adota *Habermas* a respeito deste problema? Em realidade o contorna, pensando, pelo visto, que o dialético não tem porque enfrentar-se com ele. Nos argumentos popperianos contra um racionalismo excessivamente abarcador não entra nem pouco nem muito. Reconhece que se o conhecimento científico purgado do interesse da razão carece, por um lado, de toda a referência imanente à praxes e se não tem, por outro, conteúdo normativo que não venha nominalisticamente dividido de qualquer possível penetração cognitiva no contexto real da vida – como *Popper* pressupõe tampouco dialeticamente – não podemos, de fato, se não vermos ante um dilema óbvio: nossa impossibilidade de obrigar racionalmente ninguém a embasar sua tomada de posição em argumentos e experiências. A possível e hipotética relevância neste contexto de uma referência imanente a praxes no plano do conhecimento ou da combinação de conteúdo normativo e penetração na coisa não nos é, em realidade, mostrada. Suas dissertações levam *Habermas* a afirmar, em último extremo, que os problemas podem ser resolvidos adequadamente mediante uma razão abarcadora e decidida. A fisionomia dessa solução é o que não leva a vislumbrar-se. Sua ideia de que na discussão racional enquanto a tal bate já irremediavelmente, uma tendência caracterizável, em si, como portadora de uma decisão, definida pela mesma racionalidade, e que em consequência, não precisa da mera eleição, da pura fé, pressupõe como fato a discussão racional, passando assim de longe diante do problema posto por *Popper*. A tese de que, inclusive, nas discussões mais simples sobre problemas metodológicos vem implicada a prévia intelecção de uma racionalidade ainda não viciada de seus momentos normativos apenas pode ser esgrimada contra *Popper*, que não negou jamais o transfundo normativo de tais discussões, senão que incluiu procedido a analisá-lo. Também neste ponto vem a evidenciar-se essa tendência de *Habermas* que nos é conhecida remeter a meros fatos em lugar e discutir os problemas e suas soluções.

Entretanto, *Popper* desenvolveu sua tese, reelaborando-a de uma maneira que não poderia menos de interessar a *Habermas*, dado o caráter dos problemas que a ocupam. Aponto neste último estágio de sua obra substituir as concepções, que vem superar, orientadas em torno à *ideia da justificativa positiva*, pela ideia de exame crítico, um exame liberado, desde já, de qualquer ideia de justificativa que não poderia conduzir senão a um regresso infinito e nunca culminante ou a uma solução dogmática. Quando recorre quaisquer certezas fáticas com vistas a legitimar intenções práticas surgidas de um contexto objetivo e confia na derivação e justificativa de critérios metaéticos a partir de tais ou quais interesses subjacentes, estão mostrando, na realidade, que ainda permanece vinculado à ideia de justificativa. A alternativa entre dogmatismo e fundamentação que nele joga um papel importante, é desmontada, por mais óbvio que isso pareça, pelo argumento de que o recurso a motivos positivos tem, em si, o caráter de um procedimento dogmático. A exigência de legitimação, que não deixa de inspirar também a filosofia da história de intencionalidade prática sustentada por *Habermas*, confere respeitabilidade a recursos a dogmas, recurso que apenas se pode ser dissimulado com a dialética. A crítica da ideologia se propõe a evidenciar semelhantes máscaras, tirar à luz o núcleo dogmático de tais argumentações e relacioná-las com o contexto social efetivo em que cumpre sua função legitimadora. Nesse sentido opera, pois, precisamente contra tais sistemas de proposições, tal como *Habermas* postula que se faça de cara à orientação normativa da praxes: como fruto não se propõe a legitimação senão a crítica. Quem, pelo contrário, busque resolver o problema das relações entre teoria e praxes, entre ciência social e política, evitando o recurso aberto a uma dogmática normativa, não poderá, em último extremo, senão elegível a uma forma de máscara como que oferece o pensamento dialético ou hermenêutico. Em semelhante empresa encontrará ajuda não escassa em linguagem oposta a toda clara e precisa formulação das ideias. Que uma linguagem desse tipo domina inclusive as reflexões metodológicas que precedem ao trabalho real, assim como também as discussões com outras concepções mantidas neste mesmo plano, é algo que não pode, evidentemente, ser entendido senão como fruto de uma determinada vontade estética, se por uma vez se deseja de um lado e no distante pensamento de uma estratégia de relativa imunização.

6. CRITICIDADE CONTRA A DIALÉTICA

O PROBLEMA DAS relações entre teoria e praxes, que ocupa o centro das ideias de *Habermas*, oferece um grande interesse de muitos anos. Com ele se enfrentaram igualmente representantes de outras tendências. É um problema em cujo tratamento as concepções filosóficas jogam um papel inevitável. Acaso isto facilite o encontro de soluções úteis, ainda que em determinadas circunstâncias possa contribuir também a dificultá-la. O modo em que *Habermas* se enfrenta com esta problemática e sua maneira de dilacerá-la sofrem de um duplo defeito: por um lado e em virtude de uma interpretação doente restringida das mesmas, exageram as dificuldades que envolvam as concepções que critica, por outro, apenas expõe as soluções pelas que o mesmo se inclina senão de maneira vaga e, no melhor dos casos, metafórica. A respeito das teorias que combate se comporta hiper criticamente, no entanto que respeito da dialética é mais que generoso. Não se priva de dar aos seus adversários todo tipo de conselhos sobre como devem superar suas limitações recuperando a unidade da razão e decisão, inclinando-se por uma racionalidade mais global e formulações similares. Porém o que de positivo contrapõe à racionalidade particular disso são mais metáforas que métodos. Aproveita-se da vantagem que supõe o que *Popper*, por exemplo, explicite suas concepções em formulações claras e fortes, impondo, a mudança, aos seus leitores a desvantagem de ter que orientar-se com esforço em suas próprias dissertações.

Dissertações cujo ponto fraco radica – falando objetivamente – em sua maneira de esboçar a situação e características do problema. Sua interpretação instrumentalista das ciências positivas teóricas a obriga a eleger uma imagem de raiz positiva da crítica da ideologia para aqui apenas caberia encontrar pontos de apoio na realidade social. Ali onde não pode menos do que reconhecer o motivo da ilustração, da emancipação da consciência respeito de toda inibição dogmática, destaca restrições dificilmente identificáveis a luz de suas formulações. A tese da complementaridade do positivismo e decisionismo pela que se pronuncia não carece de certa plausibilidade quando se refere ao positivismo gênio da vida cotidiana, pode inclusive ter certa validade quando se propõe sua interpretação instrumentalista da ciência, porém apenas poderia ser aplicada com sentido as concepções filosóficas sobre as que querem incidir com ditas teses. Em seu empenho por evidenciar a problemática da mesma, tem de pressupor sempre essa distinção entre fatos e decisões, entre leis da natureza e normas, que interpreta e refuta como desengajamento e separação. Excluindo essa diferença, contudo, o esclarecimento das relações entre aqueles e estas não é senão dificultada. Que existem relações sobre uns e outros é algo que as concepções por ele criticadas não negam em absoluto. Mas procedem analisá-las.

Em sua tentativa por acabar com a confusão originária desses elementos em pensamento e em linguagem da vida cotidiana, o grosseiro positivismo do sentido comum pode sentir-se, sem dúvida, inclinado não somente a não distinguir entre teorias puras, fatos despidos e meras decisões, mas também a isolar umas e outras. Porém, não é este o caso das concepções filosóficas criticadas por *Habermas*. Isto é, pode dizer-se que detectam e estabelecem *relações* muito diversas entre ditos momentos, algumas relações relevantes, sem dúvida, para o conhecimento e a ação. A esta luz os fatos se apresentam como aspectos da realidade teoricamente interpretados, as teorias como interpretações seletivas em cuja análise e acusação os fatos desempenham novamente um papel e cuja aceitação estranha decisões. Decisões tomadas deste ponto de vista acessíveis em um plano metateórico à discussão objetiva. Em relação às decisões da vida prática, estas podem ser tomadas de uma análise situacional capaz de servir-se de todos os resultados teóricos pertinentes, e de sobrepesar, ao mesmo tempo, as consequências. Distinguir entre fatos e decisões, entre enunciados nomológicos e normativos, entre teorias e estado de coisas não equivale, em modo algum, negar que entre uns e outras existam algumas determinadas relações. Dificilmente teria sentido, entretanto, superar dialeticamente todas essas distinções em uma unidade de razão e decisão postulada *ad hoc*, dissolvendo os diversos aspectos dos problemas e os planos da argumentação em uma totalidade uma solução completa, sem dúvida, porém obrigada – precisamente por isso – a solucionar todos os problemas ao mesmo tempo. Um procedimento desse tipo não pode conduzir senão a que os problemas sejam indicados, porém não analisados, as soluções postuladas, porém não realizadas efetivamente. O culto dialético da razão total é demasiado ambicioso como para contentar-se com soluções particulares. Como não existem soluções capazes de satisfazer suas ambições tem que dar-se por contente com indicações, alusões e metáforas.

Habermas não está de acordo com as soluções dos problemas defendidas por seus oponentes. Está, claramente, em seu direito. Tampouco esses se sentem plenamente satisfeitos. Estão dispostos a discutir alternativas, se estas lhe são apresentadas, como estão igualmente dispostos a reagir diante de quaisquer observações críticas que descansem sobre argumentos válidos como tais. Não estão limitados por essa restrição da racionalidade aos problemas da ciência positiva que *Habermas* crê necessário atribuir-lhes tantas vezes, porém tampouco pela interpretação restritiva do conhecimento científico que subjaz às críticas destes. Nas ciências positivas não vem simplesmente um meio auxiliar para a racionalização técnica, mas, sobretudo, um paradigma da racionalidade crítica, um âmbito social em que a solução dos problemas foi elaborada mediante o uso de argumentos críticos de uma maneira tal que para outros âmbitos podem ser assim mesmo de grande importância. Consideram, de todo o modo, que frente a dialética defendida por *Habermas* não podem reagir senão com ceticismo, entre outras razões, porque com a ajuda da mesma resultam mascaradas e dogmatizadas com excessiva facilidade como autênticos conhecimentos o que em realidade não passam de ser puras decisões. Se o que realmente importa é desvelar as conexões existentes entre a teoria e a praxes e não simplesmente o metafórico rodeio das mesmas, haveríamos de inferir que em semelhante empenho *Habermas* buscou adversários falsos e falsos aliados, porque a dialética não procurará soluções, mas máscaras as quais venham a ocultar os problemas não resolvidos.

{ VII }

Contra um Racionalismo Minguado de um Modo Positivista

Jürgen Habermas

Tradução de Nuria López

Réplica a um panfleto[119]

Hans Albert ocupou-se criticamente de um escrito meu sobre a teoria analítica da ciência e da dialética publicado na raiz da controvérsia que teve lugar em Tübingen, no marco de uma sessão de trabalho celebrado pela Sociedade Alemã de Sociologia, entre Karl R. Popper e Theodor W. Adorno.[120] Até então, ambos adotavam como estratégia dar os ombros, e disso não se pode dizer que tenha resultado algo precisamente fecundo. Por isso eu celebro o fato desta polêmica, por mais problemática que me pareça a forma adotada por ela. Limitar-me-ei ao seu conteúdo.

Devo adiantar algumas observações à discussão, com o fim de cooperar com o esclarecimento da base de nosso enfrentamento. Minha crítica não está dirigida contra a práxis da investigação das ciências empíricas estritas, nem tampouco contra uma sociologia científica do comportamento, na medida em que esta não existe; outro problema é o de se ela pode se dar para além dos limites de uma investigação sociopsicológica de grupos reduzidos. O objeto da minha crítica está constituído, única e exclusivamente, pela interpretação positivista de tais processos de investigação. Porque a falsa consciência de uma práxis válida trabalha [reobra] sobre ela. Não pretendo de modo algum negar que a teoria analítica da ciência não foi coadjuvante do desenvolvimento da práxis da investigação e da elucidação, também, das decisões metodológicas. Paralelamente a isso, todavia, a autointelecção positivista age de maneira restritiva; detém a reflexão válida nos limites das ciências empírico-analíticas (e formais). Oponho-me a esta

---

[119] Cf. Hans Albert, *Der Mythos der totalen Vernunft* (O mito da razão total, neste livro, cap. 6.).

[120] Presente neste livro; Albert faz referência também a alguns pontos de meu trabalho sobre "Dogmatismo, razão e decisão", em Jürgen Habermas, *Theorie und Praxis* (Teoria e Práxis), Neuwied, 1963, p. 231 e ss. não se ocupa da totalidade do livro.

função normativa encoberta de uma falsa consciência. De acordo com as normas proibitivas de cunho positivista, âmbitos inteiros de problemas deveriam ser excluídos da discussão e abandonados a posições e enfoques irracionais, por muito que, como creio, não deixem de resultar suscetíveis, também, de elucidação crítica. Efetivamente: se todos aqueles problemas que dependem da escolha de *parâmetros* e da influência de argumentos não fossem acessíveis à consideração crítica e tivessem que ser reduzidos a meras decisões, a própria metodologia das ciências empíricas não poderia ser menos – em idêntica medida – irracional. Como nossas possibilidades de chegar pela via racional a unanimidade sobre os problemas em discussão não deixam de ser, em realidade, muito reduzidas, considero que as restrições de ordem principal encaminhadas a colocar travas na consecução e total aproveitamento de tais possibilidades são irremediavelmente perigosas. Para me certificar da dimensão de racionalidade globalizadora e penetrar na aparência das restrições positivistas, tomo, evidentemente, um caminho fora de moda. Confio na força da autorreflexão: se refletimos sobre o que ocorre nos processos de pesquisa, chegamos à certeza de que nos movemos sempre em um horizonte de discussão racional cujos limites estão traçados com uma amplitude muito superior ao que o positivismo julga permissível.

Albert isola meus argumentos do contexto de uma crítica imanente à concepção de Popper. Desconjunta-os assim, de tal modo, que eu mesmo acabo por não os reconhecer. Albert dá a entender, por outro lado, que com ajuda dos mesmos, proponho-me a introduzir um novo "método" situável ao lado dos já firmemente introduzidos e vigentes métodos de pesquisa científico-social. Nada mais longe de minha intenção. Se escolhi a teoria de Popper como contraponto às minhas reflexões críticas, isso se deve, em boa medida, ao fato de ela participar, inicialmente e não em menor medida, da minha disposição negativa sobre o positivismo. Sob a influência de Russell e do primeiro Wittgenstein, o Círculo de Viena, agrupado em volta de Moritz Schlick, desenvolveu os traços de uma teoria da ciência de feição já hoje, clássica. A Popper corresponde nesta tradição um posto muito singular: por um lado, é um distinto representante da teoria analítica da ciência e, por outro, já nos anos vinte criticou duramente os pressupostos empiristas do novo positivismo. A crítica de Popper alcança o primeiro nível de autorreflexão de um positivismo que permanece tão ancorado que não cala a ilusão objetivista da pretensa apresentação dos fatos por parte das teorias científicas. Popper não incide no interesse cognoscitivo de raiz técnica das ciências empíricas; opõe-se decididamente às concepções pragmáticas. Não me resta outra saída senão a de reelaborar a relação existente entre os meus argumentos e os problemas de Popper, dada a medida que Albert a desfigurou. Ao reformular, na linha das objeções feitas por Albert, uma crítica que, no essencial, já foi exposta, alimento a esperança de que nesta ocasião, e sob sua nova forma, dê lugar a um menor número de mal-entendidos.

A objeção do mal-entendido começa, de toda forma, levantada por Albert contra mim. Opina que estou equivocado no que concerne:

- Ao papel metodológico da experiência.
- Ao *chamado* problema de base.
- À relação entre enunciados metodológicos e empíricos.
- Ao dualismo entre fatos e *parâmetros.*

Albert sustenta, ademais, que a interpretação pragmática das ciências empírico-analíticas é falsa. E considera, por último, que o confronto entre posições dogmaticamente representadas e posições fundamentadas de modo racional constitui, atualmente, uma alternativa falsamente plantada, na medida em que a crítica de Popper veio, precisamente, para superá-la. Vou me ocupar destas objeções na linha desses quatro pontos "mal-entendidos", a cuja análise e elucidação proponho proceder ordenadamente. O leitor julgará então quem incorreu realmente no tal entendimento falso.

Incomoda-me ter que sobrecarregar uma revista sociológica especializada com problemas e detalhes de teoria da ciência; mas não é possível discussão alguma enquanto estejamos sobre as coisas e não nelas.

1. Crítica do empirismo

O primeiro equívoco refere-se ao papel metodológico da experiência nas ciências empírico-analíticas. Albert insiste, com toda razão, na possibilidade, efetivamente existente, de inserir nas teorias experiências de qualquer origem, é dizer, experiências que possam advir tanto o potencial da experiência cotidiana, como dos mitos herdados da tradição, como das próprias vivências espontâneas. Devem satisfazer apenas uma condição: a de serem traduzíveis a hipóteses contrastáveis. Como referência para esta contrastação é válida apenas um tipo muito específico de experiência: a experiência dos sentidos, regulamentada por disposições empíricas ou similares; tratamos também de observação sistemática. Bem: jamais pus em dúvida tal afluência de experiências não regulamentadas à corrente da fantasia criadora de hipóteses; tampouco poderia ignorar as vantagens dessas situações contrastadoras que organizam, mediante testes repetíveis, as experiências sensíveis. Agora, se não se pretende endeusar a ingenuidade filosófica a qualquer preço, cabe perguntar, quando menos, se acaso o possível sentido da validade empírica dos enunciados já não viria, desde o princípio, determinado mediante uma definição deste tipo; e se isso ocorre, conviria perguntar que sentido de validade tem o que vem pré-julgado desta forma. A base empírica das ciências estritas não é independente dos parâmetros que estas mesmas ciências aplicam à experiência. É evidente que o procedimento alardeado por Albert como o único legítimo não é senão um dentre vários. Os sentimentos morais, as privações e frustrações, as crises histórico-vitais, as trocas de posição e vontade no curso de uma reflexão: tudo isso procura outras experiências. Podem ser elevadas por parâmetros correspondentes a instâncias de contraste; a situação de transferência criada entre médico e paciente, e da qual se beneficia o psicanalista, procura um exemplo disso. Não é minha intenção comparar as vantagens e inconvenientes dos diversos métodos de contraste, mas, simplesmente, esclarecer minhas perguntas. Albert não as pode discutir, posto que ele não se acovarda ao identificar testes com possível contraste de teorias à luz da experiência. O que para mim é um problema, para ele é algo a se aceitar sem discussão ulterior.

Este problema me interessa em relação às objeções de Popper aos pressupostos empiristas do positivismo de novo cunho. Popper discute a tese de acordo com a qual o que vem dado de modo evidente, e enquanto tal, na experiência sensível. A ideia de uma realidade imediatamente testada e de uma verdade manifesta não prevaleceu à reflexão crítico-epistemológica. A pretensão da experiência sensorial de se constituir em nível último da evidência não pode menos que parecer irremediavelmente fracassada desde a demonstração kantiana dos elementos categoriais de nossa percepção. A crítica hegeliana da certeza sensível, a análise da percepção ínsita em sistemas de ação devido a Peirce, a explicação husserliana da experiência pré-predicativa e o ajuste de contas com a filosofia da origem levado a cabo por Adorno procuraram a prova, desde pontos de partida muito diferentes, de que não existe um saber livre de uma ou outra mediação. A busca da experiência originária de um imediato evidente está condenada ao fracasso. Até a mais elementar percepção vem categoricamente pré-formada pelo instrumental fisiológico de base, e não só isso, é tão determinada pela experiência precedente, pelo herdado e aprendido, como antecipada pelo horizonte das expectativas e inclusive dos sonhos e temores. Popper formula este ponto de vista quando que as observações implicam sempre em interpretações à luz das experiências já feitas e dos conhecimentos apreendidos. De forma ainda mais simples: os dados da experiência são interpretações no marco de teorias precedentes; por isso compartilham, eles mesmos, do caráter hipotético delas[121].

Popper extrai de tudo isso consequências inegavelmente radicais. De fato: nivela todo o saber ao plano das opiniões e conjecturas com cuja ajuda completamos hipoteticamente uma experiência insuficiente e interpolamos nossas incertezas sobre uma realidade mascarada. Tais opiniões e esboços se diferenciam unicamente por seu grau de contrastabilidade. Nem sequer as conjecturas contrastadas, submetidas algumas vezes a testes rigorosos, satisfazem o status de enunciados demonstrados; continuam sendo conjecturas, conjecturas que até o momento tem resistido bem a toda tentativa de eliminação; em uma palavra: hipóteses bem submetidas à prova.

O empirismo tenta – assim como a crítica epistemológica tradicional – justificar a validade do conhecimento estrito com o recurso das fontes do conhecimento. Às fontes do conhecimento, ao pensamento puro e ao herdado, tanto como a experiência sensível, falta, contudo, autoridade. Nenhum deles pode aspirar à evidência livre de toda mediação e à validade geral, nenhum pode se erguer, portanto, como força de legitimação. As fontes do conhecimento estão sempre impuras, a via que conduz às origens está fechada para nós. A pergunta pela origem do conhecimento deve ser, em consequência, substituída pela pergunta sobre a validade do conhecimento. A exigência de verificação dos enunciados científicos é autoritária, porque faz com que essa validade dependa da falsa autoridade dos sentidos. No lugar desta pergunta sobre a origem legitimadora do conhecimento devemos

---

121 Karl R. Popper, *Conjectures and Refutations*, Londres, 1963, pp. 23 e 387. (POPPER, Karl R. *Conjecturas e Refutações*. trad. Benedita Bettencourt, Coimbra: Almedina, 2003.)

perguntar pelo método que nos tornará possível descobrir e agarrar dentre a massa de opiniões, a princípio incertas e inseguras, àquelas a que cabe considerar como definitivamente falsas[122].

Popper leva, evidentemente, esta crítica tão longe que, sem se propor a fazê-lo, transforma em problemáticas suas próprias propostas de solução. Popper despoja as origens do conhecimento de uma falsa autoridade, tal e qual o empirismo; com toda razão desacredita o conhecimento originário em qualquer de suas formas. Não deixa de ser certo, contudo, que os erros só podem ser assim classificados, só podem ser declarados culpados de falsidade, em virtude e à luz de certos critérios de validade. Temos de trazer argumentos para sua justificação, mas onde buscá-los, sem recorrer à excluída dimensão da formação do conhecimento, e evidentemente, na de sua origem? Quanto aos padrões de medida de falsidade reinaria, ao contrário, a arbitrariedade. Popper quer mediatizar, também, as origens das teorias, isto é, a observação, o pensamento e a transmissão, sobre o método de contrastação, sob cuja luz deve-se medir, ao que parece, a validade empírica. Infelizmente, entretanto, esse método não pode ser fundamentado, por sua vez, senão com o recurso a ao menos uma das fontes de conhecimento, a tradição e, ainda mais, a essa tradição a que Popper dá o nome de crítica. Vê-se, assim, como a tradição é a variável independente da que, em última instância, dependem tanto o pensamento e a observação, como os procedimentos de teste que resultam da combinação deles. Popper confia muito irrefletidamente na autonomia da experiência organizada nos procedimentos de teste; acredita poder se livrar da interrogação sobre os parâmetros de tais procedimentos porque, em última instância, não deixa de compartilhar um preconceito positivista profundamente enraizado em toda crítica. Dá por suposta a independência epistemológica dos fatos sobre as teorias destinadas a captar descritivamente esses fatos e as relações existentes entre eles. Os testes contrastam, em consequência, teorias sob a luz de fatos "independentes". Esta tese constitui o ponto crucial da problemática positivista viva, e tem um último resquício em Popper. Das considerações de Albert sobre meu antigo trabalho não se depreende que ele tenha conseguido sequer ter consciência dessa problemática.

---

[122] *Conjectures*, p. 3 e ss. e p. 24 e ss.

Por um lado Popper opõe ao empirismo, com razão, que só nos é possível captar e determinar os fatos à luz de teorias[123]; e mais, chega ocasionalmente a caracterizar os fatos como o produto comum da realidade e da linguagem[124]. Por outro lado subscreve às determinações protocolizadoras – que dependem, na realidade, de uma organização metodicamente fixada de nossas experiências–, uma relação limpa de correspondência com os fatos. A aceitação, por parte de Popper, da teoria da verdade como correspondência não me parece precisamente consequente. Ela pressupõe os fatos como que são em si, sem atentar que o sentido de validade empírica das determinações de fatos (e mediatamente também o das teorias das ciências empíricas) vem determinado, desde o princípio, pela definição das condições que devem reger a contrastação. O significativo seria, ao contrário, tentar uma análise verdadeiramente exaustiva da relação existente entre as teorias das ciências empíricas e o que chamamos de fatos. Porque deste modo apreenderíamos o marco de uma interpretação previa da experiência. Neste nível da reflexão bem que se poderia utilizar o termo "fatos" apenas à classe do experimentável, classe precisamente organizada frente à contrastação das teorias científicas. Deste modo os fatos seriam concebidos como o que são: algo produzido. E o conceito positivista de fato se revelaria como um fetiche, limitado, simplesmente, a emprestar ao mediato a aparência de imediaticidade. Popper não percorre o caminho à dimensão transcendental, mas por esta via apresenta-se como consequência de sua própria crítica. Sua exposição sobre o problema da base o evidencia.

2. A INTERPRETAÇAO PRAGMÁTICA DA INVESTIGAÇÃO EMPÍRICO-ANALÍTICA

O SEGUNDO MAL-ENTENDIDO que Albert me atribui concerne ao chamado problema da base. Popper dá o nome de enunciados básicos àqueles enunciados singulares capazes de refutar a uma hipótese legal expressa em forma de enunciado existencial negativo. Designam esse preciso ponto de sutura no qual as teorias incidem sobre a base empírica. Os enunciados

---

[123] *Conjectures*, p. 41.

[124] *Conjectures*, p. 214.

de base não podem, evidentemente, incidir sobre a experiência sem sutura alguma; não há, de fato, nenhuma expressão universal das que aí figuram suscetível de ser verificada mediante observações, por mais elevado que seja o número de observações. A aceitação ou a recusa dos enunciados de base reside, em última instância, em uma decisão. Decisões que, em todo caso, não são tomadas arbitrariamente, mas de acordo com algumas regras. A determinação destas regras é de natureza institucional, não lógica. Motivam-nos a orientar decisões deste tipo a um objetivo previamente compreendido de modo tácito, sem chegar a defini-lo. Assim procedemos na comunicação cotidiana e na interpretação de textos. Não há, para dizer a verdade, outra saída, dado que andamos em círculo e, contudo, não queremos renunciar à explicação. O problema da base lembra-nos que também a propósito da aplicação das teorias formais à realidade chegamos a um círculo. Sobre tal círculo Popper me ensinou muito; eu não o inventei como parece supor Albert. Certamente que a sua formulação também não deixa de ser facilmente reconhecível.

Popper o explica estabelecendo uma comparação entre o processo de investigação e o judicial[125]. Todo o sistema legal, tanto um sistema de normas jurídicas, como o de hipóteses empírico-científicas, é inaplicável se previamente não se chegou a um acordo sobre o estado de coisas ou dos autos do processo ao que deve ser aplicado. Mediante uma espécie de veredito os juízes chegam a um acordo sobre a exposição dos fatos que decidem dar por válida. Isso corresponde à aceitação de um enunciado de base. O veredito, contudo, não é tão simples, dado que o sistema ou código legal e os autos do processo não são totalmente independentes um do outro. Antes, os autos são construídos entre as categorias do sistema legal. A comparação estabelecida entre ambos os processos, o judicial e o da investigação propõe chamar atenção sobre este círculo que de modo tão inevitável se constrói a propósito da aplicação de regras gerais: "A analogia entre este procedimento e àquele pelo qual decidimos sobre os enunciados básicos é muito clara e serve para iluminar, por exemplo, sua relatividade e o modo como dependem das questões postas pela teoria. Quando um jurado conhece uma causa, sem dúvida alguma seria impossível aplicar a "teoria" se não existisse primeiro um veredito ao qual se chegou por uma decisão; mas, por outro lado, este obtém-se por um procedimento que

---

125 Karl R. Popper, *The Logic of Scientific Discovery*, Londres 1960, p. 109 e ss.

está de acordo com uma parte do código legal geral (e, portanto, aplica-o). O caso é inteiramente análogo ao dos enunciados básicos: aceitá-los é uma forma de aplicar um sistema teórico, e precisamente esta aplicação é a que torna possível todas as demais aplicações dele."[126]

O que indica este círculo que se desenha na aplicação das teorias à realidade? Penso que a região do experimentável é determinada, desde o princípio, pela relação ativa entre supostos teóricos de estrutura determinada e condições de contrastação de tipo não menos determinado. Como fatos fixados empiricamente nos quais as teorias científico-empíricas podem fracassar, não cabe considerar senão algo que se constitua no contexto prévio da interpretação de experiência possível. Um contexto no qual se acredite em razão da relação de reciprocidade construída entre um falar argumentador e um agir experimental. Este jogo conjunto é organizado em face de um objetivo muito concreto: controlar as previsões. Uma tácita intelecção prévia das regras do jogo guia a discussão dos investigadores sobre o que a aceitação dos enunciados básicos se refere. Porque o círculo no qual inevitavelmente acabam por se encontrar na aplicação das teorias ao observado não pode mais que os incitar a uma dimensão na qual a discussão racional só é possível pela via hermenêutica.

A exigência de observação controlada como base da decisão concernente à validade e adequação empíricas das hipóteses legais dá por suposta a prévia intelecção de certas regras. Não basta conhecer o objetivo específico de uma investigação e a relevância de uma observação em face de determinadas suposições. Para que seja, em termos absolutos, possível saber a que se refere a validade empírica dos enunciados de base deve ser conhecido antes, em todas as suas dimensões, o sentido do processo da investigação, paralelamente a como o juiz deve ter compreendido antes o sentido da judicatura como tal. A *quaestio facti* deve ser decidida com os olhos voltados a uma *quaestio iuris* compreendida em sua aspiração imanente. No processo judicial todos podem fazê-lo: trata-se do problema trazido pela contravenção de normas proibitivas de caráter geral, impostas de maneira positiva e sancionadas pelo Estado. O que significa a *quaestio iuris* no processo de investigação e como se pode medi-la nesse outro contexto a validade empírica dos enunciados básicos? A forma do sistema de enunciados e o tipo das condições fixadas para a contrastação, sob cuja

---

[126] *Logic*, p. 110 e ss.

luz se mede a validade, já nos colocam no caminho dessa interpretação pragmatista a que eles mesmos incitam, uma interpretação de acordo com a qual as teorias empírico-científicas exploram a realidade sob a direção de um interesse tendente a conseguir a maior segurança possível na ordem da informação e uma extensão crescente do elemento ativo, um elemento cujo controle é exercido pelo êxito.

No próprio Popper encontram-se pontos de apoio para essa interpretação. As teorias empírico-científicas permitem a derivação de enunciados universais sobre a covariância de dimensões empíricas. Desenvolvemos hipóteses legais deste tipo na antecipação de legalidades, sem que essa antecipação possa ser empiricamente justificada. Não obstante, a previsão metódica sobre a base da possível uniformidade dos fenômenos corresponde às necessidades elementares da estabilidade do comportamento. Somente na medida em que são dirigidas à construção de informações sobre as regularidades empíricas podem ser programadas a longo prazo ações cujo controle corresponde ao êxito. Assim, essas informações devem ser traduzíveis às expectativas de um comportamento regular em dadas circunstâncias. A interpretação pragmatista se refere à generalidade lógica e às expectativas gerais de comportamento. A desproporção entre enunciados universais, de um lado, e o número principalmente finito de observações e os correspondentes enunciados existenciais singulares, por outro, explica-se de acordo com a interpretação pragmatista, em virtude da estrutura de uma ação controlada pelo êxito, dirigível a todo momento por antecipações de um comportamento regular.[127]

---

[127] Neste contexto, é interessante a indicação de Popper de que todas as expressões universais podem ser concebidas como expressões de disposição (*Logic*, p. 94 e ss, apêndice X, p. 423 e ss e *Conjectures*, p. 118 e ss.). No nível das expressões universais repete-se a problemática dos enunciados universais. Porque os conceitos de disposição implicados naquelas expressões não são, por sua vez, suscetíveis de explicação senão com ajuda das suposições sobre um comportamento regular dos objetos. Nos casos duvidosos, isso fica evidente se imaginarmos testes que sejam suficientes para esclarecer o significado das expressões universais empregadas. O recurso às condições de contrastação não é, nisso, casual, porque apenas a referência dos elementos teóricos ao experimento fecha o círculo funcional da ação submetida ao controle do êxito, em cujo seio "há" algo como regularidades empíricas. O hipotético excedente sobre o conteúdo específico em cada caso, ao que se faz justiça na forma lógica dos enunciados legais e nas expressões universais dos enunciados de observação, não se referem a um comportamento das coisas "em si", mas sim a um comportamento das coisas insertas no horizonte de expectativas das ações necessitadas de orientação. Dessa forma, o grau de generalidade do conteúdo descritivo dos juízos de percepção desdobram hipoteticamente a especificidade do percebido em cada ocasião, dado que sob o

Essa interpretação, de acordo com a qual as ciências empírico-analíticas, é dirigida por um interesse de ordem técnica, tem a vantagem de tornar sua a crítica de Popper ao empirismo sem compartilhar com ele um dos pontos fracos de sua teoria da falsação. Como coordenar, de fato, nossa principal insegurança sobre a verdade das informações científicas com o variado, e em geral, duradouro aproveitamento técnico delas? Após esse preciso momento em que os conhecimentos das regularidades empíricas se integram nas forças produtivas de ordem técnica, transformando-se na base de uma civilização científica, a evidência de uma experiência cotidiana e de um controle permanente pelo êxito são superadores; diante do plebiscito renovado dia após dia quanto a sistemas técnicos perfeitamente funcionais, pouco pode prevalecer dos escrúpulos lógicos. Por muito peso que tenham as objeções de Popper contra a teoria da verificação, sua própria alternativa não parece muito plausível. Tal alternativa só pode ser uma alternativa, desde logo, sob a luz do pressuposto positivista da correspondência entre proposições e fatos ou estados de coisas. Assim que abandonamos esse pressuposto e assumimos a consideração da técnica, em seu sentido mais amplo, como forma de um controle socialmente institucionalizado do conhecimento – conhecimento cujo sentido metodológico está orientado à obtenção de sua aplicabilidade técnica – mediante o êxito, pode-se bem imaginar outra forma de verificação. Uma forma que não é afetada pela objeção de Popper e, entretanto, faz justiça a nossas experiências pré-científicas. De acordo com ela, passam a ser considerados empiricamente verdadeiros todas as suposições capazes de dirigir uma linha de ação controlada pelo êxito, sem necessidade de serem problematizados, até esse momento, fracassos cuja busca tenha sido realizada pela via experimental.[128]

---

imperativo seletivo de estabilização dos êxitos das ações reunimos experiências e significados *"for what a thing means is simply what habits it envolves"* (uma coisa significa simplesmente os hábitos que ela envolve) (Peirce).

Encontramos um novo ponto de apoio para uma possível interpretação pragmatisma em outro escrito de Popper, desta vez baseado em uma sociologia da tradição (*Towards a Rational Theory of Tradition*, em *Conjectures*, p. 120 e ss.). Compara as teorias às funções similares que nos sistemas sociais são exercidas pelas tradições. Ambas nos informam sobre reações das quais cabe ter uma expectativa regular e que nos permitem orientar confiantemente nossa conduta. Introduzem ordem também em um ambiente caótico, no qual sem a capacidade de prognosticar respostas ou acontecimentos dificilmente poderíamos formar hábitos comportamentais adequados.

[128] De acordo com essa concepção, as reservas de Popper contra o conhecimento que se apresenta como definitivamente válido resultam plenamente compatíveis com sua confirmação pragmática. Na opinião de Popper os contrastes experimentais não tem validade senão como uma instância de falsação, tanto que de acordo com a concepção pragmática são controles pelo

Com sua alusão à crítica popperiana do instrumentalismo Albert considera-se dispensado da necessidade de opor à minha interpretação – que nem sequer reproduz – algum argumento próprio. Entretanto, não tenho por que me deter naquela crítica, já que ela incide sobre teses que não são minhas. Popper começa por se referir à tese de acordo com a qual as teorias são instrumentos.[129] Diante dela não é difícil ver que as regras que regem a aplicação técnica são provadas ou experimentadas, contanto que as informações científicas sejam testadas. As relações lógicas vigentes nas provas de aptidão dos instrumentos e no contraste das teorias não são simétricas – os instrumentos não podem ser refutados. A interpretação pragmática a qual me declaro favorável quanto às ciências empírico-analíticas não é assimilável a essa forma de instrumentalismo. Não que as teorias sejam instrumentos, mas suas informações são tecnicamente aproveitáveis. Os fracassos capazes de acabar, pela via empírica, com as hipóteses, não deixam, obviamente, de ter o caráter de refutações: as suposições referem-se a regularidades empíricas; determinam o horizonte de expectativas da ação controlada pelo êxito e podem ser, em consequência, falseados mediante a frustração de determinadas expectativas de êxito. Em virtude de seu próprio sentido metodológico, as hipóteses legais estão referidas às experiências que se constituem exclusivamente no círculo funcional desse tipo de ação. As recomendações técnicas para uma escolha racionalizada dos meios com vista a dados fins não são deriváveis *a posteriori* e casualmente das teorias científicas, sem que isso implique que essas teorias devam ser, enquanto tais, ferramentas técnicas. Apenas em um sentido muito metafórico se poderia pensar nessa assertiva. No processo investigatório não se voltam os olhos, como é lógico, à aplicação técnica do conhecimento; e, em muitos casos, ela fica mesmo excluída. Isso não impede, entretanto, que a aplicabilidade técnica das informações empírico-científicas venha decidida metodologicamente com a estrutura dos enunciados (prognósticos

---

êxito se podem efetivamente refutar ou confirmar suposições. A confirmação em virtude do êxito no campo da ação só pode ser, evidentemente, subscrita globalmente, e nunca de forma rigorosamente correlativa, já que em dada teoria não é possível que nos certifiquemos de forma definitiva dos elementos de conhecimento faticamente operantes, nem em toda sua amplitude, evidentemente, nem tampouco no que concerne ao seu campo de aplicação. De forma definitiva não sabemos outra coisa senão que existem partes de uma teoria controlada mediante o êxito da ação – isto é, contrastada à luz dos prognósticos – que vem corroborada no campo de aplicação da situação de contraste.

129 Three Views Concerning Knowledge. In: *Conjectures*, p. 111 e ss.

condicionadas sobre um comportamento observável) e com a natureza das condições de contraste (imitação do controle ínsito de êxito das ações, de forma natural, nos sistemas de trabalho social), como vem pré-julgada, em virtude dele mesmo, a região da experiência possível a qual se referem às suposições e na que podem fracassar.

Não se trata de discutir o valor descritivo das informações científicas; o que ocorre é que este não deve ser concebido nos termos de uma figuração, por parte das teorias, dos fatos e das relações entre os fatos. O conteúdo descritivo unicamente é válido em relação a prognósticos referentes a ações controladas pelo êxito em situações precisáveis. Todas as respostas que as ciências empíricas podem dar são relativas ao sentido metodológico da construção dos problemas de que se ocupam; nada mais. Por mais trivial que seja essa restrição, isso não contradiz esse espelho da teoria pura viva e perceptível na imagem de si mesmo que o positivismo sustenta[130].

3. Justificação crítica e prova dedutiva

O terceiro mal-entendido do qual, na opinião de Albert, sou vítima afeta a relação existente entre enunciados metodológicos e enunciados empíricos. Declara-me culpado de um positivismo especialmente vulgar, dado que nos problemas de ordem metodológica não renuncio a argumentos empíricos e, deste modo, misturo, inadmissivelmente a lógica da investigação com a sociologia do conhecimento. Desde que Moore e Husserl, partindo de enfoques muito diferentes, consumaram a estrita

---

[130] Outra objeção de Popper concerne ao operacionalismo, de acordo com o qual os conceitos fundamentais podem ser definidos mediante indicações metodológicas (*Conjectures*, p. 62; *Logic*, p. 400 e ss.). Com razão, Popper pode diante disso, tornar válido que a tentativa de retrotrazer os conceitos de disposição a operações de medição pressupõe, por sua vez, uma teoria desta, já que ao renunciar a toda expressão universal não há teoria que possa ser descrita. Este círculo, no qual as expressões universais remetem a um comportamento empiricamente regular, tanto que as regularidades do comportamento não podem ser constatadas senão através de operações de medição que pressupõem, por sua vez, categorias gerais, parece-me, contudo, imprescindíveis de interpretação. O enfoque operacionalista insiste, com razão, no que o conteúdo semântico das informações empírico-científicas não é válido senão no marco de referência transcendentalmente imposto pela estrutura da ação controlada pelo êxito e não pode ser projetado, evidentemente, ao real "em si". É falsa, contudo, a ideia de que tal conteúdo poderia ser reduzido, sem mais, a critérios de um comportamento observável. O círculo no qual a tentativa envolve-se em evidência, e mais, no qual os sistemas de ação nos quais o processo de investigação se integra vem mediados pela linguagem, sem que este se dissolva, ao mesmo tempo, em categorias de comportamento.

separação entre investigações lógicas e psicológicas, restabelecendo assim, um velho ponto de vista kantiano, os positivistas optaram por renunciar ao seu naturalismo. Sob a impressão dos progressos alcançados no campo da lógica formal, Wittgenstein e o Círculo de Viena fizeram do dualismo entre enunciados e fatos a base de suas análises linguísticas. Os problemas concernentes à gênese não podem ser ingenuamente postos, desde então, na mesma gaveta que os relacionados à validade. Esta é a trivialidade para a qual Albert queria chamar atenção; mas tampouco desta vez ele aproxima-se da minha problemática. Meu interesse gira, de fato, entorno do fato singular de que apesar da clara diferença, precisamente na metodologia das ciências empíricas e na dimensão da crítica científica, estabelecem-se relações não dedutivas entre enunciados formais e enunciados empíricos. A lógica da ciência entranha um ponto de empirismo justamente no âmbito no qual deve se consumar a verdade das teorias científico-empíricas. Porque nem sequer em sua versão popperiana pode ser incorporada à crítica em forma axiomatizada às ciências formais. Como crítica não cabe entender senão a discussão sem reservas de todo tipo de suposições. Faz suas quantas técnicas de refutação lhe sejam acessíveis. Uma delas é a confrontação das hipóteses com os resultados da observação sistemática. Mas os resultados do teste integram-se em elucidações críticas, não constituem em si mesmos a crítica. A crítica não é um método de contrastação; é a contrastação mesma como discussão. E é, por outro lado, a dimensão na qual se decide criticamente sobre a validade das teorias, não as teorias mesmas. Porque na crítica não entram unicamente enunciados e suas relações lógicas, mas também considerações e enfoques empíricos sobre os quais cabe influir com ajuda de argumentos. Albert pode, naturalmente, vetar a possibilidade mesma de prestar atenção a todas aquelas relações e conexões que não sejam lógicas nem empíricas mediante um postulado. Mas com isso não conseguiria mais do que se evadir de uma discussão que julgo necessária, precisamente, por esclarecer o problema, a saber, se a introdução de um postulado deste tipo seria justificável no âmbito das investigações e elucidações de ordem metateórica. Quanto à minha opinião, penso que existem motivos mais que suficientes para repetir a crítica de Hegel à separação kantiana, entre um âmbito transcendental e um âmbito empírico, crítica que, em termos contemporâneos, deveria incidir sobre a separação da qual falamos, entre âmbitos lógico-metodológico e empírico. Sem que em nenhum desses casos a crítica ignore tais diferenças; trata-se, ao contrário, de partir delas.

Uma reflexão sobre o que o próprio Popper faz poderia nos aproximar da forma peculiar que adotam as indagações metateóricas, no momento mesmo em que transbordam o marco da análise da linguagem. Popper, por um lado, leva a cabo uma crítica imanente de dadas teorias; para isso serve-se da comparação sistemática entre derivações logicamente necessárias. Por outro lado, desenvolve soluções alternativas; propõe concepções próprias e procura fundamentá-las em argumentos adequados. Neste caso, não pode se limitar a revisão ou ao exame de relações de natureza dedutiva. Sua interpretação aponta ao objetivo concreto de transformar criticamente velhas convicções, tornar plausíveis novos parâmetros de juízos e tonar aceitáveis novos pontos de vista de índole normativa. E tudo isso ocorre na forma hermenêutica de uma argumentação que não é assimilável aos rígidos monólogos de um sistema dedutivo de enunciados. Uma forma que é, definitivamente, própria de toda indagação crítica. Assim evidencia-se em qualquer escolha entre possíveis técnicas investigatórias, entre enfoques teóricos diferentes, entre definições não idênticas dos predicados básicos, evidencia-se nas decisões sobre o marco linguístico em cujo seio se expressa um determinado problema e se formulam suas hipotéticas soluções. Constantemente repete-se a escolha de parâmetros e a tentativa de justificar tal escolha mediante argumentos adequados. Morton White fez ver que inclusive no mais alto grau as investigações metateóricas permanecem vinculadas a esta forma de argumentação. Tampouco das distinções entre ser categorial e não categorial, entre enunciados analíticos e sintéticos, entre regras lógicas e legalidades empíricas, entre observação controlada e experiência moral – que se apresentam como distinções fundamentais sobre as que se baseia a ciência empírica estrita – pode se dizer que se evadem da discussão; pressupõem critérios que não se deduzem da coisa mesma, é dizer, padrões criticáveis na medida cuja fundamentação estrita mediante argumentos não cabe pensar, mas que nem por isso deixam de resultar suscetíveis tanto de enfraquecimento quanto de reforço.[131]

White tenta – o que Popper não faz – investigar as relações lógicas desta forma não dedutiva de argumentação. Mostra como as decisões metodológicas são decisões quase morais, unicamente justificáveis pela via racional mediante discussões de fatura bem conhecida desde a velha

---

[131] Morton White, *Toward Reunion in Philosophy*, Cambridge, 1956.

tópica e retórica. Nem a interpretação convencionalista nem a naturalista fazem justiça à escolha de regras metodológicas.

Na medida em que transborda o nível da relação lógica entre enunciados e inclui um momento que transcende a linguagem – a tomada de posição –, a argumentação crítica se diferencia, obviamente, da dedutiva. Entre tomadas de posição e enunciados não cabe pensar em uma relação de implicação; as tomadas de posição não podem ser deduzidas de enunciados, nem, inversamente, os enunciados das tomadas de posição. O assentimento a um determinado método e a aceitação de uma regra podem ser reforçados ou debilitados mediante argumentos e, em qualquer caso, podem ser racionalmente sopesados e ajuizados. Esta é a tarefa da crítica, tanto diante das decisões de ordem prática como das de ordem metateórica. Dado que estes argumentos capazes de reforçar ou debilitar não guardam uma estrita relação lógica com os enunciados que expressam a aplicação dos parâmetros, apenas encontram-se com eles em uma relação de motivação racional, as investigações e elucidações metateóricas podem incluir enunciados empíricos. Sem que por isso a relação entre argumentos e enfoques ou tomadas de posição seja, em si, uma relação empírica. Pode ser concebida assim, sem dúvida, no marco de um experimento como o de Festinger sobre as variações nas tomadas de posição; mas a argumentação ficaria, neste caso, reduzida ao plano do comportamento linguístico observável, ignorando-se assim, o memento de vigência racional operante desta motivação.

Popper não dá por excluída uma racionalização das tomadas de posição. Essa forma de argumentação é a única possível frente à justificação, pela via da tentativa, das decisões. Agora, como nunca é conclusiva, julga-a como não científica em comparação com o mecanismo da prova dedutiva. Declara sua preferência pela certeza do conhecimento descritivo, uma certeza que vem garantida pela estrutura dedutiva das teorias e pela força empírica dos fatos. Mas também a inter-relação entre enunciados e experiências desse tipo específico pressupõe parâmetros que não deixa de necessitar, por sua vez, de justificação. Popper livra-se dessa objeção ressaltando a irracionalidade da decisão que precede a aplicação de seu método crítico. O modo racionalista se define por uma aberta disponibilidade quanto a decisão sobre as teorias e sua assunção em virtude de determinadas experiências e argumentos. Sem que ele mesmo resulte, contudo, justificável mediante argumentos ou experiências. Claro que não pode ser justificado em termos de prova dedutiva, mas sim pela via de uma argumentação ratificadora. Uma argumentação da qual o próprio Popper serve-se abundantemente. Explica tal viés crítico em razão de determinadas tradições filosóficas; analisa os pressupostos empíricos e as consequências da crítica científica; investiga sua função nas estruturas específicas de um determinado âmbito público de ordem política. Globalmente considerada, sua metodologia vem a ser, de fato, uma justificação crítica da crítica mesma. Pode ser que essa justificação não dedutiva desagrade ou não satisfaça suficientemente as exigências de um absolutismo lógico. Mas toda crítica científica que se proponha ser algo mais que meramente imanente e ajuíze decisões metodológicas não conhece outra forma de justificação.

Para Popper a tomada de posição crítica se define em termos de fé na razão. Assim, o problema do racionalismo não se radica na escolha entre o conhecimento e a fé, mas na escolha entre dois tipos de fé. Agora, o problema que chegando a esse ponto se coloca – nos diz com entonação paradoxal – não é senão o de saber qual fé é a verdadeira e qual está equivocada.[132] Não refuta completamente a justificação não dedutiva; acredita, não obstante, poder afastar-se da problemática combinação de relações lógicas e empíricas que ela entranha, renunciando a justificação da crítica – como se a raiz do problema não estivesse na crítica mesma.

No que concerne ao problema da fundamentação, Albert me impõe o ônus da prova; parece ser da opinião de que com a renúncia do racionalismo a autofundamentação solucionam-se todos os problemas. Para tanto, parte das teses de William B. Bartley, que tentou provar a possibilidade de semelhante renúncia.[133] Considero, entretanto, que se trata de uma tentativa frustrada.

Bartley começa por negar toda autofundamentação dedutiva do racionalismo mediante razões lógicas. Em seu lugar, investiga a possibilidade de um racionalismo disposto a aceitar todo enunciado racionalmente fundamentável, ainda que não única e exclusivamente esse tipo de enunciados; um racionalismo, cnfim, que não sustente concepções situadas para além da crítica, mas que não exija que todas as concepções, incluída a própria

---

[132] Karl R. Popper, *Die offene Gesellschaft und ihre Feinde*, Bern, 1957, II, p. 30.

[133] *The Retreat to Commitment*, N.Y. 1962, especialmente caps. III e IV; do mesmo: *Rationality versus the Theory of Rationality*, em M. Bunge (Ed.). *The Critical Approach to Science and Philosophy*, Londres 1964, p. 3 e ss.

tomada de posição racionalista, venham fundamentadas racionalmente. Podemos, entretanto, perguntar-nos se essa concepção seria sustentável inclusive sob a suposição de que, trabalhando consequentemente, as condições da própria consideração crítica ficariam abertas à crítica. Pois bem, Bartley não problematiza os parâmetros em que a experiência é organizada em situações de teste, nem coloca com suficiente radicalidade a questão do âmbito de validade da justificação racional. Por estipulação, afasta da crítica todos os padrões de medida que, para criticar, teríamos de supor. Introduz um chamado critério de revisão: "[...] *namely, whatever is pressupposed by the argument revisibility situation is not itself revisable within that* situation."[134] Não podemos aceitar esse critério. Ele é introduzido com a finalidade de assegurar a forma da argumentação; na realidade, contudo, a paralisaria precisamente na dimensão em que ela desenvolve seu peculiar rendimento: na revisão ulterior dos moldes e padrões de medidas aplicados anteriormente. A justificação crítica consiste, precisamente, na formação de um nexo não dedutivo entre parâmetros escolhidos e constatações empíricas e, em consequência, também no enfraquecimento ou no apoio a tomadas de posição mediante argumentos – argumentos que, por sua vez, são buscados na perspectiva daquelas. A argumentação adota, assim que vai além da consideração e exame de sistemas dedutivos, um curso reflexivo; utiliza parâmetros sobre os quais não se pode refletir senão sobre a sua própria linha de aplicação. A argumentação diferencia-se da mera dedução por submeter também à discussão, a todo o momento, os mesmos princípios pelos quais se guia. Assim, a crítica não pode ser submetida e circunscrita desde um princípio às condições impostas pelo marco de uma crítica prevista. O que deve valer como crítica, o que deve ter como tal vigência operativa, é algo que só cabe buscar à luz de critérios que unicamente no curso da crítica mesma podem ser encontrados, elucidados e, muito possivelmente, revisados de novo. Trata-se da dimensão de racionalidade global que, não suscetível a uma fundamentação última, desenvolve-se em um círculo de autojustificação reflexiva.

O racionalismo sem reservas de Bartley faz reservas demais. Com a crítica como horizonte único e extremo em cujos confins vem determinada a validade das teorias sobre o real, não é defensável. Para ajudar-nos, podemos conceber a crítica – crítica que não pode ser definida, dado

---

[134] *Ibid*, p. 173.

que os critérios e padrões de medida da racionalidade só nela mesma são explicitáveis – ao modo de um processo que, em forma de uma discussão totalmente livre, aponta à liquidação e superação de dissensos. Essa discussão vem presidida pela ideia de um *consensus* livre e geral de quanto nela participam. A "coincidência" não deve reduzir a ideia da verdade, neste contexto, a comportamento observável. Antes, são critérios de acordo com os que em cada ocasião pode ser alcançada a coincidência, dependentes eles mesmos desse processo que concebemos como processo à obtenção do *consensus*. Assim, a ideia de coincidência não exclui a diferenciação entre *consensus* verdadeiro e falso; mas essa verdade não é definível para além de qualquer revisão.[135] Albert me acusa de dar por suposta no contexto metodológico, como se fosse um *factum*, a chamada discussão racional. Pressuponho, sim, como *factum* dado que em todo o momento nos encontramos já no seio de uma comunicação cuja meta é a compreensão. Mas este fato empírico entranha, ao mesmo tempo, a propriedade de uma condição transcendental: unicamente na discussão cabe chegar a um acordo sobre os parâmetros com ajuda do que nos é possível distinguir dentre fatos e meras visões. A discutida combinação entre enunciados formais e empíricos propõe-se a fazer justiça a uma inter-relação, a um nexo no qual já não é possível separar significativamente os problemas metodológicos dos problemas referentes à comunicação.

4. A SEPARAÇÃO DE FATOS E PARÂMETROS

O QUARTO MAL-ENTENDIDO do qual Albert me culpa versa sobre o dualismo entre fatos e decisões, dualismo explicável a luz da diferença existente entre leis da natureza e normas culturais. As suposições sobre as regularidades empíricas podem fracassar definitivamente nos fatos, contanto que a escolha de parâmetros possa ser criticamente reforçada, em qualquer caso, mediante argumentos adequados. Daí a conveniência, argui-se, de separar nitidamente o âmbito das informações cientificamente fidedignas do saber prático, saber do qual unicamente podemos nos certificar e assegurar mediante uma forma hermenêutica de argumentação. Importa-me problematizar tão confiante separação, tradicionalmente expressa como

---

[135] Cf. D. Pole, *Conditions of Rational Inquiry*. London, 1961, p. 92.

diferença entre ciência e ética. Porque se o conhecimento teórico ratificado pelos fatos se constitui, por um lado, no seio de um marco normativo, suscetível unicamente de justificação crítica – e não empírico-dedutiva –, a justificação crítica dos parâmetros implica, por outro lado, considerações empíricas, é dizer, o recurso aos chamados fatos. Essa crítica capaz de elaborar um nexo racional entre tomadas de posição e argumentos é, na realidade, a dimensão globalizadora da própria ciência. Tampouco o saber teórico pode ser mais certo sobre nada que o crítico. De novo parece que o mal-entendido coloca-se como consequência da não compreensão, por parte de Albert, de minha intenção. Eu não nego toda a diferenciação entre fatos e parâmetros; limito-me a perguntar se a distinção positivista que subjaz o dualismo de fatos de decisões e, correspondentemente, ao dualismo de juízos e propostas, em suma, ao dualismo de conhecimento descritivo e normativo, é aceitável.

No anexo a uma nova edição de *A Sociedade Aberta*,[136] Popper desenvolve a relação assimétrica entre parâmetros e fatos: "[...] *through the decision to accept a proposal we create the corresponding standard (at least tentatively); yet through the decision to accept a proposition we do not create the corresponding fact*".[137] Tentarei apreender mais precisamente esta relação. Podemos discutir juízos e propostas. A discussão, não obstante, gera tão escassamente parâmetros como fatos mesmos. No primeiro caso, alega melhor argumentos com vistas a justificar ou discutir o ato mesmo da assunção de parâmetros. Tais argumentos podem incluir considerações empíricas que, entretanto, não se sujeitam à discussão. No segundo caso ocorre o contrário. O que aqui é objeto de discussão não é a escolha de parâmetros, mas sua aplicação, simplesmente, a um fato ou a um estado de coisas. A discussão alega argumentos com vistas a justificar ou discutir o ato da aceitação de um enunciado básico relativo a uma determinada hipótese. Estes argumentos incluem considerações metodológicas. Seus princípios não estão expostos, neste caso, à discussão. A crítica de uma suposição científico-empírica não discorre simetricamente à investigação crítica da escolha de um parâmetro; mas não porque a estrutura lógica da elucidação difira, em ambos os casos; não: é a mesma.

---

[136] 4. ed., Londres 1962, tomo II, p. 369 e ss.: *Facts, Standars and Truth.*

[137] *Op. cit.*, p. 384.

Popper corta esta reflexão invocando a teoria da verdade como correspondência. O dualismo de fatos e parâmetros se retrotraz, em última medida, à suposição de que independentemente de nossas discussões existem coisas como fatos e relações entre fatos aos quais os enunciados possam corresponder. Popper nega que os fatos unicamente se constituam em inter-relação com os parâmetros de observação sistemática ou de experiência controlada. Quando tendemos a enunciados verdadeiros não podemos menos que fazê-lo sabendo de antemão que sua verdade se mede em termos de correspondência entre enunciados e fatos. À objeção – posta imediatamente – de que precisamente com este conceito de verdade são introduzidos o critério ou o parâmetro ou a definição em relação aos quais devem permanecer, eles mesmos, abertos à investigação crítica, responde, antecipadamente, como segue: *"It is decisive to realize that knowing what truth means, or under what conditions a statement is called true, is not the same as, and must be clearly distinguished from, possessing a means of deciding – a criterion for deciding – wether a given statement is true or false."*[138] Temos de renunciar a um critério, a um determinado parâmetro de verdade, não podemos definir a verdade, mas acontece que em cada caso particular "compreendemos" aquilo que buscamos quando examinamos a verdade ou a falsidade de um enunciado: *"I believe that is the demand for a criterion of truth which has made so many people feel that the question What is truth is unanswerable. But the absence of a criterion of truth does not render the notion of truth non-significant any more than the absence of a criterion of health render the notion of health non-significant. A sick man may seek health even though he has no criterion for it."*[139]

Popper faz uso, neste lugar, da consideração hermenêutica de que compreendemos o enunciado a partir do contexto, inclusive antes e poder definir as expressões individuais e alegar um padrão geral de medida. Evidentemente, mesmo os que não estiverem familiarizados com a hermenêutica poderão concluir que buscamos o sentido de tais expressões e enunciados sem algum padrao de medida. Antes, pode-se dizer que a intelecção prévia que antes de qualquer definição guia a interpretação, inclusive a própria interpretação popperiana de verdade, inclui sempre, de modo tácito, determinados parâmetros. A justificação desses parâmetros precedentes não está, portanto,

---

[138] *Open Society II*, p. 371.

[139] *Op. cit.*, p. 373.

excluída; e ocorre que a renúncia à definição permite, no curso progressivo da explicação destes ou daqueles textos, uma contínua autocorreção de uma intelecção inicialmente difusa. Com o foco de uma compreensão crescente do texto, a intelecção ilumina, *a posteriori* os padrões de medida, moldes e critérios que serviram para penetrar inicialmente naquele texto. Com a adaptação dos parâmetros inicialmente aplicados, o próprio processo hermenêutico da interpretação procura sua justificação. Os parâmetros e as descrições que eles permitem ao serem aplicados ao texto guardam, por outro lado, uma relação dialética. O mesmo ocorre com o padrão de medida de uma verdade concebida como correspondência. Só a definição dos padrões de medida e a estipulação e fixação de critérios desapegam os parâmetros das descrições que eles possibilitam; só elas criam uma trama dedutiva que exclui a ulterior correção dos padrões de medida pela coisa mesma. Só nesse momento elucidação crítica dos parâmetros cinde-se de seu uso. Mas faz-se, implicitamente, uso dos parâmetros antes mesmo que se diferencie o nível meta-teórico de uma justificação crítica do nível objetual dos parâmetros aplicados.

É por isso que Popper não pode evitar a inter-relação dialética existente entre enunciados descritivos, postulatórios e críticos por mais que invoque o conceito de verdade como correspondência: nem sequer um conceito de verdade como este, que permite introduzir uma diferenciação estrita entre parâmetros e fatos, não é outra coisa – por mais que só nos orientemos por ele tacitamente – senão um parâmetro que também necessita justificação crítica. Toda a elucidação crítica implica, tanto se trata da aceitação de propostas (*proposals*) como de juízos (*propositions*), um triplo uso da linguagem: o descritivo, para a descrição de fatos e estados de coisas; o postulatório, para a fixação e estipulação de regras metodológicas; e o crítico, para justificar tais decisões. Estas formas de falar pressupõem logicamente umas às outras. Nem por isso o uso descritivo a uma determinada classe de fatos é limitado. O uso postulatório estende-se à determinação de normas, parâmetros, critérios e definições de todo tipo, tanto se trata de regras práticas como de regras lógicas ou metodológicas. O uso crítico põe em jogo argumentos para sopesar, valorar, ajuizar ou justificar a escolha de parâmetros; agrega à discussão, em suma, tomadas de posição e formas de ordem linguístico-transcendente. Nenhum enunciado sobre o real é suscetível de contrastação crítica sem a explicação de uma trama ou inter-relação entre argumentos e tomadas de posição. As descrições não são independentes dos parâmetros de que fazem uso; os parâmetros, por sua vez, residem sobre tomadas de posição que, se por um lado, precisam de argumentos ratificadores, por outro lado, não podem ser deduzidas a partir de constatações. Se as tomadas de posições são transformadas sob o influxo de argumentos, uma motivação desse tipo une, de forma evidente, um imperativo logicamente incompleto a outro de caráter empírico. O único imperativo desse tipo parte da força da reflexão, que rompe a violência do não vislumbrado, nem conhecido, mediante sua elevação à consciência. O conhecimento emancipatório traduz o imperativo lógico a imperativo empírico. É precisamente isso que torna a crítica possível; supera o dualismo de fatos e parâmetros, dando assim, e apenas assim, lugar à continuidade de uma elucidação racional que, de outra forma, fragmentar-se-ia, sem mediação alguma, em decisões e deduções.

Desde o momento em que começamos a discutir um problema com a intenção de chegar, racionalmente e sem coações, a um *consensus*, movemo-nos nessa dimensão de racionalidade global que à maneira de seus momentos acolhe linguagem e ação, enunciados e tomadas de posição. A crítica é sempre um passo de um momento ao outro. É, se posso me expressar assim, um fato empírico ao qual corresponde uma função transcendental, da qual tomamos consciência no curso de realização e culminação da própria crítica. Como é óbvio, também pode ser, sem dúvida, reprimida e deslocada assim que a definição dos parâmetros inicialmente aplicados de maneira meramente tácita se desapegue da reflexão viva um domínio linguístico – imanente de relações lógicas. Essa repressão reflete-se na crítica de Popper a Hegel:

> *To transcend the dualismo of facts and standards in the decisive aim of Hegels philosophy of identity – the identity of the ideal and the real, of the right and the might. All standards are historical: they are historical facts, stages in the development of reason, which is the same as the development of the ideal and the real. There is nothing but facts; and some of the social or historical facts are, at the same time, standards.*[140]

---

[140] *Open Society II*, p. 395.

Nada fica mais longe de Hegel que este positivismo metafísico, ao que Popper opõe o ponto de vista do positivismo lógico, de acordo com o qual, enunciados e fatos ou estados de coisas pertencem a esferas distintas. Não se pode dizer que Hegel nivelou como pertencentes ao domínio dos fatos históricos tanto o lógico como o empírico, os critérios de validade e as interrelações fáticas, o normativo e o descritivo; o que não quer dizer, desde logo, que ele ignorava a experiência da consciência crítica de que a reflexão une momentos em si perfeitamente separados. A crítica vai do argumento à tomada de posição e da tomada de posição ao argumento, e nesse movimento, faz sua essa racionalidade global que na hermenêutica natural da linguagem cotidiana atua como se estivesse em casa, por assim dizer, e que nas ciências deve ser reconstruída e posta novamente em marcha, ao contrário, com a ajuda da elucidação crítica, entre os momentos de cindidos da linguagem formalizada e da experiência objetivada. Unicamente graças a essa crítica que refere de forma não dedutiva dos parâmetros escolhidos aos fatos empíricos, podendo medir com isso um argumento à luz de outro, vale essa frase que em virtude dos próprios pressupostos de Popper não poderia ser sustentado: "[...] *that we can learn; by our mistakes and by criticism; and that we can learn in the realm of standards just as well as in the realm of facts.*"[141]

5. DUAS ESTRATÉGIAS E UMA DISCUSSÃO

ALBERT ENTRA em uma série de problemas, polemiza e os abandona novamente; não vejo nenhum princípio nesta ordem de sucessão. Tentei esclarecer quatro mal-entendidos fundamentais com vistas, sobretudo, a construir uma base de inteligibilidade sobre a qual sem grave confusão linguística seja possível a discussão de outros problemas, como, por exemplo, os colocados pela função da reflexão histórica, o postulado da neutralidade valorativa ou o status da crítica das ideologias. Penso que agora apenas cabe mal-entender minha intenção. Pretendo justificar e defender, contra o positivismo, o ponto de vista de que o processo da investigação organizado pelos sujeitos pertence, em virtude e através do ato cognoscitivo, à trama objetiva cujo conhecimento se busca.

---

[141] *Id.*, p. 386.

A dimensão na que se configura esta inter-relação entre o processo de investigação e o processo social da vida não pertence ao domínio dos fatos, nem tampouco ao da teoria; fica deste lado de um dualismo que só para as teorias científico-empíricas têm sentido. No contexto geral da comunicação da crítica científica combinam-se ambos os momentos. Em uma linguagem fora de moda o expressaria assim: as condições transcendentais do conhecimento possível se constituem aqui sob condições empíricas. Em virtude do qual, nem a sociologia do conhecimento, nem a metodologia pura são pertinentes neste estado da reflexão. Antes caberia dizê-lo de sua combinação, rotulada, originariamente, como crítica da ideologia. Acolho essa expressão, mas não sem certo desgosto, porque não desejo estender a discussão atual a quaisquer campos de interesse. Ocupo-me dos interesses diretores do conhecimento, interesses subjacentes, em cada caso, a um sistema inteiro de investigações. Contra a autointelecção positivista, importa-me ressaltar a inter-relação existente entre as ciências empírico-analíticas e um interesse cognoscitivo de índole técnica. O que, na realidade, não tem nada a ver com a denúncia que Albert faz contra mim. Albert esqueceu por completo que nada fica mais longe dos meus propósitos do que efetuar uma crítica da investigação empírico-analítica enquanto tal; de forma alguma me proponho, como ele parece dar por fato, opor os métodos da compreensão aos da explicação. Considero, ao contrário, erradas as tentativas características da velha disputa metodológica, tentativas encaminhadas a levantar, desde um princípio, muralhas destinadas a manter domínios intangíveis à margem de qualquer possível incidência de tal ou qual tipo de investigação. Os que buscaram esse tipo de imunização não são mais que maus dialéticos.

A reflexão sobre os interesses diretores do conhecimento não fica, por exemplo, sem consequências. Faz-nos consciências do âmbito e da natureza de tomadas de posição das quais dependem decisões fundamentais frente ao marco metodológico de sistemas inteiros de investigação. Só assim aprendemos, a saber, o que fazemos; só assim sabemos o que, se fazemos, podemos aprender. Fazemo-nos conscientes, por exemplo, de que as investigações empírico-analíticas dão lugar a um conhecimento tecnicamente aplicável, mas de modo algum a um conhecimento capaz de ajudar ao esclarecimento hermenêutico da autointelecção dos sujeitos que atuam. Até o momento, a sociologia vem cooperando em primeira linha, e de forma alguma de maneira aproblemática, com a autorreflexão de grupos sociais em dadas circunstâncias históricas; não pode renunciar a isso, nem sequer nos casos em que declaradamente não busca outra coisa que não informações sobre regularidades empíricas do comportamento social. Coincido com Albert em que nossa disciplina deveria se esforçar ao máximo para conseguir mais e melhores informações deste tipo. Mas já não coincido com ele ao considerar que poderíamos, teríamos ou inclusive, deveríamos limitar-nos a isso. Não vou investigar agora as razões pelas quais, entre nós, a sociologia assumiu a tarefa de uma teoria da sociedade historicamente orientada, tanto que as outras ciências ficaram livres desse peso, e em consequência, aproximavam-se muito mais rapidamente aos limites de uma ciência empírica estrita. Que tal se uma triunfante política científica de cunho positivista conseguisse liberar-se integramente dessa tarefa, relegando-a a antecâmara da discussão científica? Porque nas mãos dos positivistas não é outro o objetivo da crítica da ideologia. Ocupa-se de purificar a consciência prática dos grupos sociais de quantas teorias não sejam traduzíveis ao conhecimento tecnicamente aplicável e deem fôlego, não obstante, a pretensões teóricas. Que tal se semelhante remédio fosse factível e plenamente efetuado?

Nas condições de reprodução de uma sociedade industrial, os indivíduos que não dispusessem de outro conhecimento que não o aplicável tecnicamente, nem pudessem esperar maior ilustração racional sobre si mesmos e os fins e objetivos de sua ação, perderiam sua identidade. Seu mundo desmitologizado seria – na medida em que o poder do mito não pode ser anulado pela via positiva – em um mundo cheio de demônios. Arco conscientemente com o risco dessa linguagem; pertence a um domínio da experiência que de modo algum fica reservado a uma elite clarividente. Reconheço, evidentemente, que a imaginação unicamente se forma em contato com tradições que o indivíduo tornou suas, sem sufocá-las em seguida. A leitura do recém-publicado livro de Klaus Heinrich ajuda a esclarecer como, inclusive nesta dimensão, é possível uma intelecção racional.[142]

Uma sociologia de enfoque restrito a investigações empíricas só poderia investigar a autorreprodução e a autodestruição dos sistemas sociais na dimensão deles como processos de adequação pragmaticamente obtidos, negando quaisquer outras dimensões. No seio de uma sociologia concebida

---

[142] *Versuch über die Schwierigkeit, Nein zu sagen, (Ensaio sobre a dificuldade de dizer não)*, Frankfurt, 1964.

como estrita ciência do comportamento seriam informuláveis os problemas e interrogações referentes à autointelecção dos grupos sociais; mas nem por isso eles carecem de sentido ou se evadem da vinculante discussão. Como a reprodução da vida social não nos coloca apenas problemas de fácil resolução, e inclui algo mais que processos de educação de acordo com o modelo do uso racional de meios com vistas a fins, há que se contar que eles se coloquem de maneira objetiva. Os indivíduos de natureza social conservam sua vida em virtude, unicamente, de uma identidade grupal que, diferentemente das sociedades animais, pode ser reconstruída várias vezes, liquidada ou formada de novo. Unicamente podem assegurar sua existência mediante processos de adequação ao entorno natural e readequação ao sistema de trabalho social na medida em que facilitam o intercâmbio material com a natureza mediante um equilíbrio extremamente precário dos indivíduos entre si. As condições materiais de sobrevivência estão vinculadas intimamente às mais sublimes, o equilíbrio orgânico está vinculado a esse balanceamento entre superação e unificação, no qual se deflagra a identidade de todo eu através da comunicação com os outros. Uma identidade não conseguida por quem afirma a si mesmo e uma comunicação frustrada dos que falam uns com os outros são autodestruições que, ao final, tem uma tradução física. No âmbito individual são conhecidas como perturbações psicossomáticas; mas as histórias vitais desapegadas refletem as realidades desapegadas das instituições. Os cansativos processos de identificar-se-novamente-a-si-mesmo são conhecidos tanto desde a fenomenologia hegeliana do espírito como desde a psicanálise freudiana: o problema de uma identidade que só pode ser produzida mediante identificações, é dizer, só mediante comparações de identidade, é, ao mesmo tempo, o problema de uma comunicação que torna possível o afortunado balanceamento entre um mudo ser-um e um alheamento mudo, entre o sacrifício da individualidade e o isolamento do um abstrato. Não há quem não repita, na crise de sua história vital, estas experiências de ameaça de perda de identidade e da remissão da comunicação linguística; mas não são mais reais que essas experiências coletivas da história da espécie que no curso do tráfico com a natureza fazem em si mesmos os sujeitos sociais globais. Na medida em que não podem ser solucionados com ajuda de informações tecnicamente aproveitáveis, os problemas deste âmbito empírico não são esclarecidos por investigações empírico-analíticas. Ao mesmo tempo, contudo, e já desde seus primeiros passos no século XVIII, são estes os problemas, inclusive primordialmente, que a sociologia tenta discutir. Ao fazê-lo não pode renunciar a interpretações orientadas historicamente, de forma similar como não pode, obviamente, ignorar uma forma de comunicação em cujo âmbito, precisamente, colocam-se esses problemas. Refiro-me a rede dialética de uma trama de comunicação na qual os indivíduos vão configurando sua frágil identidade, abrindo caminho entre os perigos da coisificação e da amorfia. Este é o núcleo empírico da forma lógica da identidade. Na evolução da consciência, o problema da identidade coloca-se ao mesmo tempo como o problema da reflexão e da sobrevivência. Dele parte, primariamente, a filosofia dialética.

Na distorcida imagem de mundo de alguns positivistas, a dialética cumpre o papel do duende. Para outros, que em certas ocasiões se dão conta de que incorrem em cursos dialéticos de pensamento, a dialética vem, simplesmente, para traduzir a linguagem da experiência de que pensamos e podemos pensar inclusive naqueles casos em que de acordo com as tradicionais regras resolutivas já não o necessitaríamos. O pensamento não se envolve na dialética por desprezar as regras da lógica formal, mas o faz aferrando-se a elas, e o faz no lugar de terminar com a reflexão mesma, no nível da própria autorreflexão. Contra as expectativas positivas, a autorreflexão das ciências empíricas estritas exorta a modéstia. Adere ao conhecimento de que nossas teorias não se limitam a descrever, simplesmente, a realidade. Tampouco se decide, por outra parte, a renunciar em virtude de tais e quais definições, à tentativa de explicar todas aquelas inter-relações que à luz das demarcações nas que com fundados motivos se baseia a análise científico-empírica, não deveriam existir.

Partindo de semelhantes posições não é de surpreender que a discussão entre os positivistas e os que não se envergonham do pensamento dialético, apresente seus problemas. Como, não obstante, ambas as partes estão ao mesmo tempo convencidas da possibilidade de um *consensus* alcançável por via racional e não pretendem negar a racionalidade abrangente de uma crítica sem restrições como horizonte de intelecção possível, pode se pensar na discussão. As estratégias escolhidas com tal finalidade, contudo, não coincidem.

Albert me declara partidário de uma estratégia sobremaneira anticientífica; uma estratégia de imunização e acobertamento, como a qualifica. Quando se pensa que submeto a discussão inclusive às condições de contrastação em cuja exclusividade Albert insiste, essa qualificação não pode me parecer outra coisa que sem sentido. Preferiria falar de estratégia de envolvimento: deve-se fazer visível aos positivistas o que ficou às suas costas. Ignoro se isso será um procedimento simpático; isso me foi imposto, em todo caso, pelo rumo da discussão: as objeções de Albert residem sobre suposições prévias que eu mesmo havia problematizado. Simetricamente a sua objeção de obscurecimento poderia caracterizar a estratégia de Albert[143] como um fazer-se de bobo: não quer entender o que diz o outro. Esta estratégia, tendente a obrigar ao adversário a passar a sua própria linguagem, tem já muitos séculos de vida e beneficiou-se de muitos êxitos desde os dias de Bacon. Os progressos das ciências exatas residem, em parte não desprezível, na tradução que fazem de problemas tradicionais a uma nova linguagem; não encontram resposta para as questões que não foram formuladas por elas. Esta estratégia torna-se, por outro lado, um freio assim que se queira discutir globalmente sobre o *status* de tais investigações. O exercício metódico do "não o entendo" esgota uma discussão que deve se mover sempre no âmbito de uma intelecção prévia comumente pressuposta. Por essa via não se promove senão um etnocentrismo de subculturas científicas, destrutor do caráter aberto da crítica científica.

Esse é o contexto no qual deve se situar a crítica de não inteligibilidade. Na medida em que me afeta enquanto sujeito empírico, não posso menos que me arrepender; na medida em que se dirige, ao contrário, a uma estrutura do pensamento e da linguagem, precisa de esclarecimento. A compreensão deve ser entendida como uma relação diádica. Na minha obrigada leitura de agudas investigações positivistas tive a dolorosa experiência de não entender muita coisa, ou de não entendê-las de imediato. Atribui a dificuldade a meus deficientes processos de estudo e aprendizado, ao invés de apontar a inteligibilidade dos textos. No caso contrário, é dizer, no caso de alguém que cita Hegel de segunda mão, não posso me livrar totalmente da suspeita de que é bem possível que tenha ocorrido algo parecido.

Falo aqui de tradição com os olhos voltados aos processos de estudo que a tornam possível, e não à expectativa de autoridade na qual cifrar uma ascendência. Talvez a obra de Popper pertença à série das grandes teorias filosóficas precisamente por manter ainda uma inteligente relação com tradições que alguns dos que seguem apenas conhecem de nome.

---

143 Não quero tomar em consideração o lapsus que Albert comete às p. 209 e ss.; suponho que o anticomunismo usual neste país não faça parte de sua estratégia.

{ VIII }

Às Costas do Positivismo?

Hans Albert

Tradução de Luciano del Monaco

Os positivistas honrados, aos quais semelhante perspectiva arrancam um sorriso dos lábios [...]. (Jüergen Habermas, *Teoria e Práxis*)

SUBTERFÚGIOS DIALÉTICOS
SOB UMA LUZ CRÍTICA

EM SUA resposta[144] a minha crítica[145] *Jürgen Habermas* tenta reformular suas objeções contra o racionalismo crítico de *Karl Popper*, de modo que resulte em um menor número de possíveis mal-entendidos, como era o caso dos trabalhos sobre os quais incidia minha crítica. A argumentação desenvolvida nessa réplica não conseguiu, de qualquer maneira, nem me convencer de que havia entendido erroneamente seus argumentos em ocasiões anteriores nem, tão pouco, da validade de suas objeções. Sua impressão de que isolei seus argumentos e os retirei do contexto de uma crítica imanente as concepções de *Popper*, de tal maneira que restaram esses desconexos e carentes de coerência interna, de forma a serem apenas vagamente reconhecíveis, não é um ponto que cabe a mim discutir. Como me esforcei em reconstruir adequadamente sua linha argumentativa, movido pela intenção de que o leitor pudesse saber a que dirigia minha crítica, não me compete a, nesse sentido, nada mais senão confiar que aqueles os

---

[144] Jürgen Habermas: *Contra un racionalismo minguado de modo positivista. Réplica a un panfleto.* (presente neste livro, cap. 7)

[145] Ver trabalho: *El mito de la razón total. Pretensiones dialécticas a la luz de una crítica no dialéctica.*

quais se interessarem por essa discussão examinem comparativamente os textos em discussão e formem seu juízo sobre uma hipotética validade de tal objeção. De minha parte me pareceu que em sua réplica Habermas não se limita a reconstruir sua crítica anterior, mas chega inclusive a modificá-la em pontos relevantes ao assunto. Seja como for, não posso preferir menos uma franca controvérsia frente à estratégia de "encolher os ombros", e me declaro, assim como *Habermas*, a me abster de toda a discussão sobre questões de forma. Apesar das diferenças que separam nossos pontos de vista o interesse pela discussão crítica parece criar, pelo menos, uma ponte entre nós.

Em suas observações preliminares *Habermas* insiste em que sua crítica não se dirige contra a práxis da investigação própria das ciências estritamente empíricas, mas, simplesmente, contra a interpretação positivista dessa práxis. O resultado é assaz curioso, especialmente quando se considera que também *Popper*, cujas concepções *Habermas* critica, tece argumentos contra uma interpretação desse tipo. Para poder levar sua crítica a cabo *Habermas* não pode, pois, fazer menos que propor a impressão de que a contribuição essencial de *Popper* deve ser considerada integrada a tradição positivista. A solução de semelhantes problemas de atribuição depende de delimitações a serem efetuadas de modos distintos,[146] de maneira de que sob esse ponto não cabe esperar uma resposta unívoca. Trata-se, pois bem, de provar que as objeções específicas que *Habermas* tece aos representantes dessa tradição filosófica são aplicáveis também contra *Popper*, e que a crítica generalizada de restrição e limitação de pensamento crítico, expressado já no título de sua réplica - e no qual, segundo me parece, convergem suas diversas objeções particulares - também afeta a este. A autointelecção positivista - a imagem de si mesmo que tem o positivismo - é de efeito restritivo, afirma *Habermas* "limita-se a reflexão válida dentro dos limites das ciências empírico-analíticas (e formais)".[147] Em seguida, alude às "normas proibitivas de cunho positivista", em virtude das quais "âmbitos inteiros de problemas deveriam ser excluídos da discussão e abandonados a posições e enfoques irracionais" e cita, nesse

---

[146] Na discussão que realizamos em 22/02/1965 sobre os pontos de vista de Popper no seminário Alpbach de Kòln, essa dúvida surgiu logo em seguida e decidimos não nos deter demasiadamente sobre ela.

[147] Habermas: *Contra um racionalismo minguado de modo positivista*. cap. 7.

contexto, todos "aqueles problemas" que "dependem da eleição de padrões e da influência dos argumentos", os quais variam de acordo com as tomadas de posição. Semelhantes restrições, normas proibitivas e reservas principais [temáticas] não se encontram, na medida de meu conhecimento, em *Popper*, independentemente disso, diga-se desde logo, que o respeito dos atuais representantes do positivismo em sentido estrito apenas seria possível se já tivessem se defendido de tais afirmações.[148]

Da minha exposição de seus pontos de vista *Habermas* me repreende, pois segundo ele dou a entender que com base em seus argumentos ele (*Habermas*) está propondo algo como "introduzir um novo método" situado ao lado dos métodos de investigação científico-social já firmemente estabelecidos e vigentes, coisa que, de fato, está completamente fora de seu campo de intenções.[149] Em que sentido seria possível classificar (como *Habermas* insiste que não seria possível) a teoria popperiana da ciência desenvolvida em seu trabalho, dentro da controvérsia *Popper-Adorno*, a qualificação de "novo método", é algo sobre o que prefiro não me pronunciar. Em todo caso, minha argumentação é contra a pretensão de que a concepção por ele desenvolvida pode resolver problemas não solucionáveis de acordo com a concepção popperiana. Tanto é que se quisermos rotular o que *Habermas* oferece como um "método" novo, rótulo que ele próprio rejeita, se põe ele, de um jeito ou de outro, a rascunhar as características fundamentais de uma concepção metodológica própria das ciências sociais de cunho dialético, do que se afirma que é capaz de superar as restrições de uma ciência da sociedade orientada pelas ideias de *Popper*. No meu trabalho acima citado não busquei outra coisa além de submeter à crítica essa concepção metodológica, ponderando suas afirmações. Não me parece que em sua réplica *Habermas* tenha dado suficiente atenção a essa finalidade. Não se encontra em sua réplica tanto uma intenção de fundamentar as pretensões da concepção dialética, no concernente às ciências sociais, como a de tornar úteis os resultados do neopragmatismo para uma crítica do racionalismo

---

[148] Entre o neopragmatismo de *Morton G. Whites*, que *Habermas* destaca especificamente em sua réplica, e as concepções dos filósofos analíticos da tradição do último [velho] Wittgenstein, existem, sem dúvida, muitas diferenças. No entanto, não pode se afirmar que estes não pretendem excluir da discussão nenhum dos problemas que *Habermas* está disposto a tratar.

[149] Habermas, p. 222.

popperiano. Uma crítica certamente muito mais complacente no que diz respeito a *Popper* do que de minha concepção, sobre a qual *Habermas* não se limita a localizar falhas essenciais de compreensão de sua teoria, mas também no relativo ao ponto de vista sustentado por *Popper*. Vou me ocupar dos diversos pontos específicos por ele destacados para explicar os mal-entendidos em que incorri.[150]

1. O PAPEL METODOLÓGICO DA EXPERIÊNCIA

MEU PRIMEIRO mal-entendido se dá, na opinião de *Habermas*, em relação ao papel metodológico da experiência nas ciências sociais. A meu modo de ver, porém, torna a questão bastante singular dizer, como se não tivesse posto em dúvida algo que ele se opõe, a saber: que os pontos de vista respectivos à formação das teorias que ele critica não precisam impor restrições no relativo ao tipo admissível de experiência, tanto que em sua concepção é necessário um forçoso recurso à hermenêutica natural.[151] Em sua objeção, *Habermas* veio a se referir explicitamente à raiz das ideias e pontos de vista que orientam a teoria dialética que aspira, uma teoria em que sua elaboração deve estar em conformidade "precedentemente" a um objeto pré-formado, ao invés de ter que ser apenas posteriormente relacionada a uma experiência específica. Desta e de outras proposições se pode, sem dúvida, inferir-se que sua intenção é vincular de um modo ou de outro a formação de teorias à experiência precedente, uma experiência acumulada pré-cientificamente, como ele mesmo aponta, dito de outra forma, uma experiência cotidiana, coisa que de modo algum ocorre na concepção de *Popper*. Referi-me, nesse contexto, ao curioso conservadorismo perceptível em esta ênfase posta tanto no problema da raiz e procedência, como em um conceito de experiência a que no melhor dos casos pode corresponder à função metodológica de tornar dificilmente corrigíveis erros veneráveis.

---

[150] No essencial seguirei, como em meu trabalho anterior, a ordem de sucessão de problemas a serem tratados, estabelecida pelo próprio *Habermas*, confiando que o leitor está em condições de encontrar por si só um início.

[151] Ver, a esse respeito, os pontos relevantes de sua colaboração a *Homenaje a Adorno*, loc. cit., p. 149 e seguintes, a crítica a minha resposta, loc. cit., p. 192 e seguintes, assim com sua réplica, loc. cit., p. 223 e seguintes.

Ocorre, de fato, que teorias bem-sucedidas costumam, não raramente, a contradizer a experiência anterior.[152]

Em sua réplica *Habermas* não entra nesse ponto; nega, igualmente enérgico, qualquer desconhecimento de sua parte dos benefícios das situações de prova por mim destacadas com a intenção de evidenciar, de maneira inequívoca, o papel de essa experiência a qual ele qualifica como específica. Em vez disso, ele se centra em outro problema que não deixa, naturalmente, de guardar relação com esse último, a saber: o problema de "se por acaso o possível sentido da validez empírica dos enunciados já não advém de um princípio determinado mediante uma definição deste tipo, e se convém perguntar-se se assim o ocorre qual o sentido de validez vem prejulgado desse modo".[153] Para dizer a verdade, ignoro em que medida eu posso estar realmente a "entronizar a ingenuidade filosófica a qualquer preço", a ponto de rechaçar forçosamente semelhante problema. As condições de "constratação" (teste) devem se orientar em cada caso de acordo com o significado e conteúdo da teoria em questão; de modo algum se impõem "de fora". O único fato que deve se esperar é que uma teoria seja submetida a oposição mais severa possível, dito de outra forma, que se trate – obviamente – de todas as possíveis condições de "constratação" (teste) correspondentes às suas hipóteses e que se julgue sua confirmação (aprovação) à luz da oposição. Quantas teorias pretendem dizer algo sobre o mundo e, em consequência, também, entre outras coisas, dizer sobre o homem e seu entorno sociocultural, vem a ser confrontadas, por sua "constratação", com argumentos que se apresentam como imediatamente relevantes às mesmas. Como será a fisionomia desses argumentos é algo que depende, definitivamente, dos enunciados da teoria em questão. De forma que não vem a ser senão um modo de submeter as teorias à crítica e, com isso, ao risco de fracasso; um modo em virtude do qual nada vem a ser prejulgado de forma que já não tinha sido determinado pelas próprias teorias.

Com o fim de provar o caráter restritivo de minha concepção metodológica *Habermas* salienta, em seguida, o fato de os sentimentos morais, as

---

[152] Ver, a esse respeito, p. ej., Paul K. Feyerabend, *Problems of Empiricism*, em: *Beyond the Edge of Pittsburgh Series in the Philosophy of Science*, editor Robert G. Colodny, Englewood Cliffs 1965, p. 152 e seguintes. Não deixa de ser interessante observar como Feyerabend argumenta, a partir de posições popperianas, contra um empirismo radical com o qual o de *Habermas* vem a ser, nesse sentido, muito mais próximo.

[153] *Loc. cit.*, p. 238.

privações e frustrações, as crises histórico-vitais e as mudanças de posição e vontade durante o curso de uma reflexão procuram outras experiências que "podem ser elevadas, mediante padrões (*standards*) correspondentes, a instâncias de oposição" em contraposição, segundo me parece, à base empírica das ciências estritas (naturais). Como esta alusão é, sem dúvida, destinada a fazer as vezes de objeção, não faria mal precisar quais tipos de enunciados hão de ser postos em 'constratação' com ajuda de semelhantes experiências e como esse processo deve ser realizado. Não há, naturalmente, motivo algum que nos impeça de nos ocuparmos desses problemas, mas é realmente difícil discutir alusões a possíveis soluções ou conferir-lhes validez como objeções a essas soluções de forma que tal questão permanece em um segundo plano.

Tanto que essas preocupações devem, a princípio, salientar o fato concreto de que atualmente as ciências positivas se ocupam da classe de experiências a que *Habermas* se refere, fazendo-as valer como "fatos" postos em relação com teorias que incidem sobre eles. Utilizam assim essas experiências para testar a teoria, sem que por isso seja necessário renunciar forçosamente à metodologia criticada por *Habermas*. Cabe, então, supor que esta não é a função de tais experiências a qual *Habermas* se refere. Inclusive sua própria entonação permite inferir que a intenção da alusão era outra: chamar atenção não tanto sobre o fato de que uma frustração seja utilizada, por exemplo, em modo de "constratação" (para testar) uma teoria que enuncia algo sobre a frustração, como sobre a possibilidade de que tais experiências sejam convertidas de maneira imediata em caso de "constratação", é necessário que se examine, por exemplo, se uma teoria frustra a alguém e à luz de ele a considerar eventualmente fracassada. Em todo caso, esta não deixaria de ser uma proposta interessante nesse contexto e de consequências nada insignificantes a serem ponderadas. A referência a fatos desagradáveis, a elaboração de novas ideias e argumentos geralmente impingem frustrações aos partidários de certos pontos de vista. Não é suficiente citar, simplesmente, os grandes exemplos de *Galileu, Darwin, Marx* e *Freud*, em cujas obras as consequências para a imagem tradicional do mundo resultaram tão evidentemente perigosas que provocaram reações defensivas em cadeia. Também no âmago da ciência, e a respeito de problemas menos importantes no referente à visão de mundo, há de ser considerado que o elemento emocional de certas teorias pode ser suficientemente intenso para desencadear, igualmente, frustrações. Ao expor estas teorias a uma séria crítica metodológica não saberia, sem dúvida, qual contribuição de ordem metodológica veria nela além da consagração de estratégias imunizadoras. Há de se supor que semelhante irracionalismo tampouco seria aceitável à *Habermas*.

Seria apropriado, quiçá, interpretar de outra maneira sua alusão. Poderia se partir também, digamos, da suposição de que o ânimo de um cientista é, em geral, uma natureza tal que certas características das teorias lhe causam uma frustração: as contradições internas, por exemplo, quando não está disposto a "superá-las" dialeticamente, a falta de conteúdo informativo ou as dificuldades que se apresentam na hora de "constratá-las"[154] empirica-mente. Essa suposição poderia, possivelmente, desempenhar algum papel na explicação dos processos de investigação e, consequentemente, seria relevante para a sociologia da ciência; não permitiria, porém, conclusão negativa alguma a respeito da concepção metodológica em jogo. De maneira que, para o problema que nos ocupamos, tampouco parece interessante essa interpretação. Outra possibilidade seria a de inferir que *Habermas* não se refere às teorias que pretendem informar sobre a realidade, descrevê-la e explicá-la, mas somente a concepções de outro tipo. A alusão a sentimentos morais como instâncias possíveis de teste pode aproximá-lo da suspeita de que se refere a concepções normativas, por exemplo. A mesma frase acima citada sobre a determinação prévia do sentido da validez poderia ir nessa direção. Inclusive a quem não está disposto a ver nas pretensões de validez de uma determinada concepção outra coisa que a aspiração a um reconhecimento geral e, do mesmo modo, se negue a perceber a necessidade de uma diferenciação nesse sentido, não será, sem dúvida, difícil aceitar que as raízes da validez dos enunciados normativos podem ser de ordem muito distinta que das de validez das teorias científico-positivas. Tampouco isso traria dificuldades sérias, sem dúvida, a concepção totalmente aberta, muito pelo contrário, à possibilidade de submeter quaisquer concepções normativas ao foco da argumentação crítica.[155] Que cabe estabelecer uma

---

[154] *Nota do tradutor:* Optou-se por utilizar "constratá-las" ao invés de simplesmente "testar" para se enfatizar que a operação de "constratação" envolve um conteúdo empírico e também valo-rativo em seu processo.

[155] Ver, nesse sentido, para confrontar, meus trabalhos: *Die Idee der kristischen Vernunft. Zur Problematik der rationalem Begrundung und des Dogmatismus* ("La ideia de la razón crítica. La problemática de la fundamentación racional y del dogmatismo"). In: Club Voltaire I, Munique 1963; assim como: *Social Science and Moral Philosophie*, em: *The Critical Approach to Science and Philosophy. In Honor of Karl R. Popper*, Mario Bunge (Ed.), Londres 1964.

relação entre o sentido dos enunciados e suas condições de "constratação", e que nem todos os enunciados tem o sentido de hipótese científico-natural é algo que nem precisa ser discutido.[156] Os verdadeiros problemas não se apresentam senão no exato momento em o que importa é a análise da dita inter-relação a propósito de certos tipos de enunciado. Aqui é de onde poderia se mostrar a relevância de "outras experiências" citadas por *Habermas* frente aos outros métodos de oposição a que alude. O que não consigo ver é como de tudo isso cabe inferir algum argumento que ateste a restrição da concepção metodológica criticada por *Habermas*. Estou plenamente disposto a discutir quaisquer inovações metodológicas, só que para tanto é preciso que estas sejam visíveis de um ou de outro modo.

Habermas se interessa pela problemática acima comentada em relação a crítica de *Popper* ao positivismo, crítica que, segundo parece, leva seu autor tão longe "que, sem pretender, converte em problemáticas suas próprias propostas de solução".[157] Trata-se do seguinte: *Popper* não se limita a criticar a concepção positivista em particular, mas, em geral, toda concepção epistemológica que pretenda justificar e, consequentemente, garantir, tal qual saber o total de conhecimentos mediante o recurso a fontes últimas e seguras,[158] ao que contrapõe um falibilidade epistemológica excludente de semelhantes garantias de verdade e inseparável, ao mesmo tempo, de uma metodologia de consideração e exames críticos. Frente a isso *Habermas* argui que os erros só podem ser qualificados como tais a luz de critérios para qual justificação é preciso contribuir com argumentos que, a sua vez, e com a finalidade de não cair em arbitrariedade, devem ser buscados "na excluída dimensão da formação do conhecimento, vez que não, naturalmente, em suas origens".[159] A "mediação" popperiana das origens das teorias em face do método de 'constratação' resulta problemática, pela

---

[156] Por acaso não é por demais recordar que dificilmente se encontraria uma corrente filosófica que tenha contribuído mais que o positivismo lógico, e suas vertentes, à clarificação desses problemas.

[157] Isso é o que lemos em *Habermas*, p. 226, depois de uma breve exposição dessa crítica, que posso aceitar em relação ao essencial, embora algumas das formulações nela contida também me parecem bastante problemáticas, como, por exemplo, sua afirmação em *Popper* todo o saber vem a ser nivelado no plano das opiniões, a que acrescenta uma série de observações complementares dando assim lugar a uma tese geral muito apropriada para provocar associações totalmente errôneas em leitores não familiarizados com as ideias popperianas.

[158] Ver, a esse respeito, Karl Popper, *On the Sources of Knowledge and Ignorance*, reeditado em seu volume de ensaios: *Conjectures and Refutations*, Londres, 1963, p. 3-30.

[159] *Habermas*, p. 227.

precisa razão de que esse mesmo método não pode ser, por sua vez, fundamentado senão mediante o recurso à tradição crítica e, com ele, a pelo menos uma das fontes do conhecimento. O argumento aponta, então, a mostrar como o próprio *Popper* se vê obrigado a recorrer a fontes, se não no plano da formação das teorias, ao menos no plano metodológico. *Popper* salientou repetidamente, desde o princípio, a importância da tradição como fonte, e – logo, como uma das fontes mais importantes do nosso conhecimento, frente ao antitradicionalismo racionalista. Contudo, se nega a aceitar que exista algum tipo de fonte que possa reclamar para si a infalibilidade. Não há, então, fonte que subtraia a crítica, e isso é válido inclusive para a própria tradição, independente se essa procura ou não concepções teóricas ou metateórica. Logo, o recurso à tradição tampouco pode ser aceito como fundamentação. A respeito da objeção habermasiana de que o método popperiano não poderia ser fundamentado senão dessa maneira, deveria se perguntar como seria possível tirar proveito de uma fundamentação desse tipo quando se parte da renuncia de tudo a uma instância já não criticável, dizendo de outra forma, a um dogma.[160] O que se propõe é, nos seguintes termos: Não se trata de que *Popper* busque uma fundamentação na tradição – crê mais em poder renunciar a ela –, senão de que *Habermas* a considera inevitável, pois crê na necessidade de orientar sua argumentação à luz de uma ideia legitimadora. Voltaremos a ele.

Seja como for, *Habermas* crê possível localizar o ponto crucial da problemática positivista ainda vigente em *Popper* na independência epistemológica dos fatos a respeito das teorias que deles tratam, de forma que, em sua opinião, este detém e subjaz à ideia de "constratação" à luz dos fatos.[161] Em minha crítica sustentei que *Popper* critica expressamente a

---

160 Insisto, em minha crítica, em que a alternativa que *Habermas* apresenta entre dogmatismo e fundamentação está exposta a uma objeção formulada por *Popper*, a saber: que o recurso a fundamentos positivos tem, em quanto tal, caráter de procedimento dogmático, implica em um regresso infinito; Cf. p. 211 e ss. A metodologia da consideração e análise crítica tem, consequentemente, que renunciar a uma fundamentação positiva. A respeito da possibilidade de uma concepção crítica independente um pensamento justificador desse tipo [positivista], ver, além dos trabalhos de *Popper*, por exemplo, William Warren Bartley, *The Retreat to Commitment*, New York 1962, um livro que *Habermas* ultrapassa em seu trabalho sem tê-lo analisado suficientemente; ver sua resposta loc. cit., p. 237; veja também logo a seguir.

161 Habermas, p. 227, ver a esse respeito e sobre a resignada afirmação de meu interlocutor de que não foi possível me fazer tomar consciência de toda esta problemática em nossa discussão, sua colaboração ao *Homenagem a Adorno*, p. 176 e seguintes, *et passim*, assim como minha réplica. Deixo ao leitor a tarefa de avaliar essa intenção e sua frustração.

ideia positivista do dado puro, do fato despido e livre de teoria, e mostrei também que não se vê obrigado a recorrer a ela em sua concepção metodológica. *Habermas* não dá por satisfeito com *Popper*. Insiste nesse ponto, com intenção crítica, de que *Popper* endossa a teoria da verdade como correspondência, teoria que pressupõe os fatos como algo "que-é-em-si", negligenciando a prévia decisão do problema do sentido que ocorre como consequência da definição das condições de "constratação". Bem: ignoro em que medida pode ser compatível à concepção popperiana, que o próprio Habermas aduz, de acordo com a qual os fatos são um produto comum da realidade e da linguagem, com uma caracterização com essa.[162] A teoria da verdade como correspondência de modo algum é vinculada a fatos despidos, em outras palavras, não contaminados pela teoria e possuindo, nesse sentido, um "ser-em-si". Tampouco é preciso interpretá-la ao modo de uma teoria figurativa, como tantas vezes se tem feito pela parte dialética.[163] sobretudo quando a propósito dos enunciados descritivos se recorre, por exemplo, à metáfora de "mera duplicação da realidade". A teoria popperiana da ciência de modo algum resulta, ademais, inseparável da teoria

---

[162] Posso explicar muito bem, de todos os modos, a origem desse passo, já que *Habermas* partia da suposição da necessidade de fatos independentes de toda teoria para se proceder ao falseamento.

[163] Confrontar Karl Popper, *Truth, Rationality, and the Growth of Scientific Knowledge*, em *Conjectures and Refutations*, loc. cit., p. 233 e seguintes, em que se trata da teoria da correspondência. *Popper* alude nessa obra, entre outras coisas, à teoria figurativa de Wittgenstein, a que qualifica de "surpreendentemente ingênua", frente à clara e destruidora crítica de Schlick às diversas versões da teoria da correspondência (entre elas também a teoria figurativa ou protetiva) e, por último, à versão tarskiana dessa teoria que não incorre no velho erro. Ver, também sobre essa problemática: Günther Patzig, *Satz und Tatsache* (Fato e proposição), em: *Argumentationen Festschrift für Josef König* ("Argumentações. Homenagem a Josef König") Harald Delius e Günther Patzig, editores, Göttingen 1964, no qual se critica também a teoria figurativa do primeiro Wittgenstein, entre outras coisas, e mostra em que sentido cabe falar de fatos e da correspondência estes e as proposições. (Do tratado wittgensteiniano cabem várias leituras, dado o caráter oracular e aforístico do mesmo. A respeito desta interpretação popperiana da teoria pictórico-figurativo do conhecimento desenvolvida por Wittgenstein, não faltariam capazes de recompensá-lo. Stenius, porém, em sua incisiva monografia sobre o *Tractatus* interpreta a célebre afirmação wittgensteiniana de que "fazemos figurações dos fatos" em um sentido muito mais abstrato, servindo-se do conceito de isomorfismo, que tomara da matemática e aplicou à teoria de Wittgenstein, saindo assim do escopo de interpretações, mais ou menos realistas ou naturalistas, como a de *Popper*. Wolfgang Stegmüller, por sua vez, aperfeiçoou a interpretação de Stenius – fazendo-a ganhar em exatidão e completude – com a ajuda da teoria dos modelos. O leitor pode encontrar pode encontrar ambas as interpretações complementares na obra de Erik Stenius, *Wittgenstein's "Tractatus". A critical exposition of the Main Lines of Thought*. Basil Blackwell, Oxford 1960, capítulos VI e VII, e em Wolfgang Stegmuller, *Eine Modelltheoretische Präzisierung der wittgensteinischen Bildtheorie*. In: *Notre Dame Journal of Formal Logic*, volume VIII, número 2, p. 181.).

da verdade como correspondência e do realismo a ela vinculado.[164] Basta, por suficiente, a possibilidade de que na aplicação de uma teoria a situações concretas os enunciados de base adequados à ditas situações contradigam a teoria correspondente, dizendo melhor, é suficiente que se possa confrontar casos adversos, e está é uma possibilidade com que há de se contar sempre que a teoria em questão tenha um conteúdo informativo.[165] Nessa situação não posso compreender como se fala, a propósito de Popper, do "caráter fetichista" do conceito positivista de fatos.

2. A QUESTÃO DA BASE E O PROBLEMA DO INSTRUMENTALISMO

EM MINHA crítica de sua análise da teoria popperiana da ciência *Habermas* reprova, entre outras coisas, o seu [de Popper] insuficiente tratamento sobre a problemática da base.[166] Discutia, sobretudo, a alegada existência, apontada por *Habermas*, de um círculo na aplicação das teorias científico-positivas, levantando, ademais, o problema da hipotética utilidade da explicação hermenêutica a esse respeito. Habermas procura deixar claro, novamente, em sua resposta, em que consiste esse círculo,[167] sobre o qual, segundo parece, tenha aprendido muito com o próprio *Popper*. Apoia-se, nesse ponto concreto, em uma analogia entre o processo judicial e a aplicação de teorias das quais se serve para clarificar suas próprias concepções. No referido parágrafo se estabelece uma distinção entre o veredito do jurado – uma resposta a um problema fático que vem a ser emitida de acordo com um procedimento perfeitamente regulado – e o veredito do

---

164 Ver, a esse respeito, a nova reflexão sobre Tarski em Popper, *The Logic of Scientific Discovery*, Londres 1959, p. 274.

165 Aqui se vê, pelo contrário, como *Habermas* chega a associar *Popper* ao positivismo, embora este represente explicitamente uma concepção realista. Parte do tratamento do problema dos "fatos". Para abandonar o resíduo positivista, *Popper* teria, pois, que interpretar situações concretas de aplicação não somente à luz das teorias em questão, senão – além disso – dentro do sentido destas teorias, dizendo de outro modo, em conformidade com essas teorias. O próprio *Popper* havia chamado a atenção sobre a possibilidade benéfica de uma estratégia de imunização desse tipo, apontando ao mesmo tempo as fatais consequências que derivam de tal procedimento.

166 Ver, a esse respeito, Habermas "Teoria analítica de la ciencia y dialéctica", p. 147 e minha resposta, p. 181.

167 Habermas, Contra um racionalismo minguado de modo positivista, cap. 7, neste livro.

juiz, que deve ser justificado mediante a aplicação dos artigos legais aos fatos e circunstâncias sobre os quais incide o veredito. *Popper* compara, em sequência, a aceitação de um enunciado de base com o veredito e a aplicação da teoria com as normas jurídicas relevantes, chamando a atenção sobre o fato de que em um ou outro caso a determinação da base da aplicação – do enunciado de base e do veredito, respectivamente – pertence à aplicação do sistema de enunciados – em outras palavras, da teoria e do código jurídico, respectivamente – e deve, em consequência, discorrer de acordo com as regras de procedimento próprias do sistema correspondente. Considerando o conjunto de raciocínio citado *Habermas* pode inferir, sem dúvida, a consideração que esse é um procedimento de círculo, mas apenas e unicamente caso se desconsidere a interpretação dos parágrafos anteriores. Destes se deduz, corretamente, com toda a claridade, que as regras de procedimento de acordo com as quais se pronuncia o veredito de modo algum se identificam com as normas jurídicas aplicáveis aos fatos e circunstâncias do relatório, embora ambas pertençam, naturalmente, ao sistema jurídico. De maneira, pois, que não cabe falar da existência de um círculo em nenhum sentido relevante à conclusão. Que a aceitação de enunciados de base forme parte da aplicação de uma teoria tampouco é coisa que pode ser considerada como prova da existência do círculo. Os passos do procedimento que determinam tal aceitação retroagem a regras que pertencem, sem dúvida, à teoria, mas que de modo algum se identificam com as leis teóricas que hão que aplicar. Por isso realizei, em minha própria teoria, a distinção entre a aplicação da linguagem teórica[168] à formulação das condições de aplicação e a aplicação mesma das leis. De não se poder fazer a distinção claramente expressada por *Popper*, a aplicação da teoria levaria, em todos os casos, a sua confirmação, de tal modo que tentativas de 'constratação' seriam inúteis. Não vou me pronunciar sobre se neste caso concreto é possível falar se possui ou não a presença de um

---

[168] A linguagem de uma teoria científico-positiva não costuma ser um sistema meramente formal, senão que possui, por bem, regras de aplicação que em parte podem se substanciar inclusive em certas técnicas de mensuração. Essas regras subjazem, igualmente, à decisão referente a aceitação ou rejeição de enunciados de base, como o próprio *Habermas* reconhece; ver sua resposta, p. 228. Afirmar, como ele faz, que estas regras são institucionalmente determinadas e não por via lógica, é um tanto quanto estranho, sobretudo se considerar que aquelas pertencem, em certo modo, à gramática da linguagem teórica em questão. No sentido em que as regras gramaticais podem ser fixadas institucionalmente, podendo o ser também, sem dúvida, as regras lógicas, com o que a contraposição não parece muito plausível.

círculo. O que parece evidente é que, caso se desse realmente a presença, as consequências seriam imediatamente negativas ao conteúdo ou a 'constratibilidade' [capacidade de ser testada] das teorias, estando-se assim em uma situação em que nada mudaria tampouco recorrer ao recurso da explicação hermenêutica.

Uma vez exposta sua tese de círculo, *Habermas* passa a endurecer sua intervenção pragmática das ciências empíricas, para o que crê encontrar pontos de apoio no próprio *Popper*. Nada tenho a objetar contra sua argumentação de que a exigência de observações controladas com base à decisão concernente a hipótese implica a prévia compreensão global do sentido do processo da investigação científica. A filosofia das ciências positivas se ocupa desde há muito à clarificação destes problemas, sem para o que aja necessitado de nenhum tipo de estímulo advindo das correntes filosóficas de orientação hermenêutica.[169] Se assim se preferir, a lógica popperiana da investigação científica, por exemplo, pode ser qualificada, sem maior problema, de esforço "hermenêutico", sem que convenha, de todos os modos, descuidar do fato de que as correntes filosóficas que reivindicam para si tal rótulo de modo algum pode-se dizer que tenham contribuído com um método – e sim, pelo contrário, com um vocabulário – de forma que cabe reconhecer e caracterizar[170] essas contribuições. O resultado pragmático das tentativas hermenêuticas de *Habermas* não teria, de todo o modo, a trazer o sentido de progresso da investigação, mas o que se tenha conseguido fazê-lo já por parte realista. Que a incidência em algumas possibilidades de

---

169 Mesmo assim isso é válido para o positivismo lógico, que tem podido ser objeto de análises críticas em virtude, precisamente, da clareza, univocidade e concreção de suas contribuições, características que não podem se achar mais em falta nos trabalhos de orientação hermenêutica e dialética. Esta é uma observação que se refere, muito especialmente, ao meu parceiro nessa discussão, cujos trabalhos a respeito testemunham, sem dúvida, a intenção de se ater a problemas concretos, alcançando assim clareza e determinação. Compare-se, porém, com o seu trabalho *Skoteinos oder Wiezu lesen sei* ("Skoteinos ou como se haveria de ler) em: *Drei Studien zu Hegel*, Frakfurt 1963, p. 115 e seguintes (há uma tradução em espanhol de Víctor Sánchez de Zavala com o título: "Tres estudios sobre Hegel", Taurus Ediciones, Madrid 1969) diz *Theodor W. Adorno* em defesa da obscuridade, de que gostaria de responsabilizar a natureza em seu âmbito objetivo, como se uma expressão clara poderia falsear o objeto. Todavia, em sua colaboração à *Homenaje a Adorno* cabe encontrar em Habermas um argumento parecido sobre o falseamento do objeto, referente dessa vez à sociologia não dialética. Ver, p. 156 e seguintes.

170 É irônico ser muito mais fácil encontrar um método desse tipo nas correntes filosóficas de orientação analítica, sobretudo naquelas representadas pelos discípulos do último Wittgenstein, a quem, segundo parece, se está criando pouco a pouco um lugar entre os pais da Igreja Hermenêutica, que vem a ser colocado, curiosamente, próximo a *Martin Heidegger*, cujos exercícios seriam mais bem caracterizados como "mágico-linguísticos" e que ainda encontram devotos entre nós.

legalidade corresponde a "necessidade elementar da estabilidade da conduta" é algo sobre o que não me cabe discutir, desde logo. Mas, o mesmo pode se dizer a respeito das concepções místicas, religiosas e metafísicas de todo tipo, e ainda mais: a respeito de qualquer sistema de orientação secular. À ciência não é possível, senão em ambientes sociais, nos quais o interesse cognitivo tornou-se independente das urgências elementares. O que não impede, naturalmente, que se possa estabelecer uma vinculação entre seus resultados essas necessidades. Não seria nada fácil imaginar um de conhecimento tal que não permitiria esboçar uma ponte entre seus resultados e essas necessidades, dizendo de outra forma, que não veio a ser útil de uma ou de outra maneira à orientação e estabilização da conduta. A tese de *Habermas* não está desprovida, nesse sentido, de certa plausibilidade.[171] É aí que reside, sem dúvida, seu ponto fraco. A plausibilidade desta tese advém, ao menos em parte, do fato de que para agir com garantia de êxito há de se contar com informações acerca da natureza da realidade, de maneira que uma interpretação realista do conhecimento deveria ser considerada, em certa medida, como suposição prévia natural para a aplicação programática do mesmo. De uma penetração mais profunda na estrutura do mundo real pode se esperar conhecimentos importantes, também, voltados para a prática com os fatos e processos reais. Que as informações resultem em aproveitáveis praticamente e que o melhor caminho para provar as teorias informativas passe pelo recurso prático ao acontecer real é algo que de modo algum pode nos obrigar a subordinar a importância cognoscitiva das mesmas a sua relevância prática.[172]

---

171 Eu mesmo havia colocado em primeiro plano, em trabalhos já antigos, a vinculação prática das ciências, ver, por exemplo, meu ensaio: *Theorie und Prognose in den Sozialwissenschaften* (Teoria e prognose nas ciencias sociais), editor Ernest Topitsch, Colônia, 1965. Entretanto, e sob a influência da crítica popperiana do positivismo e da excessiva ênfase nos aspectos dominantes da ciência colocado pela concepção pragmática, tenho me distanciado dele, sem que de modo algum me proponha, desde logo, a discutir sua importância.

172 Não se objeta a isso que este argumento não vem, em absoluto, a incidir sobre a importância pragmática da antecipação conforme uma possível legalidade. Tal antecipação pode ser muito bem interpretada como uma tentativa de penetrar cada vez mais na natureza da realidade, independente da obtenção ou não consequências positivas diante de uma ação com êxito; ver, Popper, *Die Zielsetzung der Erfahrungswissenschaft* (A fixação de objetivos da ciência empírica"). In: *Ratio*, ano I, 1957; reimpresso em: *Theorie und Realität* ("Teoría e Realidade"), editor Hans Albert, Tubingen, 1964. A interpretação pragmática nem se define em "sentido hermenêutico" nem representa uma "recaída à dimensão transcendental", a qual não pode ser buscada a partir de uma dimensão realista.

Ao chegar a esse ponto se levanta um novo problema não ausente, sem dúvida, de importância para o exame e discussão da concepção habermasiana. *Habermas* desenvolve sua crítica à ciência social de método "positivista" sob uma concepção em que tem às suas raízes uma ciência social conclamada a superar as limitações do interesse cognoscitivo inerente àquela. Em seu trabalho, porém, nada é dito desta alternativa à ciência social positivista. Tampouco a tese de que uma ciência social 'não dialética' tenda a falsear seu objeto já figura em seu novo trabalho. Por minha parte, manifestei expressamente minha desconfiança frente a essa alternativa – que não podia menos do que me parecer problemática – e suas alegadas consequências. Ao fazê-lo não me importava tanto a adequada interpretação da chamada ciência social analítica e, em relação a ela, a crítica da tese instrumentalista, como, apontando mais à frente, efetuar uma crítica das pretensões da ciência social dialética e, sobretudo, de sua pretensão de captar, com a ajuda de legalidades históricas de certo tipo, as relações fundamentais de dependência de uma totalidade concreta e o sentido objetivo de uma trama vital histórica,[173] pretensão essa que se estendia para a legitimação, afirmada como possível, de determinadas intenções práticas a partir da trama objetiva.[174] Aos aspectos lógicos e metodológicos dessa proposição, que não podia me parecer menos clara, opus minhas reservas. Não é demais perguntar, penso eu, pelo "status" de tais legalidades, assim como pela estrutura lógica dos enunciados e teorias correspondentes e pelos métodos de interpretação e legitimação de cuja aplicação se fala. Dever-se-ia, antes de mais nada, se perguntar se no fundo de tudo isso não se estaria a estabelecer já uma intenção de orientação prática primária, orientação inclusa no sentido normativo do termo, dizendo de outra forma, em um sentido que problematiza a pretensão metodológica vinculada a ele, exceto, naturalmente, que se dê razão a algum mecanismo capaz de anular a diferença existente entre enunciados cognoscitivos e enunciados normativos. Será necessário retornar a essa problemática.

O núcleo do método que se defende na confrontação entre ambas ciências sociais - a chamada positivista, cujas restrições são destacadas, e a dialética - parece ser, em minha opinião, a intenção, por parte dos adeptos da mesma, de conferir plausibilidade, por via hermenêutica, a uma interpretação

---

173 Ver, a esse respeito, Habermas, "Teoría analítica de la ciencia y dialéctica", p. 153.

174 Conferir, p. 157 e seguintes.

instrumentalista das ciências positivas, ganhando assim espaço para um esforço que oculta suas características transcendentes, *de facto*, a respeito do conhecimento, sob a máscara do próprio conhecimento.[175] Sem que ele queira se apresentar como objeção de qualquer tipo, não seria exagerado afirmar que em tal esforço resulta evidente em certas características ideológicas que a chamada crítica positivista das ideologias já reconhece há bastante tempo.[176] Quando *Habermas* insiste, em outro trabalho seu, no fato de que "uma ciência empírico-analítica[...] não é capaz, sem violentar deliberadamente ou involuntariamente a autolimitação positivista, tanto a de produzir por si mesma representações e objetivos e pontos de vista de acordo com os quais estabelece relações, como a de determinar prioridades e elaborar programas",[177] está se referindo, naturalmente, a algo válido para todas as ciências positivas e, ainda mais, para todos os sistemas que não incluam elementos prescritivos na trama geral de seus enunciados. Quem considere que isso é uma limitação pode tentar a superação da mesma sem alegar pretensões cognoscitivas a seus enunciados prescritivos complementários, como faz, por exemplo, o neonormativismo alemão.[178] Esse caminho não parece, aparentemente, demasiadamente sugestivo aos partidários de uma ciência social dialética. Preferem sobrecarregar as ciências sociais com funções e enunciados ideológicos, postulando um tipo de conhecimento cujo excessivo rendimento prático[179] prova,

---

175 Afirmação aplicável, desde logo, tanto aos autores dessa escola, a Escola de Sociologia de Frankfurt, a qual nesse sentido pode ser ligada à *Habermas*, como a seus discípulos: enfatizo essa miragem antes de tudo para não fazer objeções do tipo que *Habermas* considera discutíveis em sua resposta a minha crítica. Não pretendo, de qualquer forma, a me situar no plano da investigação de motivos. Não se trata da integridade de suas intenções, mas apenas de caracterizar uma linha de pensamento.

176 Não consigo, por outro lado, ver como se pode conciliar a tese antes defendida do falseamento do objeto sob a influência do interesse técnico dominante do conhecimento com a atual argumentação, tudo isso sem contar que não se vê como compreender esta tese sem um mínimo de realismo.

177 Habermas, *Kristische und konservative Aufgaben der Soziologie* ("Tarefas críticas e conservadoras da sociología"), em seu volume de *ensaios Theorie und Praxis* (Teoria e Práxis), Neuwied/Berlim, 1963, p. [sic].

178 Sobre esse ponto me manifestei criticamente em: *Wertfreiheit als methodisches Prinzip* (Neutralidade axiológica como princípio metodológico), *Schriften des Vereins der Sozialwissenschaften* (Lógica das ciências sociais), loc. cit., e em outros trabalhos.

179 Sobre esse aspecto do pensamento dialético ver, por exemplo, Ernest Topitsch, *Sprachlogische Probleme der sozialwissenschaftlichen Theoriebildung* ("Problemas lógico-linguísticos da construção de teorías nas ciências sociais") em *Logik der Sozialwissenschaften* (Lógica das ciências sociais), loc. cit., p. 30 e seguintes, assim como do mesmo autor, *Das Verhältnis zwischen Sozial- und*

de maneira estranha, com a pretensão de superar, precisamente em seu sentido cognoscitivo, as limitações positivistas.

Em sua interpretação pragmatista das ciências positivas *Habermas* crê assumir a crítica popperiana do empirismo, sem compartilhar a falha de sua teoria da falseação,[180] falha que, em sua opinião, reside no fato de que a tese básica da principal inseguridade acerca da verdade dos enunciados que dita teoria implica, parece entrar em contradição com a esmagadora evidência da própria aplicação técnica desses enunciados. A isso há de se opor duas coisas: em primeiro lugar que esta evidência se tem revelado muitas vezes enganosa, como bem pode se compreender considerando que teorias falsas resultam, em determinadas circunstâncias, aproveitáveis tecnologicamente.[181] O progresso das ciências costuma superar constantemente semelhantes "evidências". Não temos, pois, razão alguma que nos justifique a brandi-las contra a inseguridade que costuma nos acompanhar nesse esforço. Partindo da teoria popperiana da aproximação, que faz compatíveis a falibilidade com a ideia de verdade e progresso científico, o problema da inseguridade ou 'não certitude' não resulta, em segundo plano, gravoso. A contraproposta de *Habermas* não deixa, pelo contrário, de trazer, em minha opinião, uma solução meramente verbal dos problemas, que nada varia ao estado de coisas analisado por *Popper*. *Habermas* se pronuncia, de fato, a favor de conferir validez empírica a "todos as suposições" que "possam guiar uma ação controlada pelo êxito, sem haverem sido problematizadas antes por fracassos buscados por via experimental".[182] Por que haveríamos de transformar nosso conceito de confirmação preexistente, impondo-a, à consequência de que na época de *Newton* tivera que ser verdade algo que hoje não o é? O que é que se vem

---

Naturwissenschaft (A relaçao entre ciências sociais e ciências naturais), loc. cit., p. 62 e seguintes.

[180] A respeito dos pontos de apoio que o próprio *Popper* possa dar a essa interpretação, ver Habermas, "Contra um racionalismo minguado de modo positivista", cap. 7 e, sobretudo, a nota 9 na p. 230, na qual *Habermas* se ocupa do tratamento popperiano dos conceitos de proposição. Uma comparação com a *Logic of Scientific Discovery* de *Popper*, p. 423 e seguintes, revela que esta análise não contém nada que possa ser relevante frente ao problema de uma interpretação pragmática. O mesmo pode se dizer de sua análise do papel das tradições. Não se nega a existência de aspectos pragmáticos nas ciências positivas. O problemático é acentuá-los como exclusivos.

[181] Sobre esse ponto *Popper* foi bastante enfático. Como exemplo a esse respeito bastará recordar a aplicação balística da parábola.

[182] Habermas, p. 231.

realmente mudar na teoria popperiana da confirmação, se prescindirmos desta substituição verbal?[183]

No que concerne a minha alusão à crítica popperiana do instrumentalismo, da qual *Habermas* crê poder prescindir, dado, segundo parece, versa sobre teses não sustentadas por ele,[184] devo insistir em que apontava claramente à concepções defendidas em seus escritos e defendidas inclusive em parágrafos de sua réplica que bastariam, para tanto, para prová-lo. *Habermas* afirma, naturalmente, que a interpretação pragmática que ele defende não coincide com o instrumentalismo criticado por *Popper*: considera que as teorias não são, enquanto tais, instrumentos, se bem que suas informações podem ser tecnicamente aplicáveis, o que ninguém nega. Depois de uma longa explicação destinada a clarificar meu mal-entendido, afirma, que de todos os modos, que enquanto o valor descritivo das informações científicas é coisa que não há de se discutir, este não deve ser interpretado em termos de uma figuração ou reflexo de fatos e relações entre fatos por parte das teorias: seu conteúdo descritivo como tal vale em relação, basicamente, a prognósticos frente a ações controladas pelo êxito em situações especificáveis. Independente do fato de que a teoria da correspondência representada por Popper não é uma teoria 'pictórico-figurativa', desse passo se depreende, como bem pode se ver, que as teorias vêm a ser concebidas, a partir desse o dito ponto de vista, exatamente como instrumentos orientadores da tarefa de calcula e programar, como *Popper* pontua em suas críticas, ou seja, de maneira totalmente diferente a como ele as concebe: como tentativas, ensaios, suscetíveis de iluminar as características estruturais da realidade.[185] Na minha opinião, a alternativa realista à interpretação instrumentalista é rejeitada por *Habermas*, juntamente com a teoria da verdade como correspondência, de maneira expressa. Com o caráter

---

[183] *Habermas* reconhece as reversas de *Popper* contra todo saber que se pretenda como definitivamente válido, ver a esse respeito sua nota 10, p. 232 em que, todavia, se afirma erroneamente que as "constrastações empíricas [testes] de *Popper* tem validez exclusivamente como instâncias de falseação", quando *de fato* esse desenvolve, em realidade, uma teoria da confirmação.

[184] Ver, a esse respeito, Habermas, p. 232 e minha alusão em: O mito da razão total, neste livro, cap. 6., p. 189; os argumentos popperianos relevantes a esse respeito podem ser encontradas em: *Three Views Concerning Human Knowledge*, em: *Conjectures and Refutations* loc. cit., p. 97 e seguintes, às quais o próprio *Habermas* se refere, e em outros de seus trabalhos.

[185] Ver, a esse respeito, também Popper, *Die Zielsetzung der Erfahrungswisenschaft* (A fixação de objetivos da ciência empírica), loc. cit., p. 76; ademais: Paul K. Feyerabend, *Realism and Instrumentalism: Comments on the Logic of Factual Supports*, em: *The Critical Approach to Science and Philosophy*, loc. cit., p. 280 e seguintes.

instrumental das teorias – no sentido criticado por *Popper* – resulta de todo modo compatível para os enunciados singulares produzidos com sua ajuda, dizendo de outra forma, para os prognósticos, fundamentalmente, se postule um conteúdo descritivo, embora, obviamente, a esse nível pode surgir novamente o problema da correspondência. Reconheço que nem todos os enunciados de *Habermas* hão de ser interpretados dessa maneira, porém, claramente, mas sim, aqueles que utiliza ao confrontar Popper, com a intenção de mostrar a inadequação dos pontos de vista que esse filósofo desenvolveu frente a concepção positivista de ciência. A redução do conhecimento empírico-científico representada por *Habermas* corresponde, tanto mais, à tradição positivista. Seus enunciados a esse respeito resultariam mais coincidentes com a "autointelecção positivista" de alguns físicos contemporâneos, que de maneira crescente vem sendo submetida à crítica por parte realista – e, em não poucos casos, em seus próprio campo.[186] Que com semelhante interpretação Habermas se situe "de voltas com o positivismo" não deixa de ser algo que bem pode ser posto em dúvida, especialmente quando a bibliografia à qual recorre vem, de maneira crescente e sem maiores problemas, sendo englobada ao âmbito da filosofia analítica.[187]

3. A PROBLEMÁTICA DA JUSTIFICAÇÃO

EM MINHA crítica à contribuição habermesiana a *Homenaje a Adorno* objetava que tanto a alusão ao fato "insistentemente ignorado" por *Popper* de que "que normalmente jamais possuímos dúvidas acerca da validez de um enunciado de base" como as ulteriores alusões a critérios não formulados que desempenham, de fato, um papel no processo, institucionalmente regulado, da investigação, não podem ser consideradas como solução alternativa ao problema metodológico do qual se ocupa *Popper*. Pontuava

---

[186] Ver, por exemplo, Alfred Landé, *Why Do Quantum Theorists Ignore the Quantum Theory?* In: *The British Journal for the Philosophy of Science*, ano 15, volume 60, 1965, p. 307 e seguintes, assim como os trabalhos citados na nota 41.

[187] Não tenho nada contra, naturalmente, dado que a atenção a essa bibliografia só pode me parecer um progresso. Tenho a impressão, simplesmente, que isso equivale a um distanciamento da dialética da qual os dialéticos "típicos", se é que ainda exista algum, devem obrigatoriamente se ocupar. Estou muito longe de querer proteger a Escola de Frankfurt do contágio analítico.

nesse escrito que, no que esse ponto concerne, o dialético vem a se transformar em um autêntico "positivista" quando crê eliminar problemas da lógica da investigação baseada em dados referentes a dados sociais (fatos, processos) fáticos. *Habermas* evita totalmente minha crítica e em lugar de se deter nela afirma que não compreendi sua problemática e passa diretamente a outro problema: o das relações entre os enunciados empíricos e os metodológicos.[188] A esse respeito há uma série de observações que, no essencial, não são discutíveis, dado que correspondem ao que seus próprios interlocutores na discussão hão dito sobre o tema. Em sua argumentação ulterior quer dar seguimento a sua crítica à separação estabelecida entre o domínio lógico-metodológico e o empírico, sem que com ele proponha, de qualquer modo, ignorar essa distinção enquanto tal. Apoia-se, sobretudo, nas concepções do neopragmatismo.[189] que se opõe à solução do problema do racionalismo elaborada por *Popper*. Insiste, sobretudo, no fato de que a argumentação crítica se propõe e tende a influir nas tomadas de posição, de tal modo que transborda a dimensão da trama lógica dos enunciados. E opõe esse fato à argumentação dedutiva com a finalidade de estar, mais tarde, em condições de mostrar que com sua ajuda resulta possível uma justificação do racionalismo.

A esse respeito cabe dizer o seguinte: os argumentos geralmente consistem em determinadas sucessões de enunciados, que repousam sobre conexões lógicas, independente de se aparentam influenciar tomadas de posição, a modificar convicções objetivas ou a conseguir qualquer outro resultado. A inclusão da pragmática de uma situação de comunicação não faz surgir, no que a isso concerne, problemas novos. Existe, naturalmente, uma diferença entre uma relação lógica entre enunciados do mesmo nível

---

[188] O que havia objetado não é que não renunciara, no tratamento dos problemas metodológicos, a argumentos empíricos, senão – especificamente – que pretendera fazer desparecer os problemas metodológicos com a simples alusão a fatos, dizendo de outra forma, que aqueles não se colocam, pelo menos, se considerarmos o processo da investigação a partir do prisma correspondente à perspectiva do sociólogo. A partir de um ponto de vista "hermenêutico" se teria tido, sem dúvida, que reconstruir a situação do problema que tem suas raízes na solução popperiana da problemática de base. De fazer tal se teria visto que o que está em jogo não são certezas fáticas, do tipo das quais hão de ser problematizadas vez ou outra no processo de investigação, senão um problema de fundamentação independente dele, que deve ser tratado ainda que supondo que em alguns contextos não foram considerados "faticamente". Os argumentos empíricos a que se possa recorrer a propósito desses problemas tem de se apoiar, como regra geral, nas modernas teorias da percepção.

[189] Mais exatamente: ao conhecido livro de Morton G. White, *Toward Reunion in Philosophy*, Cambridge 1956, no qual o holismo de *Quine* é estendido à ética.

e uma relação como a que se dá entre enunciados e seu campo objectual [realidade objetiva], campo que, como é bem sabido, pode consistir novamente em enunciados.[190] Porém, tampouco esta diferença obriga a impugnar o papel fundamental das relações lógicas na formação de argumentos, nem sequer para aqueles argumentos cujo objetivo seja a transformação ou modificação de tais ou quais posturas ou tomadas de posição. Cabe investigar e processar a lógica de uma argumentação com total independência de se essa pode ou não influenciar, de fato, uma determinada tomada de posição. Por outro lado, nada impede de efetuar novas investigações sobre tais inter-relações fáticas, como o próprio *Habermas* postula. Pode, inclusive, intentar-se a tradução dos aspectos relevantes de possíveis tomadas de posição a enunciados correspondentes, enunciados de caráter prescritivo, por exemplo, determinando novamente as relações lógicas existentes entre esses e os argumentos sobre os quais se apoiam. Tudo isso são coisas que em determinados contextos serão muito interessantes, mas que não se há que confundir. Uma racionalização de posturas e tomadas de posição, tal e como *Popper* a concebe e julga possível, viria a consistir, sobretudo, a fomentar e contribuir com a formação da disponibilidade necessária para assumir argumentos críticos. O qual pressupõe uma aceitação da lógica, desde logo, mas que não se antecede a "certeza do conhecimento descritivo" que em *Popper*, como é bem sabido, não desempenha nenhum papel primordial, a qualquer forma de argumentação.[191]

Que a relação entre enunciados e experiências pressupõe *standards* (padrões) não deixa, em certo sentido, de ser verdade; que esses *standards* (padrões) necessitem de justificação vem a ser, não obstante, uma tese muito problemática e, ao mesmo tempo, demasiadamente pouco especificada; tanto que dificilmente seria possível se pronunciar a respeito.[192] Não consigo ver, de qualquer jeito, que se trate de uma objeção da qual *Popper* não tenha tomado nota. Seu problema é, falando em termos muitos gerais, o da possibilidade de fundamentar o racionalismo mediante argumentos.

---

190 A problemática dos níveis linguísticos é familiar à filosofia analítica desde há muito, igualmente a relação entre linguagem e campo objectual [realidade objetiva].

191 Ver, a esse respeito, Habermas, p. 236.

192 Os standards [padrões] desse tipo não costumam ser justificados senão muito raramente, e quando o são, isso ocorre em um determinado contexto, em que se dão por pressupostos certos fins que podem parecer não problemáticos. Com o problema do racionalismo isso tem, em minha opinião, pouco a ver.

Como a aceitação de argumentos de qualquer tipo pressupõe uma postura racionalista, esta não pode ser fundamentada por via argumental.[193] *Popper* não se subtrai às consequências de tal situação; tenta, simplesmente, fazer ver que um racionalismo crítico que não aspira a uma fundamentação positiva, sem sacrificar com isso a possibilidade de revisão e 'constratação' crítica, é, apesar de tudo, possível. É sobre esse ponto que *Habermas* vem a censurá-lo, tachando-o de procedimento não dialético, sem se deter, de qualquer modo, a considerar detalhadamente a estrutura da argumentação popperiana, e sem mostrar, tampouco, que solução mais adequada poderia um dialético oferecer para esse problema.[194] Chame-se a atenção, no que a isso concerne, sobre algo muito evidente: que a alternativa entre dogmatismo e fundamentação, em torno da qual, sem dúvida, gira a argumentação habermasiana, está exposta a uma objeção de muito peso, na medida em que o recurso a fundamentos e razões positivos ostenta, à sua vez, todo o caráter de um procedimento dogmático.

No lugar de uma elaboração detalhada da argumentação dialética, que pudesse permitir sua comparação com a de *Popper*, para assim apreender melhor suas vantagens em relação a esta, encontramos em sua réplica a surpreendente indicação de que *Popper* se serve de uma "argumentação fundamentadora" suficiente como mecanismo justificatório, embora um "absolutismo lógico" não chegue a lhe parecer satisfatório. Dito com outras palavras: que *Popper*, a quem geralmente se faz figurar como representante de um racionalismo restringido de maneira positiva, tenha solucionado adequadamente o problema habermesiano da fundamentação, sem havê-lo reconhecido o mesmo de maneira suficiente. Em que consiste esta justificação popperiana do racionalismo? Em sua explicação da postura

---

193 Tenha-se em conta que nesse estado de coisas não muda em *nada* distinguir entre prova dedutiva e argumentação ratificadora, pensando que *Popper* tem razão unicamente no que a primeira dessas formas de argumentação corresponde. Com total independência na medida em que podem se elaborar tipos de argumentação nos quais a lógica não desempenhe nenhum papel importante, de tal modo que a distinção acima efetuada venha a ser relevante, dever-se-ia incluir o segundo tipo de argumentação igualmente sob a característica do ânimo racional, de tal modo que teria que se constatar o mesmo estado de coisas que na solução popperiana do problema.

194 Ver, a esse respeito, Habermas, *Dogmatismus, Vernunft und Entscheidung. Zur Theorie und Praxis in der verwissenschaftlichen Zivilisation*, em: ("Dogmatismo, razão e decisão. Teoría e práxis na civilização cientifizada"). In: *Theorie und Praxis*, loc. cit., p. 251 e seguintes e minha réplica em O mito da razão total, neste livro, cap. 6.

racionalista de recurso à tradição e ao legado filosófico, em sua análise das suposições prévias e das consequências da crítica e do fato, igualmente, de que proceda a investigar sua função em um âmbito público de natureza política.[195] Esses não desejam ser, de qualquer modo, ganhos ou méritos dos quais sem dúvida seria lícito falar a propósito de outras concepções, sem que nelas fosse necessário elaborar uma fundamentação ou justificação. *Popper* leva a cabo essa análise com o objetivo de clarificar as possibilidades entre as quais seria possível se decidir, dizendo de outra forma, com vista a possibilitar uma decisão lúcida que – apesar da impossibilidade, por ele mesmo indicada, de autofundamentação do racionalismo – pode ser muito bem influenciada por uma análise, como essa, de seus pontos de vista. Tal e como eu vejo, *Habermas* sinaliza a essa maneira de proceder, se bem que com três comentários: a qualifica, em primeiro lugar, de justificação crítica da crítica; se manifesta, em segundo lugar, contra a tese de *Popper* de que o problema em discussão vem a resultar na eleição entre dois tipos de fé e constata, por último, que *Popper* crê subtrair-se à problemática fusão de relações lógicas e empíricas nas justificações não dedutivas renunciado à justificação da crítica, quando, na verdade, o nó górdio está na própria crítica. Não introduz variação alguma na lógica da situação analisada por *Popper*; incidem unicamente em sua circunscrição linguística.[196] A gramática lógica de "justificação" e "fé" não é, obviamente, sacra; mas não vejo que possa ser apresentada, no tratamento dialético dessa situação problemática, como alternativa à proposta por *Popper*. No que a coisa concerne, *Popper* não renuncia nada que *Habermas* considere desejável; renuncia, simplesmente, a qualificar sua argumentação de justificação, e isso, sem dúvida, por razões bastante plausíveis.[197]

Em minha análise da argumentação habermasiana indiquei que uma crítica coerente está em condições de superar o dilema de uma ideia da justificação que não deixe outra saída que escolher entre uma regressão

---

195 Ver, a esse respeito, Habermas, "Contra um racionalismo minguado de modo positivista", cap. 7.

196 A esses problemas dediquei igualmente uma nota, sem a considerar gravosa, ver, "O mito da razão total" p. 213, nota 71.

197 O caráter moral do problema não havia escapado dele, caso contrário, ele, desde logo, sem ter que se ver obrigado a recorrer ao neopragmatismo, que mais de dez anos depois se viu enfrentando problemas similares, ver, Popper, *The Open Society and its Ennemies*, Princeton 1950, p. 417 e seguintes.

infinita e o recurso a um dogma.[198] Parti, a respeito disso, da alternativa habermasiana entre dogmatismo e fundamentação, e de sua tentativa de substituir a solução popperiana do problema por outra melhor. É nesse contexto que deve ser situada minha alusão a análise de *Bartley*, em virtude do que há de ser perfeitamente claro que, diferentemente de outras concepções, uma crítica coerente de cunho popperiano não tem porque se ver afetado pelo argumento *'tu quoque'*,[199] de tal modo que não vem a incorrer no dilema que se trata acima. Para *Habermas* a intenção de *Bartley* é uma intenção frustrada, coisa que explica se socorrendo ao argumento de que este priva a crítica, por decreto, de quaisquer cânones, cânones que, para que a crítica seja tal, temos que tomar como pressupostos. Não deixa de ser interessante que *Habermas* não dirija sua objeção crítica ao núcleo da argumentação de *Bartley*, por exemplo, senão somente a algumas de suas reflexões "tecnológicas", inevitáveis nesse contexto e que não podem menos de fazer uma aparição quantas vezes se pretender conferir validez a argumentos críticos. O que está em jogo aqui não é outra coisa, de fato, que o papel da lógica na argumentação. *Bartley* polemiza com a ideia de revisar a lógica, tal e como esta havia sido introduzida na discussão pelo neopragmatismo, e descreve os limites de tal possibilidade. Deve-se ver, de fato, que em uma revisão na qual se perdem certas características essenciais, implicaria no desmoronamento da argumentação crítica,[200] de tal modo que uma tarefa da própria lógica viria a se converter em tarefa do racionalismo. Em relação com tudo isso ele estabelece uma diferença entre as convicções revisáveis na *estrutura interna* de uma fase dada da argumentação e aquelas outras que não são esse caso, introduzindo assim

---

198 Essa concepção remonta a Popper, ver a respeito também seus trabalhos anteriores, especialmente: *On the Sources of Knowlegde and Ignorance*, em: *Conjectures and Refutations*; também: William Warren Bartley, *The Retreat to Commitment*, New York 1962; e outros trabalhos do âmbito do racionalismo crítico aos quais, em parte, já citei.

199 Este argumento tem a característica de um bumerangue: faz ver como a outra concepção pode ser feita exatamente a mesma objeção que a primeira; especialmente: que certas formas de racionalismo se vem, em última instância, tão obrigadas a recorrer a uma autoridade fixada de modo dogmático como o próprio irracionalismo. Esse argumento *tu quoque* afeta, entre outras concepções, como *Bartley* já mostrou, a forma de racionalismo desenvolvida por *Morton G. White*, na qual Habermas vem, parcialmente, a se apoiar; ver, a esse respeito, Bartley loc. cit., p. 124 e seguintes. Não deixa de ser interessante que essa filosofia contenha o recurso a um *engagement* [compromisso] não sujeito à crítica, podendo ser, pois, considerada nesse sentido como um racionalismo "restringido".

200 Bartley, loc. cit., p. 161 e seguintes, confrontar também com Karl R. Popper, *What is Dialectic?*, que possui uma versão em alemão em: *Logik der Sozialwissenschaften*, loc. cit.

o critério de revisibilidade atacado por Habermas: "whatever is pressupposed by the argument-revisability situation is not itself revisable *within that situation*".[201] Esse argumento não exclui, evidentemente, nada da crítica, de tal maneira que tudo o que *Habermas* objeta carece de importância. *Bartley* não impõe reservas nem restrições que pudessem inclinar um dos lados da balança. E, por outra parte, submete à discussão o curso integral de suas reflexões, que face a argumentação não tem, além disso, a importância que *Habermas* as confere. Quem opte por declará-las inaceitáveis, a primeira coisa que deveria fazer, na verdade, não é outra coisa que mostrar como seria possível renunciar à lógica e seguir fazendo uso, ao mesmo tempo, de argumentos críticos.[202] O critério de *Bartley* constitui um ponto ulterior, que pode ser discutido tão amplo e rigorosamente como se queira, sem tocar na postura criticista. As objeções de Habermas, de todos os modos, o deixam intacto, como já dissemos, dado que *Bartley* não subtrai nada à crítica: nem teorias, nem *standards* (padrões), nem condições de 'constratação'.[203] Considero que a refutação dos argumentos de *Bartley* não tenha sido conseguida porque seu núcleo não foi sequer atingido. E se em um momento insisti, fazendo disso uma objeção, em que *Habermas* pressupõe como um *factum* a discussão racional,[204] não o fiz por me sentir incapaz de reconhecer o valor de um *factum* desse tipo, nem a negar sua importância, senão porque tal requisito prévio, surgido no contexto explicitado por Habermas, resulta do mais adequado para encobrir o problema cuja solução importa aqui de maneira primordial, tanto na análise de *Popper* como na de *Bartley*.

---

201 Bartley, loc. cit., p. 173; o salientado, que ressulta no ponto mais importante desse critério, é do próprio Bartley. Habermas o havia suprimido. A vista de sua correspondente argumentação semelhante ato é coisa não compreensível.
[tradução em português do trecho: "seja o que for pressuposto pela 'argumentativa-revisibilidade' da situação não é ela mesma passível de revisão dentro dessa mesma situação"]

202 Para contra-argumentar as tentativas dialéticas de "superar" a lógica dialética, ver o trabalho de Popper citado na nota 56, What is Dialectic?, assim como a parte IV: Formal Logic and Dialectics, do livro de Z. A. Jordan, Philosophy and Ideology, Dordrecht 1963, no qual expõe a discussão polonesa em torno da lógica formal.

203 Tampouco se exclui a "revisão ulterior de padrões de medidas anteriores aplicadas", como deveria se compreender não somente do contexto, senão do próprio tom utilizado por *Habermas*. O próprio Bartley aponta, também, como poderia ser o argumento que refutara essa crítica consistente; confrontar, loc. cit., p. 184 e seguintes.

204 Ver, a esse respeito, O mito da razão total, neste livro, cap. 6, além de sua réplica.

4. O DUALISMO DE FATOS E *STANDARDS* (PADRÕES)

EM SUA colaboração a *Homenaje a Adorno* se opunha *Habermas* à tese popperiana do dualismo de fatos e decisões,[205] submetendo-a a uma crítica que, de minha parte, veria a impugnar por considerá-la baseada em certo número de mal-entendidos,[206] Sintetizada minha convicção de que sua linha argumentativa subjazia à uma interpretação incorreta das posições de *Popper* nas diversas considerações que fazia a propósito da tese do dualismo e que, em minha opinião, tem muito pouco a ver com o verdadeiro significado do mesmo. De forma que venho eu a tecer minuciosamente considerações a respeito de duas questões que *Habermas*, assim parece, julga de especial relevância: ao problema, por um lado, de se o sentido normativo de uma explicação racional se subtrai ao contexto vital concreto, no qual funde suas raízes e sobre o que há de incidir novamente e, por outro lado, ao de se o conhecimento reduzido de maneira positivista à ciência empírica está livre de qualquer vinculação normativa. Em minha resposta já me ocupei desses problemas e aqui somente vou insistir novamente no fato evidente de que a suposição mesma sobre a qual se levanta todo esse enfoque abriga as características do mal-entendido em questão: refiro-me a suposição de que o racionalismo crítico tenha de dar uma resposta positivista ao assunto partindo da tese do dualismo. Em sua réplica *Habermas* me acusa de não haver entendido bem sua intenção.[207] O que realmente o importava, na verdade, era problematizar a otimista divisão expressada na tese popperiana, dado que o saber teórico se constitui, por um lado, dentro de um marco normativo suscetível unicamente de justificação crítica, enquanto a explicação crítica dos *standards* (padrões) inclui, diferentemente, considerações empíricas e, com isso, o recurso aos chamados fatos. Ele não nega toda distinção entre fatos e *standards*; se limita, simplesmente, a perguntar se a distinção que implica na tese do dualismo tenha sido adequadamente efetuada. Discute, em seguida,

---

[205] Habermas, p. [sic]

[206] Ver, a esse respeito, O mito da razão total, neste livro, cap. 6.

[207] Ver, a esse respeito, Contra um racionalismo minguado de modo positivista, cap. 7.

uma série de detalhes à luz de uma nova tomada de posição de *Popper* sobre toda essa problemática.[208]

No que concerne ao problema do marco normativo da ciência teorética, já em minha primeira crítica chamei a atenção sobre a não existência de base suficiente para inferir, desse ponto concreto, uma objeção válida contra as concepções criticadas por *Habermas*[209]. Inclusive a respeito de levar em consideração relações reais na explicação de *standards* (padrões), existem exemplos no âmbito dessas concepções[210] que evidenciam que a diferença críticada resulta de todo modo compatível com aquela. Não parece, pois, demasiadamente fácil afirmar que os partidários do dualismo tenham ignorado ou negligenciado as conexões a que *Habermas* se refere. Devo reconhecer, de todo o modo, que não vejo com clareza qual a direção que *Habermas* está apontando em sua análise. Sua argumentação inicial a propósito do problema do dualismo e da neutralidade axiológica pontuava à "problemática separação" estabelecida entre normas e leis da natureza, entre conhecimento e valoração. Todavia, nem contra a possibilidade de tal *distinção*, nem contra a possibilidade de levar em consideração, apesar da mesma, as correspondentes *conexões*, nem contra o fato, tampouco, de que os partidários da tese do dualismo hão levantado e analisado ditas conexões, tenha podido opor nada verdadeiramente válido e relevante. Sua ulterior investigação, orientada primordialmente em torno do novo trabalho de *Popper*, apresenta argumentos que, para dizer a verdade, não vem senão a se afastar a discussão, introduzindo novos problemas e impedindo, consequentemente, ver com clareza que o que está

---

208 Trata-se do anexo: *Facts, Standards and Truth: A Further Criticism of Relativism*, incluído pela primeira vez na 4. ed. do livto de Popper: *The Open Society and its Ennemies* [sic]; Londres 1962, tomo II, p. 369-396, ao que, dada a data de sua publicação, não era possível se referir anteriormente.

209 O problema foi tratado explicitamente inserido na estrutura dessas concepções: ver, a esse respeito, por exemplo, os parágrafos relevantes da *Open Society* de *Popper* e outros trabalhos de *Conjectures and Refutations*; muito característico dessa concepção popperiana é o seguinte parágrafo: "Ethics is not a science. But although there is no 'rational scientific' basis of ethics, *there is an ethical basis of science*, and of rationalism"[tradução para o português: Ética não é uma ciência. Contudo não exista uma base científica racional da ética, existe uma base ética da ciência, e do racionalismo], *Open Society*, loc. cit., p. 238, o trecho em itálico foi por mim pontuado [pelo autor, Hans Albert]. Também eu me ocupei repetidas vezes com esse problema, por exemplo, em: *Wertfreiheit als methodisches Prinzip* ("Neutralidade axiológica como principio metodológico"), loc. cit.

210 Pense-se na utilização metodológica de fatos científicos e de outros tipos feita pelo próprio *Popper*, como também por *Feyerabend, Agassi, Bartley* e outros.

realmente em jogo; sem prosseguir, em suma, em sua confrontação com as concepções popperianas.

Habermas se centra, a princípio, no tema popperiano da assimetria entre fatos e *standards* (padrões), mas unicamente para mostrar que na explicação de ambos, da qual *Popper* não se ocupou de nenhuma maneira, não existem diferenças de estrutura lógica.[211] O próprio *Popper* havia chamado a atenção a esse respeito, sem entrar em mais detalhes, falando de uma igualdade fundamental; discutimos e criticamos, de fato, tanto propostas (*proposals*) como enunciados (*propositions*) e chegamos por essa via à correspondente decisão. Sem esquecer tampouco que em ambos os casos podemos nos orientar de acordo com ideias reguladoras: com a ideia de verdade, em alguns casos, e em outros, com ideias que podemos caracterizar com a ajuda de expressões como "o bom" ou "o justo". *Habermas* afirma, em sequência – sem que me seja possível averiguar o que realmente há de significar aqui tal coisa – que *Popper* "amputa" a reflexão por ele incitada com sua referência à teoria da verdade como correspondência, e volta a se ocupar, como já dito antes, dessa teoria, mas unicamente para criticar a distinção que *Popper* estabelece a respeito entre definição e critério de verdade. Não discute, porém, nenhum argumento especial contra a possibilidade explicitada por *Popper* de se servir da ideia da verdade como 'ideia reguladora', sem que se disponha de um *critério* de verdade,[212] limitando-se a objetar, de maneira demasiadamente geral, que a "compreensão prévia" que guia a interpretação com anterioridade a toda definição, inclui sempre – e de modo expresso- *standards* (padrões) cuja justificação se consente através da via hermenêutica da explicação exegética. Em seguida destaca a "relação dialética" existente entre os *standards* e as descrições nesses processo exegético o que, pelo visto, não vem a ser perturbado, uma vez que em marcha, senão por uma "definição de cânones ou padrões de medida" e uma "determinação de critérios", dado que unicamente essas estipulações "criam uma trama dedutiva que exclui a ulterior correção dos padrões de

---

211 Não deixa de ser interessante, certamente, que *Habermas* venha a se expressar nesse contexto de um modo não precisamente coerente com sua crítica do critério de revisabilidade de *Bartley*; ver a respeito mais acima. Parece, nesse texto, como se quisesse exemplificar o critério criticado duas páginas antes.

212 Ver a esse respeito sua tentativa, já analisada, de identificar o conceito de verdade como o de confirmação, uma tentativa que em vez de resolver o problema da verdade resulta, mais propriamente, em encobri-lo.

medida da coisa mesma"[213]. Vê-se formalmente como a relação dialética correspondente à coisa é petrificada mediante determinações desse tipo, que a convertem em um trava dedutível incorrigível, em que "se separa a explicação crítica dos *standards* a respeito do uso dos mesmos". Como, apesar de seu uso da lógica normal, os partidários do racionalismo crítico não resultam menos capazes de submeter seus *standards* a discussão crítica do que podem resultar esses teóricos aos quais o vocabulário a que recorrem lhes permite falar de relações dialéticas que já não lhes interessa analisar com maior detença tramas e inter-relações complementares, não vejo em todo esse corpo de ideias nada que possa ser realmente aceita como argumento válido contra as concepções atacadas por *Habermas*. Nem a teoria da verdade como correspondência nem a discutida tese do dualismo vem a ser de modo algum afetadas; e tampouco o são pela tese ulterior de que esse conceito de verdade que permite estabelecer uma distinção estrita entre fatos e *standards* é, por sua vez, um *standard* necessitado de justificação crítica. O próprio Popper havia destacado o caráter regulador da ideia de verdade. E, quanto a possível discussão crítica desta, não deixamos de encontrar também testemunho em sua obra.[214] O que *Habermas* diz nesse contexto a propósito do "tríplice uso da linguagem" e do "nexo dialético existente entre enunciados descritivos, postulatórios e críticos", do que *Popper* não pode "escapar" recorrendo ao conceito de verdade como correspondência, é argumento que carece de caráter realmente objetável à posição popperiana.[215] E essa é uma falha que em nada pode remediar o metafórico final da construção.

De todos os modos, o dualismo de fatos e *standards* não é superado pelo raciocínio habermasiano. O que *Habermas* vem a constatar são, simplesmente, conexões e inter-relações cuja existência, em quanto tal, ninguém havia pretendido negar. Sua pergunta inicial de se a distinção havia sido adequadamente efetuada, foi deixada sem resposta. Na verdade, a pergunta tinha vindo a ser feita no contexto de uma discussão em que

---

213 Habermas, p. 244.

214 A respeito da ideia de justificação, ver a explicação anterior.

215 As correspondentes afirmações resultam em parte plausíveis e aceitáveis e em parte, também, problemáticas, como, por exemplo, quando paraleliza ou mesmo identifica seu tríplice uso da linguagem como uma divisão dos enunciados em três classes. Nos argumentos críticos podem figurar, evidentemente, enunciados de tipos muito diversos. Renuncio a discuti-lo porque não vejo que seja demasiadamente importante para o nosso problema.

tal distinção se dava já por pressuposta. A dimensão de racionalidade globalizadora que *Habermas* desenvolve no final não contém nada que tivera que ser reprimido ou alterado pelo "racionalismo restringindo de maneira positivista", por muito que as palavras das quais se serve para ilustrar essa restrição insinua uma liberdade de manobra que parece estar vedada aos críticos das dialéticas.[216]

5. Dialética e crítica da ideologia

A meu de ver, pois, a tentativa de creditar limitações positivistas ao racionalismo crítico não pode ser considerada senão uma tentativa frustrada. Não posso deixar de constatar, de minha parte, mal-entendidos fundamentais. Da réplica habermasiana tampouco pode se inferir as vantagens de uma concepção dialética. Em determinados pontos *Habermas* tem feito suas ideias próprias do âmbito neopragmatista, pensando superar assim a crítica de cunho popperiano. Em sua nova reelaboração, contudo, esses elementos têm-se revelado tão problemáticos, a esse respeito, como as teses tomadas do âmbito hermenêutico que já defendia antes. Parte do que sustenta em sua réplica me parecer dar testemunho, ainda que não de maneira excessivamente chamativa, de certa evolução em seus pontos de vista, uma evolução que o aproxima das concepções analíticas e o situa mais distante das da Escola de Frankfurt do que parecia estar até esse momento. A dialética não figura tão em primeiro plano como antes.

---

216 Não entro no problema de se *Popper* tenha interpretado ou não de maneira adequada a filosofia hegeliana da identidade. Em problemas sugeridos pela interpretação de *Hegel* não parece fácil chegar a um acordo definitivo, dado que, como pode confirmar todo aquele que se tenha esforçado em apreender o significado dos textos hegelianos, *Hegel* é um filósofo, ainda que não forçosamente "o único", "com o que de vez em quando não se sabe, nem se pode averiguar de forma conclusiva, do que está falando, definitivamente, e com o que não está garantida nem sequer a possibilidade de semelhante averiguação". Assim se expressa Theodor W. Adorno em: *Skoteinos oder Wie zu lesen sei*, loc. cit., p. 107 (tradução em espanhol, "Tres estudios sobre Hegel", loc. cit., p. 119). É bem sabido que nesse sentido *Hegel* fez escola. O que *Habermas* objeta à interpretação popperiana é a afirmação de que não é certa. Sustenta, ademais, que essa interpretação "reflita" a repressão popperiana da crítica. Não consigo ver como se chegou a esse ponto. Ainda pressupondo que a interpretação popperiana de *Hegel* fora problemática, não seria fácil extrair de tal fato uma consequência válida para os restantes pontos de vista de *Popper*, dado que, como se sabe, a posição de *Popper* frente ao *Hegel* assim interpretado não é menos crítica que a de *Habermas*. Unicamente mediante uma análise transversal de sua curiosa tese da repressão pode dar Habermas aqui a impressão de que obteve um argumento contra a crítica.

Qual venha a ser o papel desta e em que venha a consistir suas características essenciais é algo sobre o que, de qualquer maneira, ainda é demasiadamente obscuro. A única coisa que parece bastante segura é que é apropriada como arma contra as restrições e limitações do positivismo e das restantes concepções 'não dialéticas', cujos representantes não estão, como visto, em situação de refletir sobre certas coisas, acerca das quais o linguista pode sim refletir.

Em muitos casos particulares *Habermas* se apoia uma ou outra vez em investigações que antes podem ser ligadas ao vasto domínio da filosofia analítica que ao da dialética. Desse ponto, em algumas de suas análises, perfeitamente complementares, por demais, cabe apreciar assim mesmo uma recepção de ideias próprias do citado domínio. Em pormenores, tudo lhe parece aceitável. Mas quando, avançando alguns passos, reclama para si os métodos hermenêuticos, vem a parar em parte em uma restrição da crítica,[217] em parte na solução de problemas de interpretação que no âmbito linguístico alemão parecem sempre atrair o vocabulário hermenêutico.[218] O sentido objetivo do processo história não poderá ser, de qualquer forma, determinado sem a ajuda de métodos que ao racionalismo crítico não podem parecer menos problemáticos, mas que não se afastam do pensamento teológico-dogmático. Em ocasiões poderia parecer como se a dialética fora participante nesse sentido, embora, em regra geral tal coisa somente chega a ser insinuada. Na medida em que se afasta de um empreendimento ideológico desse tipo, é possível realizar um esclarecimento da consciência política, uma "maiêutica crítica da práxis política" com meios e métodos que figuram dentro do âmbito de vigência

---

[217] Ver minhas objeções em: "O mito da razão total", cap. 6 deste livro.

[218] Em que medida venha essa hermenêutica a contribuir com argumentos inacessíveis às correntes linguistico-analíticas, não é coisa nada fácil de entender. O que compartilha com alguns representantes da filosofia oxfordiana pós-wittgensteiniana é, manifestadamente, a disposição conservadora que não critica os "jogos linguísticos" senão que os deixa tal e como são. Na análise oxfordiana, o pulso crítico inicial de observância positivista cedeu lugar a uma análise do dado que antes tende a conservá-lo que a transformá-lo. A hermenêutica compartilha essa tendência e vai inclusivamente mais longe, na medida em que não parece justo falar, a propósito da mesma, de uma "busca da teologia com outros meios" (*Topitsch*). A quase teológica "razão à escuta" degenera na mesma do ser. Veremos o que sai do amálgama dialético-hermenêutico. As características conservadoras da Escola de Frankfurt são, por outro lado, evidentes. Pode se encontrar uma análise de conotação ideológica da crítica dialética das ideológicas em: Ernest Topitsch, *Zur Entmythologisierung des Marxismus* ("A desmitologização do marxismo"). In: *Hamburger Jahrbuch fur Wirtschafts - und Gesellschaftspolitik*, ano 9, 1964, p. 139 e seguintes.

do racionalismo crítico.[219] Em contrapartida, a análise do que *Habermas* chama de "interesses orientadores ou dominantes do conhecimento" não é, de modo algum, excluída. A reflexão acerca do que fazemos quando intentamos ampliar nosso conhecimento não constitui um privilégio da filosofia dialética nem da filosofia hermenêutica. Não consigo ver que sentido pode ter afirmar que representantes de outras concepções filosóficas estão afetados por restrições em sua capacidade reflexiva, quando *de facto* estes hão realizado contribuições aos problemas levantados que os próprios partidários dessa tese utilizam e quando, além disso, a diferença a respeito destes não vem a se dar senão no fato de que, por um lado, suas soluções a tais problemas são de fisionomia parcialmente distinta e, por outro lado, em que destas resultam possível a crítica a determinadas teses da dialética.

A tese que *Habermas* expõe como resultado de uma reflexão acerca dos interesses do conhecimento, e em virtude das quais que, "as investigações empírico-analíticas dão lugar a um conhecimento tecnicamente aplicável, mas de modo algum a um conhecimento capaz de ajudar a explicar a hermenêutica dos sujeitos que atuam",[220] sugere uma contraposição que não reflita as limitações reais das ciências positivas, senão, simplesmente, uma interpretação restritiva sobre a base de uma imputação de interesses cognoscitivos restringidos. A concepção atacada por *Habermas* inclui em seu ponto de vista todo o tipo de investigações, tanto teoréticas como históricas. Inclusive os problemas normativos podem ser, e são discutidos, sem maiores dificuldades, no enquadramento da mesma. Que a solução desses problemas não consista, nesse contexto, na elaboração de uma dogmática normativa constitui, manifestadamente, uma característica típica do racionalismo crítico, explicável o teor da rejeição, exortada por ele, de quaisquer concepções dogmáticas. Em quanto uma teoria da sociedade historicamente orientada, tal e como *Habermas* a postula, não parece arbitrário insistir que as características de tal empreendimento ainda não são suficientemente claros como para que se possa fazer outra coisa, a esse respeito, do que exortar à clarificação da mesma e perguntar em que

---

219 Esse tema da clarificação da consciência prática recorre, como linha de referência, ao acima citado livro de *Habermas*, "Teoría e Praxis". Posso me ocupar perfeitamente de tal problemática, mas creio que é possível explicá-la corretamente inserindo-a na estrutura de um racionalismo de cunho weberiano, na medida em que não defende a imunidade frente à argumentação crítica das chamadas valorações últimas, vai mais além, nesse sentido, do que *Max Weber*.

220 Habermas, "Contra um racionalismo minguado de modo positivista", cap. 7.

vem realmente a se diferencia de outras similares, as quais foram abatidas frente à luz da crítica das ideologias[221].

Nas mãos dos positivistas a crítica da ideologia tem como objetivo, considera *Habermas*, de eliminar totalmente a tarefa, na qual ele se centra, de elaborar uma teoria da sociedade de orientação histórica, "relegando-a às antecâmaras da discussão científica"; se ocupa de "purificar a consciência prática dos grupos sociais de quantas teorias não resultam traduzíveis ao conhecimento técnico aplicável e estimulam, não obstante, pretensões teoréticas".[222] Mantém-se, pois, firme em sua tese da "crítica da ideologia amputada de modo positivista" que já analisei em minha primeira crítica,[223] embora, desde logo, o interesse pela ilustração que sustentam os teóricos que cita não tem passado desapercebido por ele,[224] por meio do que sua ênfase no interesse cognoscitivo de orientação exclusivamente técnica não pode parecer menos, considerado por ele, não tão arbitrária. Na verdade, essa crítica da ideologia não tem porque necessariamente negligenciar nenhum conhecimento, útil no futuro, a essa explicação da consciência à que se tende. Unicamente onde um pensamento que justifica levanta cortinas ideológicas destinadas a mascarar como conhecimento o que não são senão decisões, onde se utilizam estratégias de dogmática e imunização contra argumentos, onde se encobrem vínculos e inter-relações e se distorcem argumentos, somente ali se terá, enfim, motivos para considerar perigoso esse tipo de crítica da ideologia.[225]

---

[221] Na concepção criticada por Habermas resultam também familiares as 'quase-leis' de 'validez espaço-temporal restringida', embora no contexto da mesma não se pode menos insistir expressamente na restrição a que se chegaria ao colocar a evolução das hipóteses desse tipo como ideal de conhecimento. Já me ocupei desse tema em outro lugar. As legalidades do tipo a que *Habermas* se refere parecem combinar, todavia, o caráter restringido de tais 'quase-leis' com outras características que não tornam os enunciados em questão menos problemáticos: com referência a uma totalidade não mais próxima de ser caracterizável e com uma pretensão normativa. Os amalgamas desse tipo vem a ser, em qualquer caso, expressão do que em certo sentido caberia chamar de uma "razão decidida": dizendo de outro modo, um pensamento ideológico. Não vejo porquê sobrecarregar com isso a ciência social.

[222] Habermas, p. 247.

[223] Ver, a esse respeito, "O mito da razão total", cap. 7.

[224] Ver, sobretudo, Ernst Topitsch, *Sozialphilosophie zwischen Ideologie und Wissenschaft*, Neuwied/Berlim, 1961.

[225] Em minha resposta a Habermas aludia, nesse contexto, ao papel da dialética como arma ideológica e, de maneira específica, à discussão polonesa entre o marxismo e a Escola de Varsóvia, ver, a esse respeito, p. 208 e seguintes. *Habermas* faz referência a isso como se tratasse de um lapso meu e acrescenta, logo em seguida, que prefere não chegar à conclusão do que incluo o anticomunismo

No que concerne à tese, repetida reiteradamente, de que certo tipo de problemas não podem ser tratados, explicados ou resolvidos no âmbito das concepções que ele crítica, só me resta repetir que já me ocupei suficiente desse ponto.[226] A "autorreflexão das ciências empíricas estritas", como as chama, resulta tão acessíveis, quão menos, ao racionalismo crítico como à filosofia dialética,[227] apenas que ele (Habermas) chega frequentemente a resultados que o diferem desta. Pois bem: esse é um ponto sobre o qual cabe, evidentemente, a discussão, como já pode se ver. Em uma discussão desse tipo sempre resulta, de qualquer maneira, mais do conveniente reconhecer no outro a vontade, pelo menos, de entender o que interlocutor

---

usual no país em minha estratégia. Devo dizer que isso me incomoda um pouco, já que não vejo um lapso de minha parte nem vejo, tampouco, que aja podido levá-lo a me relacionar com esse grosseiro tipo de anticomunismo ao que não seria exagerado qualificar, de certo, de "usual no país". Não sei para quê caberia qualificar *Leszek Kolakowski*, por exemplo, de comunista. Sua filosofia abriga, na medida em que a conheço, características que permitiriam aproximá-lo do racionalismo crítico. *Habermas*, em vez disso, crítica *Kolakowski* em nome de uma concepção chamada a permitir "compreender e deduzir" decisões a partir da história ("Teoría y praxis", loc. cit., p. 328), dizendo de outra forma, nos termos do que disse sobre outros pontos de toda essa problemática: a legitimá-las historicamente. Que se creia na obrigação de colocar essa concepção acima da "limitada" crítica das ideologias dos chamados positivistas é algo preocupante. Preferiria nesse sentido a filosofia de *Kolakowski*, que não aspira uma justificação desse tipo. Não deixaria de ser, ademais, interessante averiguar em que reside a diferença metodológica entre a dialética preconizada por *Habermas* e um pensador de orientação direitista [conservadora] como, por exemplo, *Karl Larenz*, ao que já me referi anteriormente (p. 208, nota 57). Conferir, Ernst Topitsch, *Max Weber und die Soziologie heute* ("Max Weber e a sociologia hoje"), no volume que sob o mesmo título coletou as intervenções no 15º Congresso da Sociedade Alemã de Sociologia, Tubinga 1965, p. 29 e seguintes.

226 A explicação da problemática da identidade (na sua réplica) não vem a trazer nenhum novo argumento a esse respeito. A afirmação de que os problemas relacionados com essa esfera "não podem ser explicados mediante investigações empírico-analíticas" não corresponde, a meu modo de ver, nem sequer aos fatos mais evidentes, dado, sobretudo, que a psicologia, que desde há muito procede a analisar esses problemas no âmbito individual, irrompeu, com o surgimento da moderna psicologia social, no âmbito da correspondente problemática a nível coletivo. Somente a partir do momento que os métodos da psicologia experimental irromperam no pensamento sociológico se tornaram passíveis de solução alguns problemas desse tipo. Esperar explicações concernentes ao âmbito complexo do pensamento macrossociológico com a ajuda de métodos menos desenvolvidos, não pode parecer menos que uma ilusão. No decurso da história se tem visto muito claramente a tendência recorrente a traçar a fronteira principal para aplicação dos chamados métodos científico-naturais exatamente no mesmo ponto que chegaram esses à discussão, declarando impossível o ulterior avanço dos mesmos.

227 No que a isso concerne, uma vez mais se pode afirmar também que o positivismo em sentido estrito fez contribuições, até onde conheço, que penetram mais objetiva e rigorosamente no problema que as contribuições feitas até o momento pela dialética. O próprio *Habermas* utiliza trabalhos próprios, deve se dizer, desse âmbito filosófico, cada vez que quer dizer algo mais concreto que, por exemplo, todos o fatores e inter-relações devem ser incluídas na análise, que todas as separações devem ser superadas ou que todas as diferenciações feitas por outro modo são problemáticas.

disse. Que isso expresse o compreensível desejo de explicar as coisas, não tem porque se transformar, sem mais delongas, em uma fixação de uma determinada linguagem. Quem poderia objetar algo contra uma linguagem distinta, se nessa puderam expressar melhor certos problemas ou fatos? O resultado é, na verdade, lamentável, por fomentar o "etnocentrismo das subculturas científicas", é o fomento de uma linguagem esotérica que em lugar de facilitar, precisamente, essa expressão superior de certos problemas, vem a desempenhar melhor, segundo me parece, a função primordial de parafrasear metaforicamente os pontos centrais de uma argumentação.[228] Quando no contexto da crítica das ideologias se fala de mecanismos de encobrimento e imunização, não raramente se remete ao plano da investigação motivacional. As estratégias que desencadeiam em tais resultados podem ser devidas a motivos bastante diferentes. Pertence ao patrimônio tradicional desse pensamento justificações sobre as quais se obtém não pouca claridade frente à luz da crítica ideológica. Que, sob o rótulo da dialética, geralmente se ocultam procedimentos desse tipo não deixa de ser coisa difícil de negar.[229] Quando na estrutura de uma análise que aponta à legitimação de interesses da totalidade concreta do processo histórico se proclamam pretensões de uma dialética que se serve de formas linguísticas do tipo a que nos referimos e na que em pontos decisivos se verifica a falta da claridade necessária, não pode menos de me parecer oportuna certa desconfiança. Não escapou de mim que em sua crítica ao chamado "racionalismo restringido de maneira positivista" *Habermas* tenha tentado problematizar pressupostos dos quais eu partia em minha

---

[228] Nada mais distante de minhas intenções que o propósito de impor minha própria linguagem a um interlocutor na discussão, dado que não nasci positivista, nem tenho agido como tal. Chegando a esse ponto, não posso reprimir a observação autobiográfica de que não cheguei a conhecer a filosofia do Círculo de Viena senão uma vez "frequentando" quase todas as tradições filosóficas que havia a meu alcance, incluindo, desde logo, as explicitamente antipositivistas, tao características da cultura alemã. Também eu fiz muito tardiamente, lendo as investigações positivistas, a experiência de que fala *Habermas* (p. 250). E em que a inintegibilidade de *Hegel* concerne, eu me filio, não sem bons motivos, à opinião de *Adorno* que já me referi anteriormente (ver, mais acima, a nota 72), e, desde logo, partindo de minhas próprias leituras.

[229] Ver, a esse respeito, entre outros, Ernest Topitsch, *Sprachlogische Probleme der sozialwissenschaftlichen Theoriebildung* ("Problemas lógico-linguísticos de la formación de teorías científico), assim como do mesmo autor, *Das Verhältnis zwischen Sozial- und Naturwissenschaften* (A relação entre ciências sociais e ciências naturais"), loc. cit., p. 30 e seguintes, e 62 e seguintes; respectivamente, ver também Ernest Topitsch, *Über Leerformeln* ("Sobre fórmulas vazias") em: *Probleme der Wissenschaftstheorie. Festschrift für Viktor Kraft* ("Problemas de teoria da ciência. Homenagem a Victor Kraft"), Viena 1960, p. 245 e seguintes.

resposta. Porém, essa tentativa, parece-me, definitivamente, frustrada. Que seu rodeio dialético através do neopragmatismo o tenha colocado de volta ao positivismo é algo que não me permito colocar em dúvida, sobretudo tendo em conta que imbuiu sua dialética com pontos de vista que em certo modo estão sujeitas às restrições que crê poder impingir em seus adversários. Menos ainda me parece que tenha conseguido se situar de costas ao racionalismo crítico. A questão da dialética, por sua natureza, por seus métodos e alegadas vantagens a respeito de outras concepções é algo que tem se encontrado sem resposta em sua réplica. Deixa-se, simplesmente, entrever que se trata de um instrumento poderoso que permite dar conta de inter-relações muito complexas, ainda que o segredo de seu funcionamento continue tão oculto como antes.

A leitura da réplica habermasiana me ajudou a ver mais claramente as intenções de sua polêmica, embora não me pareçam menos problemáticas. Ataca as limitações do pensamento crítico, mas o faz em um ponto em que esses não aparem em nenhuma parte. Crê encontrar na tradição dialética um ponto de partida para a superação de tais limitações, porém não se chega a ver os ganhos e vantagens capazes de justificar tal esperança. De sua abertura para o diálogo com outras correntes há que, obviamente, parabenizá-lo. É inevitável que em um empreendimento desse tipo surjam mal-entendidos por ambas as partes. Contudo, às vezes não precisa ser tão simples identificá-los.

{ IX }

A Filosofia da História Empiricamente Falsável de Jürgen Habermas

Harald Pilot

Tradução de Fabio Garcia e Melissa Egito

Toda crítica fundamental ao procedimento objetivante das ciências sociais cai sob a suspeita de manipulação perpetrada (realizado, cometido) desde o âmbito da filosofia da história. Jürgen Habermas acaba rapidamente com a simples suspeita: o objetivo de seus trabalhos não vem a ser outro, como declara explicitamente, que "uma filosofia da história em sentido prático".[230] Que não se propõe, no entanto, acessar a formulação de leis históricas necessárias, nem, muito menos, de um sentido metafísico, mas, simplesmente, a formulação de programas para a ação social.[231] Tais ligações de objetivos para o futuro de uma sociedade devem ser já possíveis, no entanto, de modo real, na atualidade. Os projetos filosófico-históricos dependem, em consequência, dos resultados da investigação empírica; é mais: são refutáveis por estes.

Habermas considera que, para a filosofia marxista da história corretamente entendida, é possível renunciar toda a transcendência metafísica, dado que direcionam os objetivos centrais para a ação futura a partir das "contradições factuais" da sociedade atual. O "sentido da história" não é, pois, outra coisa que o possível futuro da mesma, praticável mediante a ação. "A filosofia experimental da história já não busca um sentido oculto; o salva na medida em que o produz".[232]

---

[230] Cf., sobre o assunto, Jürgen Habermas: *Theorie und Praxis* ("Teoria e práxis"), Neuwied und Berlin 1963, p. 261 e ss.; do mesmo: Zur Logik de Sozialwissenshaften ("A lógica das ciencias sociais"), em: *Philosophische Rundschau*, Beiheft 5, fevereiro de 1967, p. 180.

[231] Popper tem criticado convincentemente a crença em leis capazes de permitir prognósticos voltados ao futuro histórico. Vid. Karl R. Popper, *The Poverty of Historicism* (trad. port.: "A miséria do historicismo"), London 1961; do mesmo: *The Open society and it's Ennemies* (trad. port. "A sociedade e seus inimigos"), New York, 1962.

[232] Habermas, *Theorie und Praxis, loc. cit.*, p. 303.

Como o sentido se refere a algo que há de ser real no futuro, suas condições são empiricamente controláveis no presente. A filosofia da história em sentido prático "tem tanto que analisar histórica-sociologicamente as condições de possibilidades da práxis revolucionária, como que derivar histórico-filosoficamente das contradições da sociedade existente o conceito de si mesma, quer dizer, a medida de sua crítica e a ideia da atividade prático-crítica a um tempo".[233]

Os projetos filosófico-históricos vêm sendo submetidos, desde antes de sua realização, a um controle duplo: para realizar tanto os objetivos centrais como os médios, esses devem ser obtidos a partir do conhecimento empírico do presente. Um projeto que contradiga tais análises empíricas é, em consequência, impossível; só vem a ser possível de modo real quando resulta compatível com aqueles e é, ao mesmo tempo, capaz de acabar com contradições existentes em uma sociedade específica: deve acreditar-se como a "negação determinada" desta.

Porém, nem sequer quando um projeto satisfaz ambas as condições são necessários de maneira teórica seus objetivos centrais, mas que unicamente são de modo pratico: a filosofia da história não formula prognóstico sobre o futuro histórico, mas simplesmente, recomendações para a ação "que se impõem graças à vontade e a consciência dos homens e não de maneira 'objetiva', com o que não podem ser antecipadas, calculadas e previstas como tais, mas somente em suas condições objetivas de possibilidade".[234] A filosofia da história "[...] assegura a validez destas, quer dizer, a validez de todas as condições verificáveis de uma possível revolução, por via empírica, tanto que de sua verdade não se tem certeza mas na elaboração p'ratica do sentido que ela vem a expressar".[235] Desse modo, a filosofia revolucionária da história evita os perigos decisionistas e deterministas.

Este programa não pode ser feito efetivo, como se pode ver, mas na medida em que a "negação determinada" das contradições existentes possa ser obtida a partir dos resultados da investigação empírica. Unicamente neste caso se poderá alimentar a esperança de controlar empiricamente os objetivos centrais da ação futura. Porém, a autointerpretação da

---

233 Ibid., p. 299.

234 Ibid., p. 289.

235 Ibid., p. 310.

investigação empírica põe algumas travas, amarras, a semelhante tentativa. De acordo com as regras metodológicas da "teoria analítica da ciência"[236] é, sem dúvida, possível "transformar tecnologicamente"[237] hipóteses nomológicas; estas podem ser usadas como meios para fins anteriores (previamente dados) – o que de modo algum permitem essas regras, no entanto, são os próprios fins a origem de análises empíricas. Daí que *Habermas* tenha que "criticar os métodos empírico-analíticos, de maneira inmanente, em sua própria pretensão".[238]

Agora, se o controle empírico da filosofia da história há de ser preservado de sua dissolução cética, vem imposta a essa crítica uma limitação decisiva: não deve violar os critérios da prova empírica. Sua meta não pode ser outra que um âmbito de interpretação, dentro do que é possível a aplicação dos métodos hermenêuticos a um campo previamente assegurado. Ainda que o enfoque de *Habermas* não exclua principalmente uma "limitação" desse tipo, seus trabalhos transbordam essa fronteira a caminho de uma "dialética da razão utópica"[239]. Me proponho a discutir esta tese em quatro passos:

1. Dialética contingente e análise empírica: as condições formais da "negação determinada".
2. "Implicações axiológicas das teorias sócio-científicas" a crítica habermasiana da "teoria analítica da ciência" e sua metacrítica.
3. "Comunicação sem determinações" como princípio regulador da filosofia da história.
4. Consequências céticas de uma "dialética da razão utópica".

---

[236] Para a terminologia, *vid.*, Habermas, "Teoria analítica das ciência e dialética".

[237] *Vid.* Hans Albert, *Wissenschaft und Politik* ("Ciência e política") em: Ernst Topitsch compil., *Probleme der Wissenschaftstheorie* ("Problemas de teoria da ciência"), Viena 1960, p. 213. "Uma teoria acessada... a sua forma tecnológica em virtude de uma transformação tautológica; um conjunto de hipóteses nomológicas passa a ser um conjunto de enunciados sobre possibilidades humanas de ação com vistas a fins específicos. Esta transformação pressupõe, exclusivamente, que certos *desiderata* sejam aceitos de maneira hipotética; não exige, pois, que se introduzam premissas axiológicas explícitas".

[238] Habermas, "Teoria analítica da ciência e dialética", p. 160.

[239] Esta é desenhada sempre que uma dialética da situação atual seja extrapolada ao futuro, sempre que a "deformação ideológica" englobe assim mesmo, o "processo de meditação dialética" era infinito.

1.

A "negação determinada" de uma sociedade contraditória há de permitir a "derivação dialética" de uns projetos de ação futura, referidos à situação, a partir de uma sociedade contraditória. Isso é discutido pela "teoria analítica da ciência" pelas seguintes razões: a) o pensamento dialético carece de conteúdo, visto que se move em contradições, das que tudo se deduz;[240] b) os feitos não podem se contradizer entre si; c) as hipóteses empíricas são enunciados descritivos dos que não podem se derivar indicações para a ação.

Habermas tenta escapar destas objeções mediante uma "dialética contingente". A priori, este não é um princípio do pensamento, não de costume "previamente a toda história e subjacente a mesma, às batidas do relógio da necessidade metafísica[...]",[241] mas que são das estruturas de domínio de uma sociedade que ainda não conseguiu libertar-se suficientemente do jogo, da opressão, da natureza: "É tão contingente, globalmente considerada, como as relações de trabalho do regime de domínio, cuja contradição interna e cujo movimento exterior vem expressar".[242]

Em uma sociedade desfigurada ideologicamente o pensamento se converte em dialético porque não pode consumar-se como diálogo livre. "Se as coisas podem ser captadas categoricamente e os homens, em troca, não podem adequar-se em sua relação com as coisas e entre eles mesmos, mas de maneira ideológica, a dialética bem poderá ser concebida a partir do diálogo; mas não como diálogo ela mesma, mas como consequência de sua representação".[243] Como a repressão (coerção) é sua condição necessária, com ela acaba também a dialética. Na medida em que procede o modo de "praxe crítica" contra a coerção, se volta contra si mesma. A dialética consumada praticamente é, ao mesmo tempo, a (dialética) superada[...]".[244] Passa a ser o que em sua intenção foi sempre: "diálogo coagido de todos com todos". Nele, realiza a dialética, sua segunda condição: o interesse

---

240 Vid. Popper, *Was ist Dialektik?* em: Ernst Topitsch, compil. *Lojik de Sozialwissenschaften* ("Lógica das ciências sociais"), loc. Cit., p. 262, e ss. *vid.* também do mesmo: *The Open Society...*, tomo 2, loc. cit.

241 Habermas, "Teoria e Praxis", *loc. cit.*, p. 321.

242 *Ibid.*, p. 319.

243 *Ibid.*, p. 318.

244 *Ibid.*, p. 319.

pela emancipação ou maioridade, pela "comunicação livre de dominações". Somente quando ambas condições podem ser satisfeitas é possível um controle de movimento dialético. Duas coisas são, portanto, necessárias: 1. Mostrar empiricamente a coerção nas "contradições fáticas" e 2. Legitimar o "interesse pela emancipação". Somente ambas contradições permitem "derivar dialeticamente" projetos de futuro como "negação determinada" de uma sociedade contraditória. As "contradições fáticas" são apresentadas nas intenções contraditórias dos grupos sociais, que pertendem ao modo de "interesses", "tomada de posição" e "normas" ao domínio objetual das hipóteses científico-sociais. Destas intenções contrárias não se deriva de maneira imediata, como é óbvio, uma intenção nova chamada para solucionar a "contradição"; para acessar a "negação determinada" é mais precisa uma "intenção objetiva",[245] o "interesse pela emancipação". Este implica intenções contrárias e as "unifica" em uma nova, que nega as duas primeiras. Somente assim a "negação determinada" liquida a contradição de intenções contrarias; quer dizer: a nega. Implica sua negação lógica[246] e, ao mesmo tempo, se diferencia dela em virtude de seu conteúdo específico. Contém o objetivo fundamental cuja realização "viria a superar" a contradição fática mediante uma "praxe crítica".[247]

Sendo ele realizável, não haveria lugar para as objeções citadas. Porque a "negação determinada" não se deduz de uma contradição, mas acaba com ela. Se refere a intenções, não feitos; não deduz, enfim, conclusões

---

245 *Vid.* Habermas, *Erkenntnis und Interesse* (*Conhecimento e interesse*. Rio de Janeiro: Zahar, 1982) em: *Merkur XIX* (1965), n. 12, p. 1.139.

246 Trata-se, como todo o mundo sabe, de uma implicação trivial, dado que a negação logico-formal de uma contradição é sempre uma tautologia e é seguida de qualquer enunciado imaginável. A lógica formal não permite distinguir, no cálculo dos enunciados, entre enunciados contrários e contraditórios. Ambos são a negação de uma tautologia. Ao mesmo tempo é possível distinguir, lógico-formalmente entre enunciados contrários. De acordo com o princípio do terceiro excluído (válido para a lógica bivalente), no caso dos enunciados contrários ambos podem ser falsos (não têm, desde então, necessariamente que ser). Por isso se pode pensar em uma resolução de intenções contrárias mediante uma terceira, "objetiva", e, a menos, consistente. Se as intenções (quer dizer, os enunciados sobre as mesmas) foram, pelo contrário, contraditórias entre si, uma delas teria de ser escolhida.

247 Essa interpretação da "negação determinada" não pode inclinar-se nas declarações do princípio de Habermas, já que até o momento o sentido exato desse princípio tem sido suficientemente explicado. Não deixa, em consequência, de ser uma proposta – e nem sequer pode ser considerado como tal sem uma precisa restrição: considero, de fato, os dois momentos citados da "meditação dialética" como condições necessárias da mesma; Por isso, pois, que minhas reflexões críticas valham, assim mesmo, independentes da "teoria dialética" em questão.

normativas a partir de premissas descritivas, mas a partir, tão somente, de premissas normativas.

A validação empírica de "contradições fáticas" entre intenções tropeça, de toda maneira, com dificuldades nada desprezíveis. De fato: como as intenções não vêm imediatamente contidas em comportamento observável, elas podem ser obtidas unicamente de hipóteses empíricas em virtude de uma interpretação do conteúdo das mesmas. Que, por sua vez, pode ser "empírico-analiticamente" contrastado. Contudo (agora bem): se as regras metodológicas da teoria analítica da ciência são válidas para todos os enunciados empíricos, mas as interpretações não são, de acordo com essas, empiricamente contrastáveis, achamos que não há lugar para um controle da "negação determinada". A filosofia da história em sentido prático haveria, assim, fracassado.

Porém, não poderia vir contida nas próprias hipóteses uma intenção, uma determinada "referência axiológica" das regras metodológicas que poderia entrar em contradição com outras "referências axiológicas"? Neste caso, a "objetividade universal" das regras empírico-analíticas não exploraria, senão um entre vários ambitos de experiência possível – e em outros âmbitos seriam imagináveis outras regras metodológicas. Se a "referência axiológica" de outros âmbitos poderia aspirar, também, uma proeminência nas regras empírico-analíticas, estas seriam igualmente delimitáveis com a ajuda daquela. E isso é o que *Habermas* tenta, precisamente mostrar.

Na base do método empírico-analítico há um "interesse cognitivo tecnológico" que se opões parcialmente ao "interesse emancipatório", mas que ao mesmo tempo é inferior a este. Assim se conclui (deduz) que as regras metodológicas da "teoria analítica da ciência" podem e, inclusive, devem ser limitadas às condições do "interesse pela emancipação", do "interesse cognitivo emancipatório".

O "interesse cognitivo tecnológico" se opõe ao "emancipatório" na medida em que promove teorias gerais da ação social, que dificultam o progresso para a emancipação – isso não os fazem impossível, visto que têm bom cuidado de não influenciar no caráter específico dos "feitos sociais", no componente intencional da ação. Por que "as ações não podem ser concebidas sem referência às intenções que as guiam, quer dizer, não podem ser investigadas independentemente do que chamam ideias".[248] As intenções

---

[248] Habermas, *Zur Logik der Sozialwissenschaften* ("A lógica das ciências sociais"), *loc. cit.*, p. 76.

só podem ser determinadas, de todo modo, para um âmbito perfeitamente delimitado de normas culturais e de uma determinada época. Portanto, toda hipótese referente a ação social envolve uma intelecção das "normas de referência" que torna possível o "sentido" da ação. O comportamento pode "expressar", de fato, ações muito diversas, ações que diferenciam, em função das normas que as guiam. Como as regras da ação "não vêm com garantias de maneira objetiva, por uma lei da natureza, mas intersubjetivamente, em virtude do reconhecimento dos intérpretes interessados",[249] não são suscetíveis de explicação hipotético-dedutiva; tão somente podem ser compreendidas. O entendimento (*Verstehen*) é consumido, contudo, no contexto das normas de uma determinada tradição e não pode ser estendido, sem mais, a quaisquer padrões ou relacionamentos. De tal forma que a validade das hipóteses concernentes à ação social não é – necessariamente- como dentro dos mesmos limites que as das correspondentes normas; quer dizer: não é uma validade estritamente geral.

Como, por outra parte, o "interesse pela emancipação [...] pode ser percebido *a priori*",[250] mas as normas são historicamente casuais, com a ajuda daquele unicamente caberá postular, em princípio, que a validade das hipóteses sócio-científicas seja restringida, que não venham estas a determinar o âmbito daquelas. Como os enunciados normativos não podem ser contrastados empírico-analiticamente, mas devem ser, ao mesmo temo, controláveis (dado que contêm informações que incidem sobre a matéria "histórica", será preciso desenvolver regras que contrastem com a compreensão. "Regras metodológicas da hermenêutica". Do contrário, as hipóteses sócio-científicas poderiam ser arbitrariamente restringidas em sua validade. Agora, se as regras da hermenêutica tiveram que ser delimitadas, por sua vez, mediante o método empírico-analítico, como parece romper-se da crítica habermasiana para a hermenêutica de *Gadamer*,[251] *Habermas* estaria preso em um circulo. Tentarei mostrar que a dupla crítica de *Habermas* ao método empírico-analítico e ao método hermenêutico não pode ser vinculante senão ao preço de consequências muito céticas. Mas, como provar a hipotética "valência axiológica" das ciências sociais empíricas e a observação, a partir da mesma do programa crítico habermasiano?

---

249 *Ibid.*, p. 75.

250 Do mesmo: *Erkenninis und Interesse* ("Conhecimento e interesse"), *loc. cit.*, p. 1.150.

251 Cf. Hans Georg Gadamer, *Wahrheit und Methode* ("Verdade e método"), 2. Ed., Tubingen 1965.

2.

A VALÊNCIA AXIOLÓGICA das teorias empíricas das ciências sociais obedece a seguinte raiz tripla:

a) A eleição dos campos de investigação (o "ponto de vista da relevância") depende de decisões de valores.

b) Os "enunciados básicos" através dos que as teorias incidem na realidade são aceitos em virtude de uma "resolução" dos investigadores que segue uma discussão.

c) A operacionalização de "conceitos teóricos" pressupõe uma compreensão prévia, que atribui um comportamento observável pelas estruturas intencionais de condições como "papel", instituição" e "experiência".

Esta referência tripla a uma raiz que dá sentido está presente no "interesse cognitivo tecnológico" e é a que determina, por sua vez, a "objetividade" e a "neutralidade de valor" da investigação empírica. No que diz respeito às ciências sociais, haverá, pois, de provar-se que uma referência de valor no "meta-nível" não resulta claramente respeito delimitável das referências intencionais do âmbito objetual. *Habermas* se propõe "justificar e defender, frente ao positivismo, o ponto de vista de que o processo da investigação organizada pelos sujeitos permanece, em virtude e através do ato cognitivo, à trama objetiva cujo conhecimento se busca".[252]

Que a decisão dos campos de investigação dependa de decisões de valores é algo que tampouco vem a negar a "teoria analítica da ciência".[253] Como esta referência de valor não toca na validade das hipóteses encontradas vou focar-me na discussão dos outros dois pontos.

---

[252] Habermas, "Contra um racionalismo minguado de forma positiva", cap. 7 deste livro.

[253] Vid. a este respeito Hans Albert, *Der Mythos der totalen Vernunft* (O mito da razão total, neste livro, cap. 6.), p. 202 e ss.; do mesmo: *Werfreiheit als methodisches Prinzip. Zur Frage der Notwendigkeit einer normativen Sozialwissenschaft* ("Neutralidade axiológica como princípio metodológico. Em torno do problema da necessidade de uma ciência social normativa") em: Ernst Topitsch, comp., *Logik der Sozialwissenschaften* ("Lógica das ciências sociais"), *loc. cit.*, p. 190: "A atividade científica exige [...] pontos de vista, que tornem possível o questionamento (original: enjuiciamiento) da relevância. Toda abordagem de um problema, todo aparato conceitual e toda teoria contêm pontos de vista deste tipo, pontos de vista de acordo com os que se elege, e os que vêm a expressar a direção que caminha nosso interesse".

Partindo da explicação popperiana do "problema da base" *Habermas* mostra como as teorias empíricas não podem ser referidas à realidade, mas por meditação de um interesse. Das teorias empíricas são (juntamente com umas determinadas condições iniciais) deriváveis uns enunciados do nível mais baixo, que se referem a feitos observáveis. Nesta relação vem, contudo, contido o problema decisivo: como estabelecer uma relação biunívoca entre dois feitos observáveis e declarados, sobre estes feitos? Esse problema da relação entre declarações e experiências perceptivas, conduz, na opinião de *Popper* ao "trilema de Fries": o dogmatismo ou regressão infinita ou psicologismo.[254] *Popper* soluciona esse trilema aplicando assim mesmo seu critério de testabilidade às declarações básicas. Esse critério é o chamado a ocupar o lugar do princípio de indução.[255] Determina o conteúdo empírico de teorias e declarações em "graus de testabilidade". Quanto melhor pode ser testada uma declaração (sem chegar a ser falsificada), maior é seu conteúdo empírico. São "potenciais falsificadores" aquelas declarações cuja confirmação refuta uma teoria. Com o número de "potencias falsificadores", cresce assim mesmo o conteúdo empírico: a melhor teoria é a que mais proíbe. Por isso as teorias devem ser o mais improvável que se possa – até o caso limite da contradição, que, naturalmente, é excluído.

Se a "testabilidade" de uma teoria determina seu conteúdo empírico, todos os enunciados haverão de permitir a derivação de consequências. Os enunciados de uma teoria não podem ser senão enunciados universais dos que juntamente com suas condições originárias ou condições-limite podem deduzir-se declarações básicas. "Every test of a theory [...] must stop at some basic statement or other witch we decide to accept".[256] Ainda que tenhamos que interromper o processo de teste de uma determinada declaração, não por isso este deixará de poder seguir sendo testado.[257] "[...] this makes the chain of deduction in principle infinite".[258] Tampouco

---

254 Cf. Karl R. Popper, *The Logic of Scientifc Discovery* (trad. port. "A lógica da investigação científica", loc. cit.), New York 1965, P. 94.

255 Cf. *ibid.* cap. I.

256 *Ibid.*, p. 104.

257 A respeito dos possíveis métodos de prova (e, em geral, de todo o problema), vid. Albrecht Welliner, *Methodologie als erkemmistheorie* ("Metodologia como teoria do conhecimento"), Frankfurt am Main 1967, espec. p. 158 e SS.

258 Popper, *loc. cit.*, p. 105.

as declarações de base são, de modo algum, declarações empíricas "imediatas". "Experiences can motivate a decision, and hence na acceptance or rejection os a statement, but a basic statement cannot be justified by them – no more than by thumping the table".[259]

Como os enunciados de base deverão ser testados e as teorias, contudo, só podem ser refutadas por declarações de base, nem sequer a própria refutação das teorias será possível senão "for the time being",[260] estando não menos sujeita a revisão. A confirmação e refutação das teorias tem lugar mediante uma decisão da comunidade investigadora que discute acerca de si uma teoria (ou uma declaração básica que refuta de uma teoria) pode ou não a estar suficientemente comprovada com base nos procedimentos testados de que se dispõe no nível de conhecimento do momento. Esta decisão não pode ser assegurada, por sua vez, mediante observação, porque ocorrendo isso se falaria novamente no problema dos testes destas outras observações. A decisão a que nos referimos será, pois, tomada com base em critérios orientados por "uns finais" cuja determinação obedece a um interesse específico. O qual significa que: Se as teorias empíricas não contêm juízo de valor, no que diz respeito a sua validade – inclusive no caso de que está somente seja "flutuante" – vêm referidas a um determinado interesse. A "objetividade" da investigação empírica implica, pois, um componente normativo, que começa por fazer possível a validade intersubjetiva e a "neutralidade de valor"; as determinações estruturais normativas e descritivas vêm, pois, inextricavelmente vinculadas umas as outras na validade.[261]

Agora bem, se até a base empírica vem parcialmente condicionada por decisões, não haverá de converter-se a ciência empírica na função de inter-relações sociais, de tal modo que, levando as coisas até o final, todo o sistema político, todo "âmbito cultural", teve sua ciência social? Não pode esquecer-se de todo modo, que esta consequência só chega quando o interesse dos investigadores em discussão não pode ser apreendido em regras,

---

[259] *Ibid.*, p. 105.

[260] Cf. *ibid.*, p. 111; assim como a discussão em Wellmer, *toc. cit.*, p. 164 e ss. Wellmer tira a seguinte conclusão: "Duvidar da verificabilidade dos enunciados empíricos equivaleria a duvidar da possibilidade da experiência; ainda quando a experiência se equivoque, pode ser corrigida por nova experiência" (p. 170). Discute a possibilidade de uma prova infinita dos enunciados básicos, porque, com base nesta decisão a favor de um enunciado seria cega.

[261] Não se segue, em modo algum, que nas teorias empíricas vem ter contido "juízos de valor"; o máximo que se pode afirmar é que as regras metodológicas não permitem semelhante separação.

institucionalmente válidas; ainda quando as decisões dos investigadores em discussão não podem ser determinadas pelo contexto vital. Em todo caso, o próprio Popper escreve: "[...] what is usually called "scientific objectibity" is based, to some extent, on social institutions".[262]

De todo modo, embora as motivações em que se fundam as raízes das decisões "objetivas" dos investigadores dependam de uma determinada organização das instituições que regulam a investigação, são referidas *também* à experiência. Os investigadores são motivados por experimentos, por suas percepções e por informações acerca das percepções de outros. De maneira, pois, que enquanto se trate de objetos e de suas relações, o âmbito das decisões possíveis não deixará de estar estritamente limitado: a evidência dos juízes de percepção não é tão fácil de liquidar.

Ocorre, pois, que o âmbito objetivo em que incidem as hipóteses das ciências sociais acolhe preferencialmente estruturas intencionais: a ação social se estrutura mediante o "sentido subjetivo" da ação, presente nas intenções dos agentes e determinado por normas. A própria "experiência imediata" do científico-social deve contar com componentes normativos sobre os quais não se podem dar juízos de percepção. Com o que – poderia se pensar – não pode haver verdadeiramente senão uma ciência social específica de cada época e de cada cultura, em que as regras da socialização venham a determinar também, e não em pequena medida, as regras da investigação. Seriam assim impossíveis as teorias gerais da ação social, dado que as regras metodológicas haveriam de se orientar, no essencial, de maneira histórica, explicitando o sentido das tradições às que ela mesma viria a pertencer, inclusive as próprias regras de prova.

Essa consequência não resultaria vinculante senão na suposição de que as estruturas intencionais não poderiam ser suficientemente expressadas mediante variáveis de comportamento. Até o momento não se conseguiu, desde logo, uma tradução dos enunciados sobre intenções a enunciados sobre comportamento tal que uns e outros resultem *sinônimos*[263]. E nas ciências

---

[262] Popper, *The Poverty of Historicism* (Trad. port. "A miséria do historicismo") *loc. cit.*, p. 155.

[263] Cf. Rudolf Carnap, *Meaning and necessity*, 3. ed., Chicago 1960 e o anexo. A explicação carnapiana das "believe-sentences" é convincente se as regras de uma linguagem artificial, tal e como ele as introduz, podem ser aceitas. De todo modo, inclusive para uma linguagem artificial deste tipo é pressuposta uma linguagem comum ou ordinária, dado que as regras de correspondência para a tradução à linguagem artificial hão de ser filtradas com a ajuda da linguagem ordinária. A estrutura intencional dos enunciados só se torna passível de expressão mediante disposições. Desse modo, podem ser, sem dúvida, formuladas hipóteses acerca do conteúdo significativo de

sociais não há dúvida de que "os suportes legais hão de ser formulados com vistas à covariância de dimensões inteligíveis [...]".[264] Mas disso só se desprende uma restrição da *generalidade* das hipóteses sócio-científicas na suposição de que um possível "equívoco com a linguagem como tal", ou seja, no caso em que a compreensão dos símbolos possa ser ideologicamente canalizada. Chegados a esse ponto, as consequências céticas mostram-se inevitáveis. Em que medida vincula, de todo o modo, o caráter específico do âmbito objetual das ciências sociais a regras metodológicas que tornam dependente o próprio processo de investigação do contexto social?

A ação social é regida por regras. As regras não podem ser, contudo, determinadas senão com a ajuda das expectativas de comportamento que se dão em um grupo de referência. Estas expectativas apontam para um comportamento *futuro* que enquanto tal não pode ser observável. Daí que não podem ser apreendidas tampouco dessa forma. Antes, os membros de um grupo de referência *haverão de ser perguntados* sobre suas expectativas. Suas respostas serão, contudo, respostas concernentes a um comportamento *futuro*. Mas versarão sobre algo, serão enunciados sobre fatos e não elas mesmas (as respostas, ou as expectativas), fatos. Se quiser prognosticar ações, uma teoria da ação social haverá de combinar

---

tais ou quais enunciados *para* uma pessoa, mas não é possível verificar como pode ser determinado o exato conteúdo intencional sem uma similar compreensão da pergunta: "Pensas, que p?". Em relação à similar compreensão dos símbolos, ou bem dá-se por suposta, ou bem a tradução só pode realizar-se aproximadamente. Parece-me, de todo modo, que uma estratégia "behaviorista" da investigação é possível inclusive naqueles casos em que as estruturas intencionais não podem ser plenamente apreendidas. Porque os prognósticos relativos ao comportamento futuro não pressupõem senão uma relação sim-então entre o comportamento verbal e os "efeitos da ação" prognosticados.

264 Habermas, *Zur Logik des Sozialwissenchaften* ("A lógica das ciências sociais), *loc. cit.*, p. 65. A argumentação de *Habermas* a propósito da função da compreensão no processo de investigação apresenta, na minha opinião, uma contradição evidente. Opõe, com razão, ao trabalho de Theodor Abel, *The Operation Called Verstehen* (em: Hans Albert compil.: *Theorie und Realität*, Tubinger 1964), que a compreensão não se refere a relações entre fatos sociais, senão só a estes mesmos: "A sociologia compreensiva... aspira a compreender com fins analíticos na medida, unicamente, em que os suportes legais hão de ser formulados com vistas à covariância de dimensões inteligíveis – mas no que a forma lógica da análise de legalidades da ação social concerne, a operação da compreensão é indiferente" (*ibid*, p. 65). Na discussão com o funcionalismo defende, pelo contrário, a contundente tese de que as relações entre fatos sociais também deveriam ser inteligíveis: "O sentido que se compreende na ação e que se tornou objetivado tanto na linguagem como nas ações se transmite dos fatos sociais às relações entre fatos: não existe nenhuma uniformidade empírica no âmbito da ação social que por mais que não haja sido compreendida, não resulte inteligível. Agora, se as covariantes informadas nas hipóteses legais hão de ser significativos em dita intelecção, devem ser concebidos, eles mesmos, como parte de uma trama intencional" (*ibid*, p. 81).

também o âmbito das *interviews* com o do comportamento manifesto. Combinação que unicamente poderá se efetuar seja a base de conceber o perguntar pelas expectativas de comportamento como relação comportamental, seja projetando tanto a *interview* como o "comportamento" prognosticado a um nível inteligível. No primeiro caso, a linguagem será reduzida "behavioristicamente" a comportamento verbal, e no segundo, em troca, inclusive os efeitos da ação haverão de resultar inteligíveis, explicitáveis "hermeneuticamente". A esta alternativa obriga a regra lógica de tipos. Com base nessa, os enunciados sobre comportamento futuro não podem ser unidos hipoteticamente a este comportamento mesmo. Porque esta relação deveria ser formulada em hipóteses, cujo campo objectual acolheria enunciados e fatos.[265]

Se as hipóteses sociocientíficas se referm de maneira "behaviorista" a um domínio objetual do comportamento, entrarão expectativas de comportamento como relações do "comportamento verbal". A experiência comunicativa da *interview* é apreendida mediante hipóteses linguísticas, por meio das quais as normas da ação se expressam em probabilidades do comportamento verbal e podem ser vinculadas mediante hipóteses sócio-científicas aos efeitos observáveis da ação. As hipóteses sócio-científicas vinculam, pois, o "comportamento verbal" aos efeitos reais da ação de um grupo de referência. Assim, obtém-se um domínio objetual unitário no qual todas as relações hipotéticas podem ser contrastadas mediante observações. O que continua problemática é a ordenação do comportamento pelas estruturas intencionais que vêm a se expressar nele (no comportamento). Isso é válido, sobretudo, para as hipóteses linguísticas. Elas exigem regras de correspondência para traduzir significados a probabilidades do comportamento verbal. Estas regras se movem, contudo, no nível da linguagem ordinária, dado que as próprias regras de uma linguagem artificial, de acordo com as que restariam apreensíveis as expressões linguísticas ordinárias com base em um comportamento verbal teriam de ter como base a tradução a partir de uma linguagem ordinária. O infinito regresso de metalinguagens só pode

---

265 Cf. *Ibid.*, p. 67. Não deixa de resultar, em todo caso, problemática a tese de que a soma de problemas das estruturas enunciativas reflexivas (que se mostrava nas antinomias lógicas) possa estar relacionada sem mais aos problemas de constituição do campo objectual das ciências sociais. Como os "giros" reflexivos não resultam quase nunca evitáveis, a necessidade de uma separação estrita entre nível-objeto e meta-nível ainda deve ser provada (Cf. a este respeito Popper, *Self-Reference and Meaning in Ordinary Language*, em *Conjectures and Refutations* – London e New York, 1962, p. 304-311).

ser evitado sendo a linguagem ordinária a última metalinguagem. Nesse caso, contudo, os processos de compreensão que discorrem ao nível da linguagem ordinária determinam também a operacionalização das diposições de comportamento que estão contidas nos "conceitos teoréticos" das hipóteses linguísticas. No caso dos enunciados do tipo "X crê (ou: espera, opina, confia), que p", se buscamos o comportamento verbal expressado com exatidão suficiente mediante "crer", teremos de partir sempre de uma prévia compreensão de "crer"[266]

A operacionalização dos "conceitos teoréticos" implica, em virtude destas dificuldades de tradução, uma "compreensão prévia" das estruturas intencionais que devem ser apreendidas no comportamento. Mas esta "compreensão prévia" não pode efetuar uma restrição na validade das hipóteses sobre *relações* de fatos sociais, sem expressar-se, por sua vez, na estrutura lógica das mesmas. Se a "compreensão prévia" limita a validade das hipóteses, de acordo com as regras metodológicas da teoria analítica da ciência também pode recusar uma hipótese. Porque ou bem é a "compreensão prévia" idêntica para o antecedente e o consequente da hipótese, caso em que a relação entre ambos pode ser submetida a testes, ou bem a "compreensão prévia" de ambos termos não incide de vez, caso em que pode ser rechaçada. Neste caso somente resultam possíveis as seguintes valorações dos membros da relação:

a) F-V; as condições iniciais podem ser, nesta hipótese, irrealizáveis, ou o próprio antecedente é um conceito contraditório, coisas que podem ser, ambas, evitadas com algum cuidado;

b) V-F; nessa situação a hipótese resulta sempre falseável (a estrutura epistemológica dessa refutação, possivelmente complicada, não tem por que ser vista aqui mais a fundo);

c) F-F; vale, neste caso, o dito a respeito de "a" para o antecedente.

---

[266] Cf. Carnap, *loc. Cit., On Belief-Sentences*, p. 230: "It seems best to reconstruct the language of science in such a way, that terms like... "belief" in psycology are introduced as theoretical construct rather tan as intervening variables of the observation language. This means that a sentence containing a term of this kind can neither be translated in to a sentence of the language of observables nor deduced from such sentences, but a best inferred with high probability". (Parece melhor reconstruir a linguagem da ciência de modo que termos, como 'crença' em psicologia, são introduzidos como construtos teóricos mais do que variáveis intervenientes da linguagem de observação. Isso significa que uma sentença contendo um termo desse tipo não pode ser traduzida como uma sentença da linguagem de observáveis nem deduzida dessas sentenças, mas como a melhor inferência com alta probabilidade. Este fato obriga o uso heurístico da "compreensão prévia" nas ciências sociais.

Daí que a diversidade de "compreensões prévias" não possa decidir jamais *inadvertidamente* sobre a verdade e falsidade das hipóteses. Ainda quando é necessária uma "compreensão prévia" para a operacionalização, não deixam, pois, de resultar possíveis teorias sócio-científicas *gerais* nas quais não venha contida nenhuma determinação ideológica.

Isso quer dizer, unicamente, que as relações entre fatos sociais não precisam ser determinadas também mediante uma compreensão prévia. Se se mostrou, pelo contrário, que também as relações devam ser *inteligíveis,* o caráter das hipóteses haveria de se transformar com base nas respectivas "compreensões prévias". Com o que não caberia excluir seguramente nem sequer uma possível desfiguração ideológica da própria operacionalização das hipóteses – de não poder efetuar uma investigação da correspondente "compreensão prévia" em suas próprias implicações ideológicas.

Pois bem, *Habermas* afirma tanto que "a estruturação significante dos fatos com que há de ser construída a sociologia compreensiva não permite uma teoria geral da ação social senão na medida em que as relações existentes entre os fatos resultem igualmente compreensíveis",[267] como que esta consequência se desprende necessariamente da estrutura do âmbito objetual das ciência sociais. A inter-relação recíproca entre linguagem e práxis postula, com efeito, um conceito universal inteligível, dentro do qual são determinadas todas as regras. As regras mudam seus sentidos ao serem transferidas a outros contextos, com o que não podem ser determinadas de modo suficiente somente com o recurso ao comportamento; porque esse [comportamento] é multívoco em relação aos significados, significados que lhes são vinculados em virtude de determinações contextuais diferentes.

Claro que se as regras são determinadas contextualmente, nesse sentido, dependerão do respectivo contexto prático no qual se dão – e com isso também as desfigurações ideológicas que as estruturas de domínio vão infiltrando na ação. Mas como fundamentar semelhante tese? Por que as regras linguísticas devem depender "da práxis *em virtude de seu próprio sentido imanente* [...]?"[268]

Habermas parte da afirmação de que o programa de uma linguagem artificial resulta irrealizável a partir do momento em que as regras de formação não podem ser formuladas, por ua vez, senão em linguagem comum

---

267 Habermas, *loc. cit.*, p. 87.

268 *Ibid.*, p. 139.

ou ordinária. Esta linguagem comum é, por isso, a última metalinguagem e não pode ser transmitida, estudada nem entendida senão através de si mesma. O que significa, contudo, que: "como a linguagem comum é a última metalinguagem, contém em si mesma a dimensão na qual pode ser aprendida; com o que não é somente linguagem, mas também práxis. Essa inter-relação é logicamente necessária; do contrário, as linguagens comuns estariam hermeticamente fechadas; não poderiam ser transmitidas."[269]

Habermas argumenta por *reductio ad absurdum:* na suposição de que a linguagem não estava vinculada à práxis, as regras não poderiam ser nem sequer explicitadas, já que a linguagem restaria fechada no círculo de suas próprias regras. Ocorre, contudo, que a linguagem é explicitável. Mas disso não decorre necessariamente que venha referida à práxis, dado que o círculo das regras linguísticas também pode romper se as regras apresentam-se à linguagem em outra "dimensão exterior": no comportamento. Ambas as dimensões são, ao menos, logicamente equivalentes; a decisão a favor da referência prática não é logicamente motivável, embora tampouco pode ser refutada por via lógica.[270]

Em todo caso, para *Habermas* a linguagem vem necessariamente referida à ação e não somente ao comportamento. Isso o coloca em dificuldades nada desprezíveis, embora consiga fundamentar por que hão de ser inteligíveis também as relações entre os fatos sociais. Linguagem e ação formam um sistema unitário de regras, cujos diversos membros devem ser determinados pelo contexto global. O sentido das regras não vem, pois, depender exclusivamente do contexto momentâneo da ação e da comunicação, senão também de processos já consumados de internalização das normas, de processos de socialização que já ocorreram. Isso vale também para as hipóteses nomológicas. A compreensão mesma é um processo simulado de aprendizagem, que consuma uma socialização virtual. Mas como esta, por sua vez, vem determinada pelas normas efetivamente internalizadas, a compreensão não pode se consumar senão pelo modo de integração do sistema de normas que há de ser compreendido no sistema internalizado mediante uma socialização já consumada no passado. As normas

---

[269] *Ibid.*, p. 142.

[270] Porque a resolução de um círculo (ou da regressão infinita de metalinguagens) não se segue desse mesmo. No nosso caso ainda resta, de todo o modo, a possibilidade de acabar com o dito círculo mediante uma referência ao comportamento. Possibilidade que não pode ser excluída mediante uma simples alusão a outra.

internalizadas dos anteriores processos de socialização determinam a compreensão de novas normas, que incidem novamente, por sua vez, sobre elas. Daí que toda a compreensão dependa de um "preconceito", resultante dos anteriores processos de socialização; estes dependem, de todo o modo, das tradições específicas em que se formou o que há de compreender – e, portanto, também de suas deformações ideológicas.

Como a compreensão vem unida, pois, a anteriores processos de socialização, ou seja, a um preconceito, um preconceito que se dá na correspondente tradição, o "preconceito" terá de ser captado reflexivamente e convertido, assim, em não prejudicial. Isso se faz com ajuda do método hermenêutico. Mas uma pura hermenêutica "transmuta o conhecimento da estrutura do preconceito da compreensão em uma reabilitação do preconceito como tal".[271] Nas regras de linguagem vem, não obstante, a se articular também uma força coativa em cujas consequências lógicas não pode penetrar a hermenêutica pura: "A linguagem como tradição [...] é dependente, por sua vez, de processos sociais que não são assumidos em contextos normativos. A linguagem é *também* um meio de domínio e de poder social".[272] À hermenêutica não é possível captar esse momento da linguagem porque pode, sem dúvida, integrar uma norma linguística em outra, mas não reconhecer sua vinculação a coações da natureza.

Daí o caráter ideológico da hermenêutica pura. Caráter que só resulta evidente, de todo modo, quando a "compreensão prévia" (preconceito) é referida às coações objetivas, que dependem de ocasiões. Estes imperativos unicamente podem ser abarcados, enquanto tais, mediante os métodos objetivadores da teoria analítica da ciência; a intervenção hermenêutica não poderá sena dissolvê-los em fenômenos de consciência. Agora: para que as regras metodológicas de uma hermenêutica livre de contaminação ideológica pudessem apreender tais coações ou imperativos da natureza, as regras da teoria analítica da ciência deveriam ser-lhes somadas. O enunciado completo das regras metodológicas da hermenêutica deveria ser compatível com *todas* as regras da teoria analítica da ciência. E isso tem validade, sobretudo, para o postulado da generalidade. Uma hermenêutica incapaz de sustentar as teorias gerais da ação social seria suspeita de ideologia. Porque unicamente ao preço de ter que dar a luz verde a toda "compreensão

---

[271] *Ibid.*, p. 174.

[272] *Ibid.*, p. 178.

prévia" – inclusive a imposta coativamente – poderiam ser mantidas as objeções contra o método empírico-analítico das ciências sociais.

A crítica de Habermas à hermenêutica será válida sempre que seja efetivamente possível aduzir pelo menos uma compreensão prévia que possua estrutura ideológica. Isso não parece, contudo, factível, a não ser no caso de que também é objetivável o imperativo do qual emana. A crítica à hermenêutica pressupõe, pois, as regras da teoria analítica da ciência e, especialmente, o postulado de generalidade. Por outro lado, porém, a crítica a teorias gerais de ação social parte, também, da premissa de que para as relações entre os fatos deve ser aceita uma "compreensão prévia" com traços ideológicos. A crítica habermasiana da teoria analítica da ciência pressupõe a estrutura não ideológica da hermenêutica, sua crítica à hermenêutica, por contrário, a validade não ideológica de hipóteses gerais (a generalidade é condição de sua testabilidade e, em consequência, a validade da teoria analítica da ciência). Ambas as críticas se excluem entre si, portanto.

Essa contradição da crítica implica, claro, em uma disjunção incompleta, dado que os pressupostos de ambas críticas poderiam diferir dos métodos criticados. Neste caso, as estruturas ideológicas deveriam poder ser mostradas independentemente de ambas com ajuda do interesse cognoscivo emancipatório. Que dá, contudo, por alegada sua legitimação independentemente. Porém, como o contexto das regras de uma sociedade determina qualquer estrutura, também toda realização desse interesse deverá estar sujeita às deformações existentes para as regras criticadas. A crítica de Habermas parte, pois, da premissa básica de um interesse pela emancipação "não contaminado de ideologia"; por outro lado, afirma que enquanto as deformações ideológicas da sociedade criticada não são eliminadas ou pelo menos claramente percebidas, este interesse não é de modo algum real; "por um lado não cabe invadir (penetrar) na dogmática da sociedade já decorrida a não ser na medida em que o conhecimento pode ser decididamente guiado pela antecipação de uma sociedade emancipada e pela plenitude de todos os homens; ao mesmo tempo, porém, esse interesse exige, pelo contrário, o conhecimento concluído dos processos da evolução social, porque somente neles se constituem como tal interesse objetivo".[273]

Mesmo com a premissa de que o interesse cognoscitivo emancipatório poderia ser legitimado, seria preciso se perguntar de que modo e por qual

---

[273] Habermas, Theorie und Praxis, *loc cit.*, p. 239.

via seria possível criticar a teoria analítica da ciência. Porque para isso, ainda seria necessário provar que o interesse emancipatório do conhecimento antecede na classificação ao tecnológico. Semelhante superioridade é a que permitiria restringir o postulado de generalidade da teoria analítica da ciência. De todas as formas, uma exigência tão rigorosa como esta só pode prevalecer no caso de o interesse tecnológico do conhecimento não somente assumir o emancipatório, mas envolvê-lo. Somente então podem ser reduzidos por necessidade lógica todos os resultados obtidos mediante as regras metodológicas do interesse tecnológico do conhecimento às condições do emancipatório. Apenas desse modo seria possível inferir por *modus tollens* de uma desfiguração ideológica da condição necessária (do interesse emancipatório) à suficiente (do tecnológico). Então, se algumas hipóteses forem contraditórias no que tange ao interesse emancipatório, poderiam ser, nesse aspecto, rechaçadas, já que sua validade dependeria de sua "possibilidade".

(Se fôssemos, no entanto, inverter a relação lógica e concebêssemos o interesse tecnológico como condição necessária do emancipatório, com o interesse tecnológico se tornaria, assim mesmo, independente da objetividade das ciências sociais empíricas no que diz respeito ao interesse emancipatório. Contudo, neste caso a crítica de Habermas já não seria vinculante).[274]

A crítica de Habermas ao método empírico analítico da, em consequência, claro, do interesse emancipatório do conhecimento é, pelo menos, uma condição necessária da objetividade empírica e que, sob esse aspecto, tem que ter sido realmente realizado, sempre, no conhecimento empírico cristalizado. Mas como o interesse pela emancipação e maturidade exigem que se possa acessar o conhecimento nao desfigurado (não ideológico) pela via de um "diálogo de dominações".[275] entendemos que é necessário que um diálogo desse tipo e, com ele, uma objetividade emancipatória das análises empíricas são imagináveis, quando menos, mesmo no marco

---

274 Habermas não esclareceu explicitamente as relações lógicas entre os interesses cognoscitivos. Assim como se expressa em *Erkenntnis Und Interesse* ("Conhecimento e interesse"), não me parece errado inferir que o interesse emancipatório é preeminente em relação ao tecnológico. Em todo caso, uma crítica vinculante há de credenciar as referidas relações lógicas. As relações lógicas entre os interesses deveriam ser, de qualquer forma, investigadas mais detidamente com a ajuda da lógica deôntica.

275 Cf. Habermas, *Erkenntnis und Interesse* ("Conhecimento e interesse") *loc. cit.* p. 1.151.

de uma sociedade ideologicamente conformada. Nessa situação, porém, as regras metodológicas não podem estar, enquanto tal, ideologicamente desvirtuadas; isso só poderá ser válido baseada na *utilização* da mesma.

Se o que se trata é, pois, criticar esse uso, o "diálogo livre de dominações" haverá de ser real na crítica, já que ao contrário ela mesma seria sujeita à desconfiança da ideologia: seus critérios ou padrões de medida poderiam expressar uma desfiguração ideológica. Mas como a crítica não pode incidir sobre as regras metodológicas, a não ser unicamente sobre o uso destas, será condição sua, inclusive, que o "diálogo livre de dominações dos *investigadores*" seja real e efetivo. Porque só assim será possível distinguir os resultados ideológicos da investigação a respeito dos outros.

Mas essa não é uma condição operante somente no que para a crítica possível das teorias empíricas preocupa, senão que é uma condição. Mas essa não é uma condição de operação em que pertente somente à crítica possível das teorias empíricas, mas é uma condição, também da filosofia da história em sentido prático. Porque o interesse pela emancipação não vem a impor "um campo, mas um ponto de vista".[276] Os objetivos centrais da ação, para conteúdo do mesmo, os meios para realizá-los e as eventuais consequências secundárias não vem a se desenhar com a ajuda desse ponto de vista, mas a partir do apoio de hipóteses testadas. Contudo, se pode ter, por sua vez, a validade dessas hipóteses distorcida ideologicamente (que depende da decisão da comunidade de investigadores), e de poder vir representados "ideologicamente" as relações entre os fatos sociais na teoria, nos encontraríamos, bem como os meios e consequências secundárias deixariam de ser testáveis quanto ao seu conteúdo ideológico, bem como o próprio ponto de vista se converteria uma condição da "validade". Em cada caso, o "interesse pela emancipação" haveria de tornar possível a distinção entre a validade "ideologicamente" determinada e a "validade emancipatória". Com isso, o ponto de vista utópico decidiria sobre a estrutura dos fatos e de suas relações – em lugar de fazê-lo nas ciências empíricas.

Se a discussão dos investigadores é, pelo contrário, uma antecipação *real* do "diálogo livre de dominações", suas condições iniciais conformadas "ideologicamente" podem não fechar o caminho a uma teoria geral da ação social, mas, por outro lado, podem ser isoladas também mediante a reflexão crítica e eliminadas, onde possível, mediante a práxis. Isso não

---

276 Habermas, *Theorie und Praxis, loc cit.*, p. 289.

obriga Habermas a renunciar a uma re-historificação *universal* da sociologia? Porém, não vem a se orientar precisamente com base na possibilidade de um "diálogo livre de dominações" em uma sociedade ideologicamente conformada. Mas como imaginar "si no el "interesses pela emancipação"?

"O interesse pela maturidade e emancipação não é algo no qual simplesmente cabe pensar; pode ser apreendido a priori. O que nos faz caminhar na natureza é precisamente esse fato, o único que nos faz conhecer sobre sua própria natureza: a linguagem. Com sua estrutura, vem a emancipação. Com a primeira fase pronunciada de maneira inconfundível, a intenção de um consenso geral e não obrigatório. A emancipação é a única ideia que podemos ter em um sentido da tradição filosófica"[277]. O interesse pela emancipação é perceptível como mera intenção. A ideia de um consenso alienígena a toda coação se justifica em sua antecipação: na comunicação linguística só é possível quando todo domínio é posto, ao menos parcialmente, fora do jogo.

Como a linguagem vem, porém, determinada também pelo contexto da ação, em uma sociedade distorcida por toda sorte de coações e domínios está exposta de maneira constante a deformações ideológicas. Apesar de sua intenção de não haver coações, em uma sociedade não emancipada, a comunicação linguística vem caracterizada pelas marcas da violência. Por isso que "só uma sociedade emancipada, que tinha realizado a já possível plenitude e maturidade de seus membros, poderia ter-se desenvolvido a comunicação para esse diálogo não coagido de todos com todos em que sempre inspiraram tanto o modelo de uma identidade reciprocamente formada do eu, como a ideia da harmonia verdadeira".[278]

Essa transformação permite duas interpretações diferentes, correspondentes também às posições comuns ao plano da crítica das ideologias, que podem por em perigo o enfoque de Habermas. Pode, com efeito, significar que em uma sociedade não emancipada "o diálogo livre de dominações" não será nunca esse diálogo de "todos com todos", mas que não por isso é impossível como esse diálogo – diálogo livre, mesmo de deformações ideológicas –, dentro, desde logo, de condições estritamente delimitadas; mas também pode, contrariamente, significar que em uma sociedade não emancipada a desfiguração ideológica é universal, e que o é ao ponto de

---

[277] Habermas, *Erkenntnis und Interesse, loc. cit.*, p. 1150 e ss.

[278] *Idib*, p. 1151.

englobar a própria ideia de maturidade e emancipação. No primeiro caso, a ideia de emancipação pode constituir um princípio da filosofia da história em sentido prático; e no segundo, em troca, as consequências céticas são inevitáveis.

De acordo com a primeira interpretação somos conduzidos às seguintes consequências a respeito da filosofia da história em sentido prático:

1. Na discussão livre de coações da comunidade de investigadores devem ser formadas e contrastadas empiricamente hipóteses que venham tanto a descrever os fatos sociais como a determinar, mediante explicações, as relações existentes entre os mesmos. No conteúdo *empírico* de tais hipóteses também figuram, como é óbvio, aqueles fatos e relações cuja estrutura é "contraditória" a respeito do "interesse pela emancipação". Os conteúdos das teorias socio-científicas "contradizem", em consequência, as condições necessárias de sua validade. Essas espécies de contradições saltam à vista, uma vez que as instituições que [enmarcam] a investigação tem de assegurar um diálogo livre, enquanto as tendência da sociedade "contradizem" dito diálogo. Mas como as instituições constituem também uma condição de validade, a "objetividade" da tomada de posição teórica (da qual depende a validade) implica um interesse pela transformação das estruturas ideológicas da sociedade. Este interesse dos investigadores gira, primariamente, contudo, em torno da conservação e máxima potencialização de um diálogo "livre de coações" já existente e não em torno a, por exemplo, sua abolição com vistas a tal ou qual objetivo sócio-político. Eis aí por que uma ciência livre pode – e, inclusive, deve – operar contra as tendências reacionárias presentes na sociedade sem ter de renunciar à "neutralidade axiológica" que garante a "objetividade".

2. A reflexão crítica deve incidir sobre a massa de hipóteses contrastadas de que se disponha em um dado momento, com a intenção, sobretudo, de investigar "em que casos os enunciados teoréticos [acogen?] legalidades [in]variantes da ação social e em que casos não [no vienem a dar curso de expresión sino a relaciuiones...] apresentam senão relações de dependência cristalizadas ideologicamente mas transformáveis em princípio... Assim, como é óbvio, um conhecimento

criticamente elaborado de legaliaddes não pode excluir, desse modo, a lei enquanto tal.[279]. Porque às vezes a "falsa consciência" forma parte integrante das condições iniciais de umas hipóteses. (Assim temos, por exemplo, o caso de umas eleições cujos resultados expressão um consenso aparente, que se deve, na realidade, a uma manipulação dirigida psicologicamente. Um consenso conseguido por essa via não funda suas raízes em constelações objetivas de interesses, senão em uma "casual" resposta provocada. Esse consenso aparente se desfaz rapidamente, os sujeitos são esclarecidos sobre o mecanismo que o torna possível). Se às condições iniciais de uma hipótese correspondem interpretações dos sujeitos atuantes baseadas em uma deformação ideológica, à reflexão é dado, sem dúvida, eliminar ditas interpretações, mas com isso devem desaparecer também as ações hipoteticamente necessárias conforme as hipóteses.

Agora, como nem todas as coações externas que se refletem nas interpretações subjetivas de uma situação podem ser superadas com ajuda da reflexão, a possibilidade de semelhante superação pela via reflexiva haverá de ser confirmada mediante testes. Dado que a incidência das coações externas nas interpretações subjetivas vem assegurada, frequentemente, por determinadas instituições, haverá de ser especificada, em cada caso, a instituição através da qual se perpetua a coação. Para isso não basta, como é óbvio, promover uma situação de contraposição em que só resulta determinável a possibilidade abstrata *de que* uma interpretação subjetiva funde suas raízes na coação e não em [in]variantes antropológicas; por outro lado, também é necessário o conhecimento das instituições (p.310) específicas que canalizam os processos de estabilização ideologicamente desfigurados. Porque somente quando as instituições são conhecidas podem ser eliminadas, na melhor das hipóteses, mediante uma *práxis* emancipatória.

Semelhante contraposição das interpretações abriria o caminho tanto a uma contraposição ideológico-crítica das hipóteses legais (sem restrição da validade) como a um controle da "compreensão prévia" determinado pela tradição, é dizer, do método hermenêutico. É possível imaginar um procedimento aleatório (de amostra à sorte) de acordo com o que testar, com ajuda de técnicas psicoanalíticas, determinadas hipóteses "emancipatórias"

---

[279] *Ibid.*, p. 1.147.

nas quais se sustenta a plausibilidade de se confiar no desaparecimento de certas condições iniciais das leis sociológicas, caso se instaure e implante na sociedade um processo educativo de tipo geral. Deste modo, podem ser valoradas as posibilidades de uma *praxis* revolucionária, mas podem, sobretudo, ser calculadas melhor as consequências secundárias plausivelmente perigosas.

3. A "liberdade estruturação de coações" da comunicação linguística deve acreditar-se como "intenção para uma sociedade emancipada".

Esta última condição nos leva à segunda e em minha opinião insustentável interpretação da "intenção emancipadora". Pode-se pensar que *Habermas* se obrigou a acreditar o princípio regulativo de sua filosofia da história sobre uma dialética capaz de reconstruir "o reprimido a partir das forças históricas do diálogo oprimido"[280]obrigou Habermas, antes de tudo, a acreditar no princípio regulativo de sua filosofia. Porque a intenção de inferir a ideia da emancipação das condições estruturais da linguagem, referindo-a, ao mesmo tempo, necessariamente, à práxis, desemboca no seguinte dilema: ou bem não cabe aceitar uma necessária referência da comunicação linguística à práxis senão quando resultam possíveis "equívocos na linguagem" e, ainda mais, unicamente quando é possível uma "equivocidade com a linguagem enquanto ta[281]l" – ou bem tem que renunciar à necessária inter-relação entre ambas. Só na suposição de que a linguagem seja, ao mesmo tempo, forma de vida, cabe identificar a intenção linguística para a emancipação e maturidade com uma intenção prática para uma futura sociedade emancipada.[282] Neste caso, contudo, a linguagem participa, indiscutivelmente, da deformação ideológica da sociedade em que é

---

[280] *Ibid.*, p. 1.151.

[281] Habermas. *Zur Logik der Sozialwissenschaften, loc. cit.*, p. 178.

[282] Pode-se afirmar, com certeza, a existência de uma relação entre linguagem e práxis inclusive quando a linguagem não venha estruturalmente conformada de maneira ideológica. Nesse caso, contudo, deve-se supor que não se poderá evitar que, em consequência, as regras de linguagem venham a estabilizar relações de domínio existentes, dado que as regras de linguagem não podem ser separadas das regras da práxis.
Esta reflexão orienta a crítica a *Ludwig Wittgenstein,* cuja frase "A filosofia não pode intervir de modo algum no uso efetivo da linguagem... (a filosofia) deixa tudo tal e como está" (*Schriften,* Frankfurt am Main, 1960, p. 345) se transformou em motivo de escândalo para a teoria marxista (Cf. Herbert Marcuse, *Der eindimensionale Mensch* – há tradução castelhada de Juan García Ponce desta obra de Marcuse com o título de "El hombre unidimensional", Joaquim Mortiz,

falada. E inclusive a própria ideia de emanciapação estaria deformada: numa sociedade não emancipada a ideia de emancipação sofreria deformações ideológicas que somente poderiam ser evitadas por uma práxis crítica. Juntametne com as deformações ideológicas de uma sociedade emancipada. Só em virtude do diálogo "livre de dominações" de todos com todos poderia chegar a se pensar na "verdadeira" ideia de emancipação. Do que evidentemente se deduz que a ideai de emancipação não pode iniciar de maneira imediata uma práxis crítica, dado que ela mesma está exposta à suspeita de ideologia. Neste caso, pois, não teria que consumar-se "dialeticamente" a interpretação da realidade tão só, senão mesmo a antecipação da emancipação futura. Uma filosofia da história cujo princípio regulativo deveria ser acreditado por essa via dialética como uma "dialética de razão utópica". É possível isso?

4.

Supondo-se que o princípio regulativo da filosofia da história está, por sua vez, "dialeticametne" estruturado, nos encontramos com o seguinte dilema:
1. Ou bem sua dialética não é contingente, senão estrutura universal do pensamento;
2. Ou bem sua dialética é contingente e descansa sobre a deformação ideológica.

No primeiro caso, a suposição prévia de *Habermas* se veria contradita e é de supor que estaria aberto o caminho a uma metafísica da história de cunho apriorista.

México, 1968 –, Neuwied und Berlinm, 1967, p. 184 e ss.). E, contudo, Wittgenstein consegue fugir da aporia em que se perde uma crítica ideológica "dinâmica" ao determinar as regras linguísticas como formas de vida, fazendo-as suspeitas, paralelamente, de deformações ideológicas.

{ X }

Breve e admirado epílogo a uma grande introdução

Hans Albert

Tradução de Melila Braga

É DE SUPOR QUE OS LEITORES NÃO PREVENIDOS SE ASSOMBRARÃO DAS SINGULARES DIMENSÕES QUE VEIO COBRAR UM VOLUME COMO ESTE. Todo aquele que conheça sua história saberá, contudo, a que circunstâncias se deve essa desproporção. A discussão que aqui se coleta começou em 1961, ano em que ainda apareceu uma réplica sua a que respondi em 1965. A princípio o editor não se propunha outra coisa, segundo entendi, que fazer acessível esta disputa a um círculo mais largo de leitores. Concordei com este empenho, fazendo algumas modificações que já permitiam entrever o excesso de volume definido como a progressiva ampliação de seu âmbito. A parte contraria não podia acessar, como seria óbvio, a uma mera reimpressão de suas contribuições iniciais para o debate, e este é outro dos fatores para cuja conta tem que carregar o atraso e a aparição do volume. Para nova dilação renunciei, de acordo com o editor, a escrever o epílogo que projetava, sem suspeitar, de todos os modos, no momento da minha renuncia, que um dos colaboradores do volume ia explorar ao máximo sua função de redator da "Introdução", agravando assim, e não pequena medida, e não o citado excesso. De toda maneira, e à vista do zelo exibido, não pude evitar, como muitos estariam imaginando, uma certa complacência.

Seja como for: vou me permitir, antes do ponto final, uma breve observações da coisa. Quero, em primeiro lugar, insistir em que não só me surpreendeu o desperdício de páginas que fez a parte contrária des perdício que, como é óbvio, compreendo – mas também a configuração dos conteúdos das sucessivas contribuições feitas à discussão inicial; me surpreendeu, sobretudo, para dizê-lo mais claramente, a forma relativamente simples em que apesar de sua complicada maneira de expressar-se procede Adorno a reproduzir o conjunto de mal-entendidos que foram tomando perfil no âmbito linguístico alemão ao calor da controvérsia geral sobre o positivismo aberta por nossa discussão e desenvolvida, ao menos parcialmente, sob a influência da mesma, mal-entendidos que se não com a simples leitura das presentes intervenções e da discussão, sim com o estudo de outros trabalhos dos protagonistas da mesma, poderiam ser evitados desde o princípio da mesma. Como antes já Habermas – e, seguindo suas pegadas toda uma série de autores desta tendência – Adorno acaba sendo vítima de seu próprio e um tanto diluído o conceito de positivismo personalizado – tendenciosa, mas não o mais corrente no país – de integrar nesta categoria tudo o que parece criticável. Na realidade, Adorno vem fazer uso de sua "Introdução" de um método muito alargado em nosso nossos dias: sugere ao leitor a identidade ou pelo menos o parentesco, em muitos pontos importantes, da concepção a que ele vem a opor-se na disputa com um cru positivismo como o que poderia talvez encontrar no tráfico da investigação científico-social, ou com o positivismo lógico da década de 20 ou de 30, e enuncia suas objeções contra as concepções sem expor com clareza satisfatória nem ter suficientemente em conta a posição do racionalismo crítico.

Uma parte essencial de sua argumentação se revela como falta de objeto e inclusive tendente a provocar confusões com só abrir os trabalhos mais representativos de seus interlocutores nesta controvérsia e lê-los o que eles dizem realmente sobre os pontos discutidos. Assim ocorre, por exemplo, com suas objeções aos critérios positivistas de significado, como inimiga da filosofia de alguns pensadores, na proibição de toda fantasia e a todas as chamadas normas proibitivas, a rejeição da especulação, ao postulado da certeza, mas além de toda dúvida e da segurança absoluta, à autoridade indiscutível do tráfico científico e à ausência de prejuízos, à separação estrita entre o conhecimento e o processo real da vida e a outras muitas coisas similares. Quase grotesco parece neste contexto a certeza adorniana de subjetivismo e a referência a *esse est percipi* de Berkeley se se pensa que não é tão difícil tomar nota da crítica de Popper a todo ele. Recordo que Lênin, por exemplo, sem ser professor de filosofia estava em condição de distinguir claramente entre positivismo e realismo. A Escola de Frankfurt parece ter, pelo contrário, grande dificuldade a respeito, coisa que está, sem dúvida, fortemente relacionada com suas tendências idealistas, tendências a que ainda haverei de me referir.

Tampouco no tocante ao problema do contraste posso fazer outra coisa que recomendar uma leitura mais detida dos trabalhos em que esta é estudada; além do que as indiscutíveis concessões que de maneira mais ou menos explícita veem fazendo a esse respeito nos trabalhos dado à luz por meus interlocutores na presente discussão nestes últimos tempos, fazem que apenas tenha que adicionar nada mais. As observações de Adorno a propósito da simplicidade e da claridade pouco têm que ver com o que seus interlocutores dizem sobre este problema. Como não é infrequente nesta "Introdução", seu autor estabelece, no tocante a este ponto,uma relação a que chega mais por uma via de livre associação que pela da análise dos argumentos correspondentes. Parece claro, por outra parte, que Adorno não há entendido de modo algum minha objeção à vinculação conservadora do conhecimento a uma "experiência precedente" – o momento indutivista do pensamento habermasiano. Interpreta minha alusão à importância de novas ideias de um modo suficientemente apropriado para motivar um completo mal-entendido em qualquer leitor medianamente desprevenido. E no que a problemática axiológica concerne, não estaria mal que os representantes da Escola de Frankfurt discutissem com detalhe as soluções propostas por seus críticos; alcançariam a clarificar, ao menos, o grau em que estas veem realmente estar expostas a suas objeções. A tese da coisificação, por exemplo, pode resultar plausível a respeito das formulações correntes de pessoas que se tenham ocupado em forma não diferenciada desta problemática; mas bem pouco ou nada tem a ver com Max Weber, nem com Karl R. Popper, nem tampouco com as propostas de solução dos problemas em jogo que formulei eu mesmo.

É preciso aludir, assim mesmo, com brevidade forçosa ainda ponto essencial: a primazia absoluta da lógica de Adorno se crê em situação de detectar em seus adversários e as teses e objeções que se relacionam com ele. Sobre o papel que joga a lógica no racionalismo crítico, seus interlocutores e a discussão se expressaram com tal claridade que parece ocioso voltar sobre ele; a lógica é concebida por estes, fundamentalmente, como organon da crítica. Atrevo-me a duvidar que Adorno cria ser capaz de renunciar a ela a esse respeito. É de supor que não estará disposto a abolir, de modo geral, o princípio da não contradição, embora em sua "Introdução" se expressa em ocasiões de tal modo que bem caberia imaginá-lo. É evidente que não se há detido a pensar que uma "contradição dialética" na que veem a expressar-se "antagonismos reais" resultaria perfeitamente compatível, em determinadas circunstâncias, com dito princípio. Os resultados de discussões anteriores sobre lógica e dialética – por exemplo, os da discussão polaca – e as propostas a respeito de seus interlocutores na discussão não parecem interessar-se o mínimo. Sua evidente aversão à lógica me resulta, dado sua origem, perfeitamente compreensível. Trata-se dessa fatal herança do pensamento hegeliano que ainda hoje joga um papel tão importante na filosofia alemã. Não sei até que ponto a Escola de Frankfurt sustenta uma concepção unitária a respeito. Pode ser que alguns representantes dessa tendência lhe resulte cada vez mais penosa a cansada polêmica contra a lógica, a consistência e o pensamento dedutivo e sistemático que nestes últimos tempos gozam de especial favor em círculos nada restritos.

O que Adorno diz a propósito da possível manipulação política do positivismo poderia ser considerado muito bem como uma réplica à paralela argumentação de Ernst Topisch contra a dialética. Renuncio, naturalmente, a fazer balanço a respeito, embora não creio que fora temível. Fique apontado, simplesmente, que Adorno se facilita excesso essa coisa, dado que o racionalismo crítico apontado não é, de modo algum, uma filosofia apolítica, como sugere seus leitores. No que a nossa polêmica concerne, seus ataques contra a neutralidade do ceticismo positivista e os abusos ideológicos do mesmo dão no vazio. Por que esse empenho em fomentar as confusões cultivadas na disputa alemã sobre o positivismo por alguns participantes na mesma informação inteiramente inadequada? Resulta útil acaso sua estratégia de desfocar o argumento oposta mediante objeções inadequadas? Não posso menos de ver neles uma confirmação do que muito de seus críticos censuram na Escola de Frankfurt. Uma dialética que se crê capaz de renunciar a lógica vem, em minha opinião, a alimentar uma das características mais perigosas do pensamento alemão, fazendo, cabe supor, contra as intenções das partes: a tendência ao irracionalismo.